A ARTE DA DIVAGAÇÃO

Moshe Bar

A arte da divagação
Como uma mente livre pode melhorar o humor e turbinar a criatividade

TRADUÇÃO
André Fontenelle

Copyright © 2022 by Moshe Bar

Grafia atualizada segundo o Acordo Ortográfico da Língua Portuguesa de 1990, que entrou em vigor no Brasil em 2009.

Título original
Mindwandering: How Your Constant Mental Drift Can Improve Your Mood and Boost Your Creativity

Capa
Joana Figueiredo

Imagem de capa
Marish/ Shutterstock

Preparação
Diogo Henriques

Índice remissivo
Probo Poletti

Revisão
Clara Diament
Ingrid Romão

Dados Internacionais de Catalogação na Publicação (CIP)
(Câmara Brasileira do Livro, SP, Brasil)

Bar, Moshe
   A arte da divagação : Como uma mente livre pode melhorar o humor e turbinar a criatividade / Moshe Bar ; tradução André Fontenelle. — 1ª ed. — Rio de Janeiro : Objetiva, 2022.

   Título original: Mindwandering : How Your Constant Mental Drift Can Improve Your Mood and Boost Your Creativity.
   ISBN 978-85-390-0739-4

   1. Abstração 2. Cognição 3. Habilidade criativa 4. Sonhos 5. Subconsciente I. Título.

22-123961   CDD-153.24

Índice para catálogo sistemático:
1. Abstração : Criatividade : Psicologia   153.24

Cibele Maria Dias — Bibliotecária — CRB-8/9427

[2022]
Todos os direitos desta edição reservados à
EDITORA SCHWARCZ S.A.
Praça Floriano, 19, sala 3001 — Cinelândia
20031-050 — Rio de Janeiro — RJ
Telefone: (21) 3993-7510
www.companhiadasletras.com.br
www.blogdacompanhia.com.br
facebook.com/editoraobjetiva
instagram.com/editora_objetiva
twitter.com/edobjetiva

A meus pais, Hila e Avi

Sumário

Introdução: Estados da mente 9

1. Sempre "ligado" 17
2. A conexão com nossos pensamentos 23
3. A jornada a partir do agora 46
4. Sobre o que divagamos? Antes de tudo, sobre nós mesmos 52
5. É assim que acaba dando ruim 61
6. Memórias do futuro: Como aprender com experiências imaginárias .. 71
7. Quando não há mais nada de novo 85
8. Padrões da mente e as limitações das fronteiras 94
9. Abertura de espírito, criatividade e humor 105
10. A meditação, o padrão cerebral e a qualidade da experiência ... 120
11. Viver em imersão 136
12. A mente ideal para cada ocasião 153
Resumindo: Cinco pontos para guardar na memória 185

Apêndice: Do laboratório para o cotidiano 187
Agradecimentos 199
Notas 203
Índice remissivo 211

Introdução: Estados da mente

Ao falar sobre sexo, perversões e TDAH, a atriz Catie Osborn, uma apaixonada por Shakespeare, confessa que, antes de descobrir as práticas sexuais menos convencionais conhecidas como *kink*, sua mente com frequência divagava durante o ato sexual. Em entrevista ao jornal israelense *Haaretz*, ela conta que descobrir o *kink* e o sadomasoquismo foi um momento purificador, que a ajudou a conectar a mente ao corpo. Quando você tem os olhos vendados e seu parceiro desliza um cubo de gelo pelo seu corpo, ou pinga cera quente na sua pele, você para de pensar no barulho do ar-condicionado ou no rangido da cama. Fica totalmente imerso no ato em si. Na verdade, as experiências extremas o arrastam, exigem sua atenção exclusiva. Mas depois que você aprende a se deixar levar pela experiência, não precisa mais restringi-la a situações extremas. Imagine como seria sua vida se a sensação de comer um mirtilo fosse tão imersiva quanto sexo com cera quente na pele, sugando sua mente por inteiro. A *imersão* é uma dádiva à nossa espera, dentro do nosso cérebro.

Todos sabemos com que insistência as divagações podem sequestrar nossa atenção, e, à medida que nossas vidas se tornam cada vez mais frenéticas, ficamos mais preocupados com a qualidade de nossas experiências mentais: não apenas a capacidade de focar e cumprir uma tarefa, mas a capacidade de desfrutar a vida, de nos sentirmos genuína e profundamente engajados nela. Eu me dei conta do tamanho dessa preocupação quando, alguns anos atrás, publiquei um artigo no *New York Times* intitulado "Think Less, Think Better"

[Pensar menos, pensar melhor]. Nele, eu ponderava "o quanto ignoramos não apenas do mundo, mas também do potencial pleno de nossa vida interior, quando temos a mente sobrecarregada". Por mais que o texto tenha repercutido, não tratava de ideias importantes que eu tenho para compartilhar sobre os motivos pelos quais a mente divaga e como essas divagações são fundamentais para nosso bem-estar, ainda que parte delas possa ser de fato prejudicial.

Muita atenção tem sido dada a maneiras de se desligar do caos, e isso é sem dúvida muito válido. Vou compartilhar minha própria experiência positiva nesse sentido, em retiros de meditação silenciosa. Mas, como revelou uma série de descobertas em neurociência nas últimas décadas, o maior desafio é nos livrarmos das distrações interiores, que se intrometem na qualidade de nossas experiências mesmo quando estamos em lugares de perfeito silêncio. Na verdade, talvez seja nesses momentos que isso mais ocorra.

Pesquisas mostraram que nosso cérebro é ativo por natureza. Várias de suas regiões, conectadas naquilo que é chamado de rede de modo padrão (RMP), estão em atrito constante, envolvidas em uma série de atividades involuntárias diferentes que os neurocientistas denominam, no conjunto, de "divagações": desde o sonho acordado até o monólogo interior constante, passando pela ruminação do passado e pelas preocupações com o futuro. As regiões do cérebro mais frequentemente identificadas como parte da RMP incluem o córtex pré-frontal medial, o córtex cingulado posterior e o giro angular, mas existem muitas outras que vêm e vão como parte dessa rede maciça e de grande porte. Toda essa agitação interior não apenas distrai nossa atenção do momento presente, mas pode tolher a qualidade de nossas experiências, piorando nosso humor e contribuindo para quadros de ansiedade e depressão. Nessa aparente loucura, porém, existe um método. Claramente, a evolução ensinou nossa mente a divagar. Segundo diversos estudos, ela divaga durante 30% a 47% do nosso tempo de vigília, consumindo uma boa dose de energia.[1] A lógica evolutiva sugere que deve haver algo de benéfico nisso, e, ao longo das últimas duas décadas, tanto eu quanto meus pares da neurociência identificamos um conjunto central de funções importantes.

Uma linha de pesquisa demonstrou que parte da atividade padrão está relacionada ao desenvolvimento do senso do eu, por meio de todo tipo de cogitação e monitoramento. Outra linha concluiu que boa parte da atividade da RMP diz respeito à avaliação de outras pessoas, na tentativa de entender o que elas estão pensando e o que pensam sobre nós, no que foi chamado de Teoria da Mente.

Quando essas descobertas começaram a surgir, no início fiquei perplexo ao perceber como minhas próprias conclusões em relação à atividade da RMP se encaixavam nessas outras funções. Minhas pesquisas, então, passaram a focar em algo bem diferente: a cognição visual, e concluí que a RMP estava fortemente envolvida nesse processo. Eu estava tentando entender como encaixamos as peças do ambiente visual para construir uma representação daquilo que vemos. Em um desses estudos, eu pedia aos participantes para identificar objetos ambíguos ligeiramente obscurecidos em fotos. Como se constatou, quando eu mostrava, por exemplo, a imagem borrada de um secador de cabelo em um banheiro, ele era identificado como um secador, mas, se eu o apresentasse em uma bancada de trabalho, cercado de um monte de ferramentas, ele era identificado como uma furadeira.[2] Percebi que os participantes do estudo reconheciam os objetos por meio de associações entre eles e aquilo à sua volta. Por que a mesma rede neural envolvida nessa atividade associativa também estaria envolvida no desenvolvimento do senso do eu e de habilidades da Teoria da Mente?

Foi então que a ficha caiu: todos esses processos mentais envolvem a realização de associações. Como mostram as pesquisas, nosso senso do eu é em grande parte uma espécie de suposição em relação a quem somos, como vamos pensar, nos sentir e agir em diferentes situações, associando aquilo que pensamos, sentimos e fizemos em situações semelhantes no passado àquilo que faremos agora e no futuro. O mesmo vale para nossa maneira de avaliar os outros. As associações são os tijolinhos de nossas operações mentais.

É por isso, basicamente, que uma parte tão grande da atividade de divagação da RMP diz respeito a pensar no passado e no futuro, tirando-nos do agora. Recorremos à memória em busca de associações que nos ajudem a interpretar aquilo que está ocorrendo em nossas vidas e o que pode vir a ocorrer. Fazemos um esforço voluntário para realizar todo tipo de previsão. De fato, à medida que continuei pesquisando no que as pessoas pensam quando a RMP está ativa, concluí que com frequência elas estão criando cenários detalhados de eventos futuros, pequenos filmes sobre como situações concretas vão se desenrolar. Não admira que a RMP consuma tanta energia mental. Afinal de contas, saber como interpretar situações, formar um senso de quem somos, compreender os outros o máximo possível e antecipar para que desdobramentos temos que estar preparados são competências cruciais para levarmos a vida adiante.

O problema é que podemos ficar tão envolvidos nessas considerações sobre o passado e na realização de previsões, e tão dependentes das associações que fazemos com base na experiência, que boa parte do tempo acabamos desconectados do que de fato está acontecendo no momento presente. Isso interfere não apenas no nosso foco, mas também leva a todo tipo de interpretações equivocadas e problemáticas, como quando pensamos indevidamente que determinada pessoa não merece confiança só porque nos faz lembrar outra pessoa que nos decepcionou. Ou quando sentimos o medo desnecessário da demissão só porque associamos, incorretamente, o comportamento do chefe a algo que nos desagrada. Preocupações em relação ao passado e ao futuro também nos tiram parte da capacidade de perceber coisas novas. Ficamos tão propensos a detectar supostas associações que deixamos de perceber conexões inesperadas, o que tolhe tanto a criatividade quanto a capacidade de descobrir o novo.

Ao analisar todas essas descobertas sobre a RMP e a divagação, ocorreu-me algo que, para mim, foi uma conclusão revolucionária. Não queremos simplesmente abolir toda divagação, o que seria praticamente impossível. O que queremos é ter uma percepção maior de como e quando a mente está divagando. Assim, poderemos direcionar com mais eficiência essa atividade, da forma mais voluntária possível, e então apertar o cinto e focar em nossas tarefas ou, alternativamente, mergulhar de maneira mais autêntica e profunda na experiência do agora. Em outros momentos, quando a intenção for estimular a criatividade e o humor, o melhor a fazer será liberar a mente para deleitar-se em uma boa e abrangente divagação. O que queremos, afinal, é a capacidade de evocar o processo mental certo na hora certa.

Para adquirir essa capacidade, é vital compreender que o objetivo de muitas das nossas divagações é explorar memórias de experiências passadas para nos ajudar a descobrir como resolver problemas no trabalho ou em nossas vidas, voltando nossa atenção para dentro. Em meu laboratório, descobri que é possível induzir um tipo de divagação associativa de caráter investigativo, grande abrangência e aberta a percepções inéditas. Essa divagação é uma espécie de antípoda da ruminação, que tem um foco mais estreito em uma memória ou preocupação específica. E, tendo lido que a ruminação prejudica o humor, decidimos realizar experiências para verificar se, quando nossa mente está envolvida com divagações abrangentes e investigativas, nosso humor melhora. E descobrimos que sim! A simples leitura de sequências de palavras que vão se expandindo — como "lobo-lua-Terra-água-oceano-Oceania-Europa" — faz nosso estado de espírito ficar significativamente mais positivo. É uma descoberta tão revolucionária quanto simples de explicar, e hoje em dia é empregada para aliviar sintomas associados à depressão, à ansiedade e ao estresse. Em seguida, decidimos conferir se quando o humor melhora a mente também adota divagações mais amplas. E, mais uma vez, descobrimos que sim! É incrível: essa conexão casual funciona em mão dupla. Isso nos levou a conjecturar se, de melhor humor e divagando mais amplamente, as pessoas se tornariam mais criativas em seus processos de resolução de problemas. E bingo! Foram descobertas empolgantes que me levaram, por um caminho que descreverei neste livro, a concluir que nosso cérebro se move o tempo todo em um contínuo entre dois estados fundamentais e opostos da mente: o investigativo e o exploratório, sendo drástica, em cada um deles, a variação do grau e da forma de divagação.

No estado investigativo, nossa mente está aberta a informações inéditas — vivenciando e observando o momento, pronta a absorver certo grau de incerteza pelo bem do aprendizado —, nossa criatividade é estimulada e nosso estado de espírito é relativamente positivo. Quando a mente divaga, ela o faz de forma agradável e desprendida. No estado exploratório, por outro lado, nosso foco se concentra em recorrer à experiência, confiando em métodos já "testados e aprovados" de interpretar situações e resolver problemas, dando preferência à certeza do conhecido ao arrepio do novo, e nosso estado de espírito, é em comparação, mais negativo. Quando a mente divaga, é de maneira relativamente limitada. O investigativo está voltado para fora, de baixo para cima, com foco na experiência; o exploratório está voltado para dentro, de cima para baixo, com foco no processo. Nossa mente nunca está totalmente em um dos extremos, mas tende a privilegiar um deles em cada momento específico.

O estado investigativo, é claro, parece bem mais divertido, mas ambos são vitais para nosso êxito e bem-estar. Ao realizar qualquer tarefa ou experiência, o segredo é apelar ao máximo para o estado da mente (EM) ideal a cada situação. Quando estamos de férias com os filhos, temos que manter o foco na experiência, de baixo para cima, para desfrutar plenamente os momentos e evitar divagações sobre o trabalho ou padrões mentais antigos. Quando precisamos entregar um relatório na manhã seguinte, devemos estar em um modo de foco restrito, de cima para baixo. Quando buscamos uma nova ideia — por exemplo, para criar um produto —, o melhor é estar em um modo de divagação associativa ampla.

Muito já se descobriu e disse em relação à plasticidade do cérebro. Ela é fundamental para nossa evolução e sobrevivência na maioria das circunstâncias, e somos afortunados por possuir um cérebro tão elástico e aberto. Está claro que não existe uma fórmula mágica para adquirir o controle sobre nosso estado mental, mas percebi que consigo fazer isso cada vez melhor se estou ciente da necessidade de tentar calibrar meu estado mental nesse espectro investigativo/exploratório em cada situação que vivencio. Neste livro, busco reproduzir a gratificante jornada intelectual que percorri com meus colegas neurocientistas até chegar a essas descobertas. Mas também quero compartilhar algumas ideias sobre como aumentar a capacidade de levar nossa mente ao estado que desejamos. Algumas dessas ideias estão organizadas e agrupadas no Apêndice, e, embora não sejam apresentadas aqui como uma receita cheia de detalhes práticos, aplicá-las na vida cotidiana pode se tornar uma busca pessoal, com suas descobertas e correções de rota.

A meditação mindfulness (atenção plena) foi de grande valia para mim, e compartilharei aqui como minha experiência em retiros silenciosos me ajudou a aumentar a consciência de meu estado mental e a empurrá-lo na direção desejada por mim. Mas também quero discutir como a meditação e a aquisição de um elevado grau de atenção têm seus limites quando se trata de otimizar nosso estado mental: o fato de muitas pessoas acharem incômodos os exercícios de mindfulness não é o menor desses limites. Minha pesquisa esclarece uma das razões disso. A meditação é uma forma de atividade mental extremamente limitada — a antítese da divagação associativa ampla. Por isso, é compreensível que seja, em alguns aspectos, desagradável. Além disso, quando imposta a nós mesmos o tempo todo, de forma rigorosa, nos transforma em observadores de nossas próprias vidas, dificultando o pleno envolvimento na vivência, a oportunidade de nos perdermos no afã da experiência. Embora traga inúmeros benefícios, e eu recomende que todo ser humano a experimente, o ideal é termos em nossas vidas momentos de imersão total e absoluta no presente.

Por mais que meu controle sobre ela venha aumentando, minha mente ainda divaga muitas vezes sem que eu queira. Até certo ponto, ela sempre fará isso. Uma das maiores lições que tirei de meu trabalho com a divagação é que eu fico menos estressado com ela por entender o que está acontecendo. Há muito pouco tempo, levei um professor visitante de Stanford, cujo trabalho e personalidade admiro enormemente, para almoçar em um café de Tel Aviv. Em algum ponto da nossa conversa, ele me contou ter ouvido uma coisa certo dia que transformou completamente seu jeito de pensar e viver, e compartilhou comigo esse achado. Não faço ideia do que era. Apesar daquela introdução dramática, minha mente divagou para bem longe enquanto ele falava, e, quando voltei ao momento presente, fiquei constrangido demais para confessar que não tinha prestado atenção no que ele havia dito. Até hoje fico pensando como ele deve ter achado estranho eu não ter comentado nada sobre sua revelação. Em vez disso, logo mudei de assunto. Felizmente, porém, posso dizer que minha mente divagou para algo interessante a respeito da minha própria vida. Por mais perversa que seja, pelo menos a divagação costuma ter um propósito.

1. Sempre "ligado"

Grande parte da pesquisa em neurociência, antes da invenção do escâner cerebral, era até certo ponto semelhante à frenologia, a prática dos tempos vitorianos de deduzir o caráter mental de uma pessoa a partir do formato de seu cérebro. Tudo bem, estou exagerando, mas, no estudo do funcionamento do cérebro, durante muito tempo partiu-se do pressuposto de que diferentes regiões cuidavam de diferentes tarefas: uma para a linguagem, outra para a memória; uma para reconhecer rostos, outra para sentir emoções. Com o tempo, no entanto, percebemos que a operação e a arquitetura cerebrais são muito mais distribuídas em redes amplas do que modulares e compartimentadas. A maioria de suas funções, se não todas, é realizada pela ativação e sincronização de redes compreendendo várias regiões. Nenhuma área isolada, nenhum neurônio específico é capaz de realizar grande coisa sem uma cooperação de curta e longa distância. E, no contexto da divagação e da rede padrão do cérebro que faz a mediação, vale notar que diferentes estados da mente, como a meditação e o sono, assim como várias condições psiquiátricas, afetam não apenas o conteúdo informacional dessa rede imensa, mas também o grau de conectividade entre seus "nós corticais". As diversas áreas que constituem essa rede podem estar conectadas de forma mais robusta ou mais frágil em diferentes estados, mais sincronizadas ou menos sincronizadas entre si, e influenciar-se mutuamente em níveis variados. Hoje sabemos que o cérebro é, de maneira geral, dinâmico e flexível em sua operação e suas características.

Apesar disso, ainda estamos distantes de uma compreensão sólida até mesmo das funções neurais mais básicas. Fiquei chocado ao descobrir isso na faculdade, no laboratório do professor Shimon Ullman, pioneiro no desenvolvimento da visão computacional. Na época, eu estava terminando o curso de engenharia elétrica, devido a uma percepção equivocada de que deveria realizar o sonho do meu pai de me tornar engenheiro. Logo percebi que não tinha interesse algum em projetar chips, e que a única área de pesquisa nesse campo que me fascinava era a visão computacional. O objetivo dessa área é imitar o modo como o cérebro humano representa e reconhece imagens, e descobri naquela época, trinta anos atrás, que ninguém sabia direito como isso ocorria. Fiquei indignado e, como bom aluno com muito a aprender, externei minha indignação a Ullman. Se bem me lembro, ele respondeu que eu logo viria a entender o quanto o funcionamento do cérebro é complexo. Assim foi. Infelizmente, ainda é em grande parte verdade que não sabemos a fundo como o cérebro reconhece imagens; o que há são algumas teorias interessantes com evidências preliminares.

Por sorte, enquanto eu trabalhava no laboratório de Ullman, e em seguida de maneira muito mais extensa no laboratório de psicologia cognitiva de outro pioneiro, Irv Biederman, abriu-se uma porta para uma nova área de pesquisa, mais produtiva e empolgante, que eu decidi seguir. Um importante jeito novo de estudar o cérebro acabara de ser inventado: a imagem por ressonância magnética funcional (fMRI, na sigla em inglês). O aparelho de ressonância magnética propriamente dito, que utiliza campos magnéticos e ondas de radiofrequência para produzir imagens da anatomia de tecidos biológicos, ossos e órgãos do corpo, já existia há algumas décadas, sobretudo para uso em situações médicas. Mas sua nova versão *funcional* foi a revolução pela qual ansiavam os neurocientistas. Ao medir o fluxo sanguíneo, a fMRI nos permite deduzir quando e onde ocorre a atividade cerebral. Mapas da atividade do cérebro poderiam ser criados "enfiando as pessoas no aparelho" e pedindo a elas que olhassem para fotos, escutassem sons, contassem carneirinhos — todo tipo de tarefa. Podíamos observar o cérebro humano durante sua operação normal, em tempo real. Ainda que com algumas ressalvas, é claro, como o fato de medirmos não exatamente a ativação cerebral, mas um indicador, e de os dados estarem sujeitos a interpretações subjetivas. Mas era, apesar de tudo, uma revolução. Foi uma época de extraordinária aventura; vagávamos pelos caminhos da mente como trilheiros à noite em uma floresta, com lanternas. E não tardamos a topar com a primeira descoberta significativa obtida por meio da neuroimagem.

A DESCOBERTA DA REDE DE MODO PADRÃO DO CÉREBRO

Animado com a explosão de pesquisas, fui até a faculdade de medicina de Harvard, onde Ken Kwong, Bruce Rosen e seus colaboradores vinham realizando alguns dos trabalhos mais importantes. O momento não podia ser mais apropriado. Uma descoberta monumental acabara de ocorrer: a neuroimagem tinha aberto caminho para a descoberta do modo padrão do cérebro e do predomínio da divagação na vida cotidiana.

O que tornou o advento da fMRI tão revolucionário foi que não precisávamos mais nos contentar com analogias com cérebros de animais, nem nos virar com cérebros de cadáveres, nem fazer deduções sobre o funcionamento do cérebro saudável a partir de lesões na cabeça (como o famoso caso de Phineas Gage e dos feridos a bala da Guerra Civil Espanhola), nem nos restringir àquilo que era possível registrar durante (ou antes de) cirurgias no cérebro. A fMRI permitia agora gerar imagens de belas cores, que podiam ser lidas como mapas de ativação neural.

E o que são essas ativações cerebrais coloridas que observamos nos estudos de fMRI? Em geral, são resultado de uma subtração entre aquilo que é evocado no cérebro por duas condições experimentais diferentes. Imagine que seja feito um estudo sobre processamento emocional, avaliando especificamente o que ocorre no cérebro quando vemos rostos felizes em comparação com o que ocorre quando vemos rostos tristes. Pede-se ao participante que fique deitado imóvel na mesa deslizante de ressonância — em baixas temperaturas, com um enorme gradiente (a bobina de radiofrequência) em volta da cabeça e exposto aos ruídos de alta frequência emitidos pelo aparelho — e preste atenção naquilo que é projetado em uma tela. O sinal de ressonância magnética é medido a cada apresentação experimental. É calculada a média da atividade cerebral desencadeada por todas as experiências de uma condição (todos os rostos felizes), que é subtraída da ativação média desencadeada pelas experiências de outra condição (todos os rostos tristes). O mapa resultante mostra as áreas onde uma condição foi ativada com mais força (em geral, com cores quentes, entre vermelho e amarelo) ou menos força (em geral, com cores frias, azuladas) que na outra condição. Portanto, em nosso exemplo, as regiões cerebrais que aparecem vermelhas são aquelas em que os rostos felizes desencadearam uma atividade neural mais forte que os rostos tristes, e as manchas azuis correspondem às regiões ativadas pelos rostos tristes com mais força que pelos rostos alegres. E esses mapas são utilizados para tentar deduzir algo novo em relação aos mecanismos neurais subjacentes.

Entre uma e outra condição experimental (rostos tristes e felizes, em nosso exemplo), há um breve período de descanso, em geral uma tela em branco ou uma tela com um ponto fixo no centro. Isso é feito tanto para recuperar o sinal da ressonância, para fins de análise, quanto para propiciar aos participantes um pouco de repouso entre blocos experimentais. E aí entra uma questão crucial: embora ninguém achasse que o cérebro ficaria inerte durante esses períodos de descanso, a premissa implícita sempre foi a de que ele ficaria muito menos ativo durante o repouso do participante, sem que se lhe exija desempenhar qualquer tarefa. A descoberta revolucionária ocorreu quando, olhando casualmente os mapas de ativação durante os períodos de descanso, os pesquisadores começaram a perceber que o cérebro, na verdade, tem uma vigorosa atividade quando não há nenhuma tarefa a ser realizada, muitas vezes até mais intensa do que durante as próprias condições experimentais, de forma altamente constante, e numa rede extensa, a RMP.

Embora o trabalho tenha sido realizado por muitos laboratórios, a descoberta acidental da RMP costuma ser atribuída a Marcus Raichle e seus colegas.[1] De lá para cá, essa rede foi denominada *rede padrão*, e esse estado como *modo padrão*. Desde que foi descoberta, a rede padrão teve sua existência rapidamente confirmada e replicada em vários laboratórios, paradigmas e aparelhos de ressonância magnética. Hoje, é aceita como uma descoberta consolidada.

Passada toda a empolgação dos anos iniciais da fMRI, hoje está claro que aquilo que ela mede e aquilo que ela apresenta não são ativações diretas e nem sempre são consistentes. Distorções podem se infiltrar em muitos estágios: do momento em que nós, neurocientistas, projetamos uma experiência para ser realizada em máquinas de sensibilidade variável, com dezenas de parâmetros que podem mudar de uma experiência para outra, até o estágio de análise, em que existem inúmeras abordagens possíveis, com diferentes pontos fortes e fracos, passando pela limitação de nossas interpretações. De fato, o auge do ceticismo salutar em relação às pesquisas com fMRI se cristalizou em um estudo recente mostrando que, ao analisar o mesmíssimo conjunto de dados, setenta grupos independentes relataram diferentes resultados.[2] Embora seja bom ter isso em mente, uma vez que há cada vez mais estudos de neuroimagem com suas próprias conclusões, no contexto que nos interessa há bem menos com que se preocupar. Ninguém está contestando a existência da RMP nem a forma geral como se apresenta. Ela é gigante, onipresente e excepcionalmente replicável. Podemos seguir adiante em nosso esforço para compreender a(s) função(ões) e as características da rede padrão do cérebro.

A descoberta da RMP foi uma sensação. A atividade neural consome uma quantidade elevada de energia. Por que nosso cérebro gastaria tanta energia metabólica quando se presumia que não estivesse fazendo nada? Quando cheguei a Harvard para meu pós-doutorado, as pesquisas estavam apenas começando a determinar qual poderia ser a função da RMP. Usando o instigante método da amostragem de pensamentos, combinada a imagens do cérebro, descobrimos que, quanto maior a atividade da RMP, maior o envolvimento do cérebro em divagações. Foi só nas décadas seguintes que a comunidade de pesquisadores descobriu uma série de funções importantes atendidas por essa atividade aparentemente espontânea. Daí surgiram várias linhas de pesquisa diferentes.

À medida que progredi como neurocientista, acabei vindo a acreditar em duas máximas sobre esse fascinante campo de pesquisa. A primeira é que a evolução não erra. Tudo que vemos no cérebro tem um motivo e uma função. As ilusões, as mais diversas "cegueiras", o suicídio celular, as falsas memórias e outras descobertas que causam perplexidade, e às vezes são até divertidas, tendem a fazer as pessoas acharem que pegaram o cérebro se comportando mal. Só depois nos damos conta de que esses são, na verdade, reflexos variados de uma potência superior. Para que o cérebro seja tão flexível, adaptável, ágil e eficiente, ele acaba pagando um preço (de fato, quando me perguntam por que os algoritmos de inteligência artificial não se comportam como o cérebro humano que tentam imitar, respondo que a IA ainda é mais engenharia do que neurociência: ao fazer um computador desempenhar tarefas dentro de fronteiras rígidas em relação a metas a serem atingidas, com pouca concessão a exceções e improvisos, o sistema artificial carece de aspectos mais sutis, porém absolutamente cruciais do cérebro humano, como a flexibilidade e a engenhosidade). Por isso, no que nos diz respeito, assim que nos damos conta de que o cérebro está intensamente ativo quando não estamos ocupados com uma meta específica — como quando aguardamos numa fila, tomamos banho ou escutamos algo enfadonho —, saber que essa atividade consome uma energia significativa deveria nos alertar para o fato de que ela deve desempenhar algum papel importante.

A segunda máxima, nascida na cabeça de um jovem e ingênuo pós-doutorando, mas que ainda considero válida, é que o cérebro sempre conta a verdade ao cientista que o investiga. Quando algo não faz sentido, é porque você não está fazendo a pergunta certa, ou não está fazendo a pergunta certa do jeito certo. Em geral, o cérebro não nos dá informações voluntariamente, mas as respostas estão ali, à nossa espera.

O que faz um cérebro inquieto, sempre "ligado", quando não estamos ocupados? Os próximos capítulos vão contar a história dessa rota de descoberta, muitas vezes espantosa, mas sempre excitante, e como achados aparentemente tão díspares vêm convergindo. Porém, antes de mergulhar nessa jornada de revelação do propósito da RMP e da divagação, vamos primeiro fazer um exame rigoroso dos nossos próprios pensamentos.

2. A conexão com nossos pensamentos

Não pensamos o suficiente em nossos pensamentos, mas eles são os tijolinhos de nossa vida mental e das divagações. Os pensamentos são como passamos de uma ideia para outra. Eles podem ser verbais, visuais e mais: podem avançar rápida ou lentamente; podem abranger vários temas semânticos diferentes; baseiam-se naquilo que sabemos e armazenamos na memória; podem variar conforme o equilíbrio emocional; e muitas vezes se manifestam como um diálogo interior entre mim e eu. Os pensamentos são a interface e a tradução do nosso mundo interior para nossa mente consciente, que podem, então, ser comunicados ao mundo exterior ou ficar guardados dentro de nós.

A FONTE DOS NOSSOS PENSAMENTOS

Quando os pensamentos se voltam para determinado objetivo, seguem uma agenda e uma estrutura clara, que não pode ser prevista, mas avança, mesmo assim, de forma coerente, como na solução de um problema. Os pensamentos se acumulam e progridem rumo ao objetivo definido. Um bom exemplo é o planejamento. Digamos que você queira consertar por conta própria aquela cadeira que está quebrada e esteja pensando em fazer isso amanhã de manhã. Você pensa nos materiais que precisa juntar, como cola, martelo, plaina, cinzel, serra e lixa. Você "viaja" pela rede de conceitos que possui na memória e vai apanhando os itens relevantes e necessários. Percebe que precisa de luvas de proteção; por isso, decide antes de tudo ir comprar um par novo. Pensa no local exato onde realizará o serviço, na ordem das etapas necessárias, fazendo uma simulação mental de todo o processo; pensa que realizará a tarefa depois que todo mundo sair de casa e na reação de sua filha quando voltar e descobrir que sua cadeira preferida foi consertada. É uma sequência com começo, meio e fim.

Às vezes estamos mais associativos e nos distraímos com mais facilidade. Por isso, ao chegar ao cinzel na lista anterior, você divaga e pensa em Gepeto e Pinóquio, em narizes que crescem, em mentiras, e então se lembra do dia em que seu filho não levou o cachorro para passear porque ficou com preguiça e confessou ter mentido por vergonha de admitir. Você pensa na sorte de ter um cachorro (e um filho) assim; em como o cachorro é brincalhão e melhora seu humor todos os dias quando você chega em casa. E não volta nunca mais à sequência do conserto da cadeira.

Na verdade, desde a hora em que acordamos, temos uma longa e única sequência de pensamentos. Ela vai mudando de temática, de velocidade, de estilo, de direção, de conteúdo, entre outras coisas, mas é contínua; no pensamento não existe uma pausa de verdade.

A fonte de nossos pensamentos, e o que determina nosso próximo pensamento, tem sido tema de uma investigação progressiva. Todos nós possuímos uma sensação de comando total sobre o que pensamos, mas trata-se de uma sensação infundada. Os pensamentos conscientes e inconscientes se misturam, interagem, intercambiam-se e desencadeiam processos uns nos outros. Presumimos ter acesso a nossos pensamentos e, se perguntados, saber dizer de onde vieram e como se conectam ao pensamento anterior e ao subsequente. Acreditamos possuí-los e monitorá-los, mas essa sensação de domínio é ingênua. Você caminha pela rua pensando no artigo que leu na noite anterior e, de repente, se pega pensando naquela professora do ensino médio que não encontra há anos, sem conexão aparente com qualquer coisa que tenha passado pela sua cabeça um segundo antes. Nossa falsa sensação de controle faz com que a maioria de nós, na maior parte do tempo, não aceite que um pensamento tenha sido provocado por uma fonte ignorada pelo nosso eu consciente. Em vez disso, produzimos um elo, ou supomos que aquilo apareceu de maneira espontânea em nossa mente.

Mas isso não existe; pensamentos não brotam do nada. Cada pensamento está conectado a algo, só que às vezes essa conexão está além do nosso alcance consciente. O fato de eles estarem conectados não significa que o processo seja sempre coerente, passando do pensamento anterior ao seguinte de maneira lógica. Interrupções da sequência podem vir de estímulos externos, como o barulho de um vidro quebrando ou uma pessoa nos chamando pelo nome; ou de processos internos, como uma reminiscência ou algo emotivo. Podemos ter consciência dessa interrupção ou não. Alguma coisa na rua por onde você passava suscitou a lembrança daquela professora do ensino médio, como alguém usando um par de óculos diferente, igual ao que ela usava; mas você não conseguiu distinguir essa relação. Isso pode ter ocorrido porque seus olhos passaram rápido demais por aquele detalhe para que sua consciência o registrasse, ou porque você viu (ou ouviu, ou cheirou) algo que não sabe, conscientemente, estar associado à professora. Por conta disso, agora você está pensando nela sem intenção e sem entender o motivo; ainda assim, sua mente continua a seguir esse caminho.

Agora vamos analisar a trilha que nosso pensamento segue no vácuo, sem interrupção de qualquer espécie. Imagine a teia gigante que compõe sua memória, com nomes, objetos, lugares, conceitos e sentimentos, todos eles conectados por meio de associações. O processo do pensamento envolve caminhar metaforicamente por essa teia, de um nó para outro, fazendo a transição de um nó conceitual, ou ideia, para outro. Cada ponto na sua trilha está conectado ao anterior e ao próximo, mesmo que não dê para ver a cada passo. É uma rede; assim, cada nó pode levar a múltiplas direções, e sua mente escolhe uma. Digamos que você esteja pensando que precisa de férias. Quando você está no nó "férias" da sua teia de pensamentos possíveis, pode avançar para a seção "dinheiro" da teia e conjecturar sobre as consequências financeiras das férias; pode ir para a seção "lazer" e dar início a alegres simulações mentais; ou para o planejamento concreto do momento certo e do destino certo para as férias. A cada passo que dá, sua mente precisa escolher o passo seguinte, dentre várias possibilidades. Não é um processo consciente, não exige muita deliberação, mas ela escolhe. O que determina o passo seguinte da sua cadeia de pensamentos é um pequeno cabo de guerra entre diferentes fontes, que o atraem em diferentes direções, das quais apenas uma prevalece: sua personalidade (frugal ou não, aberta a novas experiências ou não), seu estado de espírito, suas inclinações, a história recente de seus pensamentos (se você pagou contas uma hora atrás, fica mais propenso a seguir a trilha "dinheiro", mas se acabou de assistir a um anúncio de férias em uma ilha paradisíaca, pegará em vez disso a trilha "lazer"; isso se deve a um fenômeno chamado "pré-ativação"), profundas forças subconscientes que o atraem para a trilha "preciso me livrar de tudo isso", todas competindo pela sua escolha.

Embora todos os nós da nossa teia de conceitos e memórias estejam conectados simultaneamente a vários outros nós, nem todas as conexões têm a mesma força. Aquelas entre neurônios possuem "pesos" proporcionais à força da associação entre eles. A força entre A e B determina a probabilidade, a facilidade e a rapidez com que o pensamento A ativará o pensamento B, de modo que ao ver ou pensar em A em seguida você pensará em B. A força desses pesos pode ser estabelecida pela qualidade do aprendizado, como o número de vezes em que esse elo foi treinado (quantas vezes uma luz vermelha é um sinal de "pare"); ou pode ser temporária e dinamicamente determinada por ocorrências mentais anteriores, que servem como uma pré-ativação de determinada associação.

Desconhecer que a ativação dos pensamentos provém de fontes determinísticas — histórico passado, impulsos subconscientes ou força da associação — pode levar, e de fato leva, a vários mal-entendidos no dia a dia, e também à crença equivocada de que possuímos controle total sobre nossos pensamentos, com a ilusão de livre pensar que a acompanha. A livre associação é uma importante ferramenta terapêutica desde a época de Freud e Jung, e demonstrou-se potente para desvendar pensamentos ocultos à consciência do indivíduo. No método da livre associação, apresenta-se uma palavra ao indivíduo, que é incentivado a reagir o mais rapidamente possível com a primeira palavra que lhe vier à mente, sem censura ou julgamento. A ideia é que, sob condições não intimidatórias e encorajadoras, a inibição seja minimizada e as coisas que surgem das respostas por livre associação tragam informações sobre os processos interiores, desejos profundos, receios ocultos e necessidades inesperadas desse indivíduo. No entanto, ao tentar compreender por que eu disse o que disse ou pensei o que pensei, é preciso levar em conta as demais fontes que determinam nosso pensamento seguinte, como as que listei no início deste parágrafo. Se a sua terapeuta diz "mãe" e você responde "sangue", ela talvez fique assustada com a possível relação entre você e sua progenitora.

Pode ser uma preocupação justificada, mas outra possível fonte para sua resposta pode ser o fato de que você ligou de manhã para sua mãe perguntando como tirar uma mancha de sangue da blusa, pré-ativando, assim, o conceito semântico "sangue", e levando-o a surgir mais rapidamente como sua reação. Antes de tirar qualquer conclusão relevante, é preciso compreender por que o pensamento A levou ao pensamento B.

COMO OBSERVAR PENSAMENTOS

Minha primeira incursão formal em meu próprio mundo interior começou com uma inscrição em um programa de redução de estresse com base em meditação mindfulness de oito noites, com um dia final de silêncio. Houve uma reunião preliminar para tratar da logística, como questões burocráticas e informações sobre o que levar para os encontros propriamente ditos. Eles foram realizados em Amherst, no estado de Massachusetts, onde Jon Kabat-Zinn felizmente divulgara para o grande público a meditação mindfulness. Nessa reunião preliminar, todos os participantes se sentaram em um grande círculo numa quadra de basquete. Pouco antes de nos levantarmos para ir embora, os instrutores nos pediram para fazer um relaxamento, que consistia em fechar os olhos durante um minuto de silêncio e em seguida compartilhar a experiência com os demais. Parecia um exercício inócuo, quase pueril. Mas aquele minutinho abriu um mundo novo para mim. A pausa repentina, a mudança radical de minha orientação mental para o interior, a sensação há muito esquecida e a atenção a meu próprio corpo tiveram um impacto instantâneo sobre mim. Naquela época, minha vida andava extremamente agitada. Eu era um jovem aluno no competitivo ambiente de Harvard e tinha filhos pequenos em casa, entre outras coisas. Perguntei a mim mesmo quando fora a última vez que havia me sentido daquele jeito, e por que fazia tanto tempo que não tirava um único minuto para mim. Parecia aquela pergunta batida: quando foi a última vez que você olhou para as estrelas? Só que o universo estava dentro de mim, intenso, pessoal, à minha espera. Eu queria ir mais fundo, e, embora tenha levado alguns anos para dar esse passo, valeu a pena.

Esse incentivo inicial a "observar" meus pensamentos parecia completamente sem sentido. Mas, antes de me inscrever no programa, eu havia tomado a decisão de suspender o ceticismo, deixar o jaleco de cientista em casa e chegar zerado. Por isso, entreguei-me e tentei. Podemos nos observar no espelho, perceber uma ruga nova, analisá-la brevemente e seguir adiante: observar, perceber, analisar e deixar para trás. Não há nenhum motivo concreto para não sermos capazes de fazer o mesmo internamente, com nossos pensamentos. É incrível como essa experiência pode ser interessante, acessível e íntima; apesar disso, a maioria de nós passa a vida inteira sem se aventurar nessa direção.

Fomos levados a enxergar nosso processo de pensamento como algo imune ao exame pessoal. Minha primeira experiência com o silêncio, mesmo como um iniciante em grande medida indisciplinado, levou-me à inequívoca conclusão de que eu havia encontrado uma mina de ouro. Em muito pouco tempo, passei a considerar o foco em meus pensamentos uma espécie de autopsicanálise. No começo, você se ocupa com pensamentos mundanos: a última coisa que o incomodou, um tropeção, algo que esqueceu em casa ou no trabalho, o que deseja e precisa fazer depois dali, o cheiro da sala, um ruído distante. Depois, começa a mergulhar em questões, memórias, receios e desejos mais antigos. Surpreende-se sorrindo ou chorando, só pelo poder da reflexão interior. Fortes emoções podem surgir pela mera divagação em meio às memórias. E tudo isso, como sei hoje, pode ocorrer qualquer que seja a mecânica da prática de meditação. A simples consciência de que é possível tirar proveito de um olhar sobre a própria mente, como um observador curioso, pode permitir que isso ocorra durante a vida cotidiana, enquanto se prepara uma salada ou se praticam exercícios, e não exige equipamento, vestimenta ou ambiente especiais. A simples compreensão de que sou capaz de olhar para meus próprios pensamentos me ajudou a adquirir uma noção melhor daquilo que me incomoda, daquilo que me faz feliz, de por que digo o que digo, faço o que faço, sinto o que sinto, e a me comportar como eu mesmo. Dito isso, a meditação expõe pensamentos e memórias que por algum motivo queremos evitar, ou com os quais ainda não somos capazes de lidar, e que por isso podem exigir assistência externa. Portanto, não é uma prática exclusivamente construtiva.

É claro que não sou o primeiro a topar com essa fonte de observações sobre o eu. Fui precedido por séculos de práticas espirituais, avaliações psicológicas e até mesmo autodescobertas feitas por muitas pessoas. Gostaria de destacar uma delas, Marion Milner (ou Joanna Field, seu pseudônimo), que foi bem longe, fazendo um diário meticuloso e repleto de ideias ao decidir seguir suas experiências na busca pela felicidade. Essa jornada de oito anos foi resumida de forma original em seu livro *A Life of One's Own*[1] [Uma vida própria]. Ao escrever um diário, Milner adquiriu um domínio sem igual da introspecção. Não admira que tenha, mais tarde, se tornado uma respeitada psicanalista.

Estamos acostumados a ser o tema de nossos pensamentos, a estar no interior de nossa linha de pensamentos, bem no meio dela, como se nossos pensamentos atuassem sobre nós, com mínimo controle ou consciência de nossa parte sobre como isso ocorre ou para onde eles vão. Mas a prática que, como tanta gente antes de mim, decidi adotar permite que se ganhe um novo ponto de vista, como quem observa de fora o próprio pensamento. E essa prática não é nenhuma forma de arte nem nada que exija dezenas de milhares de horas de experiência antes que se comece a tirar algum proveito dela. É meramente um esforço de mudança de perspectiva. Existem dois pontos de vista possíveis: ou você está dentro dos seus pensamentos, vivenciando-os como o passageiro de uma montanha-russa, ou os observa como quem não comprou o ingresso e olha do chão. Esses dois modos podem se alternar, passando da participação imersiva para a observação exterior, tanto de forma automática quanto de forma voluntária. Depois de algum tempo, alternar entre um e outro se torna imperceptível.

Integrar a experiência pessoal da observação de pensamentos à nossa compreensão progressiva da mente (psicologia) e do cérebro (neurociência) propicia um controle novo e acessível de quem somos e por que estamos aqui.

OS PENSAMENTOS E O RUÍDO MENTAL

No campo da engenharia e do processamento de sinais, existe uma unidade de medida chamada "relação sinal-ruído" (RSR). Ela quantifica o quanto um sinal específico está embutido em um ambiente composto de ruído. A maioria dos ambientes realistas é incrivelmente ruidosa: a recepção de rádio ocorre em um ambiente repleto de outras transmissões de rádio; as cenas que vemos à nossa volta são povoadas por entulho, obstruções, movimentos, variações de luz, entre outros; e, nas festinhas, é preciso lutar contra os ruídos e as conversas paralelas que dificultam a compreensão daquilo que sua amiga está dizendo. O sistema ideal é aquele que amplifica o sinal e suprime o ruído, maximizando a RSR, para que você fique apenas com o que interessa. O cérebro lida com uma questão parecida, tendo que levar em conta tanto o mundo exterior quanto o interior.

Em relação aos sinais exteriores que nos interessam, nossa forma de apreender o entorno físico é filtrada pela *atenção*, um filtro engenhoso que nos permite selecionar, nem sempre de forma consciente, apenas aquilo que é relevante, inédito, atraente ou amedrontador. Somos bombardeados o tempo todo por um tesouro de estímulos físicos, como sons, cores e odores. Vamos supor que você esteja em uma rua movimentada, à espera do ônibus, quando avista um, bem longe, e fica na dúvida se é o seu. Pense em quantas informações você tem que descartar, a fim de se concentrar: os carros em volta do ônibus, os objetos a seu redor, a movimentação de uma rua cheia de gente, buzinas que o distraem, o peso da sua bolsa, as conversas de fundo, e muito mais. Em geral não temos dificuldade em seguir com a vida e ignorar a maior parte do que acontece no nosso entorno. Às vezes, isso leva a casos interessantes, e até divertidos, em que não notamos algo importante, como no estudo do "gorila invisível", em que os participantes, instruídos a assistirem a um vídeo e a contar o número de passes efetuados com uma bola de basquete, se concentram tão intensamente na contagem que não percebem um gorila atravessando a cena de ponta a ponta (a demonstração original foi feita por Ulric Neisser, um dos fundadores da psicologia cognitiva).[2] De forma geral, no entanto, a atenção seletiva é um poderoso dom da natureza, que nos mantém sãos, eficientes e em segurança.

Também podemos pensar na atenção como algo aplicável internamente. É possível optar por focá-la em certos pensamentos e não em outros (para não falar dos que suprimimos ou reprimimos), e a prática da meditação é a ferramenta mais eficiente que conheço para fazer isso. Pense na meditação como uma redução do ruído mental, amplificando, assim, a RSR dos seus pensamentos. Ela lhe oferece não apenas o sublime poder de compreender seus pensamentos, mas também o de exercer algum controle sobre eles. Você se sentaria em um carro que dirige por conta própria para o lugar que bem entende? Não. Por que, então, concordaria em viver dentro de um corpo cujo comando não detém?

Depois de limpar e reduzir a RSR, cuidamos cautelosamente dos pensamentos remanescentes, ou "visitantes", como às vezes são chamados: os observamos e rotulamos, e em seguida há o silêncio, silêncio que permite que a atenção plena floresça, que vivenciemos nosso mundo com a maior proximidade possível. A meditação nos permite assumir o controle de nossa mente, destilando ao mesmo tempo nossos pensamentos. E também nos aproxima dos nossos insights, das nossas percepções.

Qual é o elo entre uma mente mais silenciosa e a conexão com nossos insights? Estudos psicológicos dos insights na solução de problemas e em outros feitos cognitivos mostram que eles costumam ser repentinos e inesperados. Comportam-se como o resultado de processos inconscientes, como aquele que chamamos de "incubação". São os processos que ocorrem "nos bastidores" da nossa mente consciente, cuidando de tarefas mentais sem nos incomodar de maneira desnecessária. Um insight é nossa mente inconsciente transmitindo à nossa mente consciente o desfecho desse processo de incubação. É como se terceirizássemos um trabalho cujos detalhes não nos interessam, para podermos seguir com nossas vidas nesse meio-tempo. Temos que estar prontos para receber essas mensagens na hora em que sejam transmitidas, mas é complicado para uma mente consciente ocupada perceber pequenas mensagens que lhe são enviadas das profundezas do subconsciente. Os pensamentos sequestram nossa mente, e o ruído é grande demais para que percebamos os insights embutidos neles. Ao limpar os pensamentos de fundo, aumentando a relação sinal-ruído, a meditação nos deixa mais abertos aos insights. São os mesmos mecanismos para ter atenção plena a nosso ambiente interno ou externo, com práticas e benefícios semelhantes.

Ao praticar a meditação, você passa a atentar não só a seus pensamentos, mas mais ainda a suas emoções, sobretudo aquelas que desviam sua atenção da respiração: desejos e vontades, ânsias por experiências diferentes, raivas, críticas, juízos, aflições, medos, inquietações, cansaço, torpor, dúvidas. Mas não se preocupe, porque não são apenas os pensamentos e emoções negativos que afloram.

Muitas vezes, principalmente no começo, eu me pegava incapaz de me concentrar em um ambiente coletivo, e abria os olhos. É uma visão curiosa em si mesma. Um grupo de gente, estranhos, todos sentados em aprumo, de olhos fechados, cercados de travesseiros coloridos, xales e tudo aquilo que aumente o conforto, em silêncio, claramente não adormecidos, mas tampouco acordados, e por algum motivo com aquele semblante sem igual de quem foi arrastado para um mergulho interior. É algo que raramente se vê em qualquer outra situação. Todos pareciam numa relação tão íntima consigo mesmos que, devo admitir, contemplá-los durante uma experiência tão pessoal me pareceu algo proibido. Mas essas espiadas ocasionais me mostravam o leque de emoções vivenciadas pelas pessoas ao olharem para dentro de si sem estímulo exterior.

RESPIRAR E PENSAR

Certa vez fui convidado a dar uma palestra na bela Assis, na Itália. Pousei em Roma, onde uma amiga foi me buscar no aeroporto, com o marido. Tudo foi planejado de modo que eu chegasse a tempo de conhecer meu anfitrião, Patrizio, um polímata gentil, interessado em budismo e em fazer o bem, logo antes de um retiro de meditação organizado por ele em uma floresta perto de Assis. Meu voo sofreu um atraso, o que nos obrigou a correr. Teríamos três horas de estrada, mal tendo tempo para um almoço rápido. O único assunto da conversa durante a viagem de carro foi se conseguiríamos ou não chegar na hora. Tudo foi acelerado, e eu me senti como um personagem de um thriller de cinema: trocando de carro no meio do caminho, entregando minha bagagem ao marido da minha amiga enquanto ela seguia comigo em outro veículo, correndo para encontrar o anfitrião no último minuto. Apertei-lhe a mão, ofegante depois de uma jornada tão intensa, mas com a sensação de quem acabara de salvar o planeta. "Junte-se a nós", disse ele, com a maior calma do mundo. "Agora vamos ficar quatro horas sentados focando na respiração e no filtro labial", prosseguiu, apontando para a depressão vertical que fica entre o lábio superior e a parte de baixo do nariz. Raramente a pressa vale a pena.

Existem vários métodos para limpar e aguçar a mente por meio da meditação; nem todos são tão intensos ou enfadonhos. Existe a famosa meditação com mantras, que eu mesmo nunca tentei, mas que parece bastante popular. Existe o método básico e amigável do escaneamento corporal, que foi minha primeiríssima experiência. Sentado, deitado ou em pé, você fecha os olhos e escaneia o corpo detalhadamente em sua cabeça. Começando pelo espaço entre os dedos dos pés e sob as unhas, você vai subindo até o topo da cabeça e tenta abarcar cada ponto do seu corpo com a imaginação. Nunca, em minha experiência, consegui fazer o caminho completo, e tudo bem; como dizem os instrutores de fala mansa, a mente divaga, e não se deve opor resistência. Apenas retorne sua atenção ao escaneamento corporal.

Também é possível meditar em pé, examinando calma e meticulosamente as sensações em seu pé com detalhadíssima resolução. Ou então caminhando, muito devagar. Você foca nos pequenos movimentos do corpo, nos pés, nos dedos dos pés, nos joelhos, nos músculos, na postura da cabeça, e assim por diante. Foi a meditação que achei mais difícil. Talvez por simbolizar minha forma de vida, caminhar está associado, para mim, a ir para algum lugar, não a caminhar apenas pelo ato em si. Por isso, caminhar lentamente não faz sentido para o meu corpo, que viveu tanto tempo na pressa de chegar. Descondicionar aquilo que foi condicionado a vida inteira exige prática.

O foco da sua atenção não precisa estar no corpo. Pode ser a análise detalhada de um ar-condicionado, por exemplo. Escolher um "objeto-âncora" e sempre retornar mentalmente a ele ao divagar é uma espécie de "drible mental". É o método básico para ajudá-lo a treinar a mente a observar e, aos poucos, reduzir o número de distrações. Para perceber uma distração, é preciso primeiro se distrair de alguma coisa. Na meditação, essa "coisa" é seu objeto-âncora, seja ele seu corpo ou qualquer outra coisa. Na vida real, é do presente que você está distraído.

O método mais popular, e por ótimas razões, é atentar para a respiração. Caso você não tenha experiência com meditação, sei bem o que pode parecer. "Atentar para o que na respiração, só ar entrando e saindo? Por quanto tempo alguém consegue pensar numa operação tão mundana e simples?" Quanto mais se pratica, porém, e quanto maior seu treinamento, mais fina é a resolução da sua atenção. Aos poucos, você começa a perceber o fluxo de ar pelas narinas. É quente? Faz cócegas? É lento e longo ou intenso, mas curto? Você começa a prestar atenção no caminho do ar, do nariz e da boca para o pulmão e vice-versa. É afetado por sua postura, por seus músculos abdominais? Para dentro e para fora: quando uma respiração termina e começa outra?

É fascinante como qualquer alvo que se escolha pode se tornar tão infinitamente detalhado pelo simples fato de você atentar para ele. Vivemos encarando as coisas como entidades integrais, objetos fechados, aos quais relacionamos nomes: uma casa, uma árvore, uma pessoa, uma cidade, a lua. O mesmo vale para nossa capacidade de imaginar e invocar informações à nossa mente. Caso você feche os olhos e pense no seu carro, no seu gato ou no seu escritório, a menos que se detenha e atente aos detalhes, verá apenas informações rudimentares. Mas o que acontece se você fizer uma pausa de alguns minutos para focar naquela árvore pela qual acabou de passar distraidamente? De súbito, a árvore possui tronco, casca, galhos, gravetos, folhas, brotos, nervuras, cores, florezinhas. É como naquelas animações de fractais, em que, à medida que você se aprofunda, vão se revelando novos fractais, infinitamente. O simples fato de se deter é suficiente para um fluxo constante de novos detalhes, camada após camada.

Minha amiga Nataly, que pratica ioga e meditação seriamente há muito tempo, me falou de um exercício particularmente difícil que recebeu em um dos cursos que fez: observar a própria respiração de perto durante um dia inteiro, enquanto realizava as tarefas cotidianas. Não me vejo atingindo tal estágio no futuro, mas parece uma experiência fascinante. Foi nesse dia que aprendi um novo termo com ela, o "tempo real". Todos nós sabemos como a passagem do tempo é subjetiva e diferente conforme as circunstâncias — lenta quando estamos entediados e rápida quando estamos nos divertindo, por exemplo. Apesar disso, uma meditação intensa e prolongada parece ser capaz de produzir uma percepção mais estável do tempo, minimizando os efeitos da subjetividade. O tempo real é o único tempo que importa.

PENSAMENTOS SOBRE SENSAÇÕES CORPORAIS

Lembro-me de ter ido atrás do líder do meu primeiro retiro silencioso, Stephen Fulder, fundador da Tovana, uma organização dedicada à meditação vipassana em Israel, na tentativa de dizer a ele que não estava sentindo nada. Só havia se passado um dia, mas sou do tipo impaciente, aflito por insights. Na verdade, estava tão curioso e ansioso que me dispunha a falar em um retiro silencioso, o que criava uma situação constrangedora para o próprio Stephen. Mas ele não se importou e me mandou começar a perceber como os diferentes pensamentos surgidos durante a postura sentada afetavam meu corpo. Não entendi o que ele estava querendo dizer. "Você quer dizer que os pensamentos afetam meu corpo, e pensamentos diferentes afetam meu corpo de maneira diferente?" Ele sorriu e respondeu: "Claro. Você é neurocientista. Para você, só existe o cérebro". E ele tinha razão. Até aquela experiência, meu corpo, ante meus olhos altamente seletivos, era mais como uma plataforma transportando o cérebro. Em *Ladrão de sonhos*, um filme maravilhoso e original no qual um cientista sequestra crianças para roubar seus sonhos e permanecer jovem, o personagem Tio Irvin não passa de um cérebro em um pote, o que não o impede de ser tagarela e detestavelmente sarcástico, e até de sofrer de enxaqueca. Era bem assim que eu pensava no ser humano: começando e terminando pelo cérebro.

Na neurociência, na filosofia, no budismo e até mesmo nos estudos religiosos, as pessoas há séculos ponderam sobre a interação entre a mente e o corpo. Não há dúvida de que nosso cérebro sente o corpo, há inúmeras evidências disso. Mas não há consenso até hoje em relação à reciprocidade dessa relação. O corpo faz muito mais do que fornecer informações sensoriais ao cérebro, seja essa informação a proximidade de um objeto quente ou o prazer de alguém nos fazendo cócegas. Na verdade, inúmeros estudos já indicaram que a mente é moldada pelos sinais do corpo.[3] Parece, portanto, uma conexão simbiótica que deve ser reconhecida e lembrada.

Um bom exemplo dessa conexão mente-corpo é o onipresente fenômeno do placebo, em que crenças e expectativas podem afetar a saúde fisiológica. Tanto no mundo clínico quanto na vida cotidiana, crenças podem afetar nossa maneira de reagir aos acontecimentos, a ponto de alterar, inconscientemente, sintomas patológicos, psicológicos e fisiológicos. No contexto correto e com as instruções apropriadas, podemos até tornar eficaz um tratamento inócuo. Pelo menos 30% dos casos de depressão, por exemplo, podem ser aliviados com placebo,[4] ou seja, condições depressivas podem melhorar pela simples crença na terapia, a despeito da terapia propriamente dita. Da mesma forma, demonstrou-se que o placebo alivia sintomas de enxaqueca e ajuda a lidar com a dor em diversas situações.[5] É o poder da mente sobre a mente e sobre o corpo.

Certa vez, eu estava fazendo uma apresentação no jardim de infância da minha filha e perguntei às criancinhas onde ficava a felicidade no corpo, assim como a tristeza, a inveja e a raiva. Elas responderam "no cérebro" para todos, menos para o amor; o amor estava "no coração", disseram. Sentimos o coração acelerado, e nossa intuição precoce é que o lugar onde se sente é onde fica aquilo que sentimos. Talvez por isso, na Antiguidade, fosse mais difícil suspeitar que todo o repertório de emoções humanas ocorresse dentro da cabeça.

Quando ainda não existe conhecimento sobre o cérebro, e as únicas coisas observáveis são as sensações do corpo, é nele que você acha que elas ocorrem. E a princípio faz todo sentido pensar assim. Quando o dedão do pé pisa em um pedaço de carvão em brasa, é melhor acharmos que a sensação está ali, mesmo que na realidade ela ocorra no córtex somatossensorial e nas regiões de dor do cérebro. O cérebro é repleto dessas ilusões embutidas, intencionais, criadas para funcionarmos de maneira ideal. É por isso que achamos que o som no cinema vem da tela, embora os alto-falantes estejam nas paredes laterais e atrás de nós: são erros de localização funcionais.

William James, pioneiro da psicologia, foi um dos primeiros a postular que a emoção surge, na verdade, do corpo (no que ficou conhecido como a teoria de James-Lange). Sentimos raiva, medo ou euforia, e é dessa sensação física que o cérebro tira a representação cognitiva da emoção correspondente. Segundo essa controvertida teoria, as emoções não nascem no cérebro e em seguida ditam as sensações ao corpo. Em vez disso, o corpo reage diretamente à percepção do estímulo — seja ele o focinho de um leão ou o sorriso da pessoa amada —, e é a mudança no corpo que dá riqueza à emoção do cérebro. Isso não significa que o corpo tenha uma mente própria, mas que o cérebro percebe as propriedades físicas do estímulo (cores, sons, rostos, sorrisos e assim por diante). Essa percepção básica enseja no corpo uma reação física, e essa reação informa ao cérebro qual é a emoção. Conforme essa teoria, a emoção é a interpretação feita pelo cérebro da reação fisiológica do corpo. Não choramos porque estamos tristes; ficamos tristes porque choramos.

Mais um exemplo, só para mostrar o quanto essa teoria vai contra o bom senso. Vamos supor que alguém esteja gritando de raiva com você. As características físicas, tais como a força e a frequência da voz, os detalhes do semblante e a postura dessa pessoa são percebidos pelo cérebro e rapidamente transmitidos ao corpo. O corpo reage a essas características físicas específicas, reconhecendo-as por associação. Em seguida, seu cérebro conclui, quando o corpo se retrai, o coração dispara e a pele começa a transpirar, que você deve estar com medo. Agora, o cérebro também conhece a emoção. Pode parecer um pouco circular e complicado, mas demonstra, ainda assim, que nomes de imenso prestígio, entre eles o pai da psicologia moderna e muitos outros que vieram depois, consideram o corpo uma das principais fontes daquilo que sentimos.

As expressões emocionais do corpo desempenham outro importante papel. O propósito dessas expressões, que evidentemente incluem o rosto, é comunicar aos outros o que estamos sentindo. Assim como podemos deduzir o estado de espírito de um cão pelo rabo, podemos deduzir um repertório muito mais rico de emoções a partir da expressão por inteiro do corpo de nossos pares. Não temos necessariamente consciência do quanto conseguimos apreender ou perceber a partir da expressão dos rostos e corpos — da surpresa ao medo, da vigilância à empolgação, do tédio ao nojo. Na verdade, não se sabe com clareza até que ponto a linguagem verbal que usamos para descrever nossas emoções faz efeito sobre nosso interlocutor, que tem acesso a tudo aquilo que o corpo "entrega".

TIPOS DE PENSAMENTO

A frequência de determinadas palavras em nosso entorno é um tema que sempre despertou interesse, porque reflete o que está "bombando" e o que está atualmente na boca do povo, pela simples contagem dos termos que aparecem com maior assiduidade em jornais, livros, rádio, TV e internet. A palavra "pensar" figura no top 100 desde que esses rankings começaram a ser feitos. Em seu livro *Como pensamos*, John Dewey afirma que é a palavra mais frequente. Na minha última verificação, ela ocupava a posição de número 75. Mas, qualquer que seja nossa análise, o pensar e os pensamentos são tema constante de conversa. Isso não deve ser motivo de surpresa, considerando que ele é uma das principais atividades da vida.

Tendemos a pensar no ato de pensar como um processo simples e monolítico. Em termos subjetivos, a impressão é de que os pensamentos vão e vêm, às vezes demoram-se um pouco mais, mas basicamente são uma única linha em que só o assunto muda. Mas os pensamentos podem girar em torno do mesmo tema durante muito tempo, ou pular de um assunto para outro por associação; podem ser restritos ou amplos, no âmbito do espaço semântico que abrangem; podem ser rápidos ou lentos; intencionais ou intrusivos; surgir de dentro ou ser desencadeados por um estímulo do ambiente; e podem ser palavras, imagens ou sons.

Existem diferentes padrões de pensamento e muito mais de um tipo de pensamento. Por "tipo" ou "padrão", aqui, entendemos o processo de pensar propriamente dito, e não o conteúdo do pensamento. É mais sobre a maneira como o carro anda do que sobre quem está dirigindo. Podemos pensar em melancias, paraquedismo, canais dentários ou na morte — o que quer que seja, podemos pensar nesses temas de várias formas, cuja natureza varia. Esses diferentes tipos de padrão de pensamento são determinados pelo nosso estado, como o humor ou o contexto, e podem ajudar (ou atrapalhar) a realização de determinadas metas. Eis um apanhado dos principais tipos de pensamento.

Pensamento associativo

Os pensamentos são formados por *conceitos*. Como descrevemos anteriormente, nossa memória de experiências e conhecimentos pode ser encarada como uma enorme teia cheia de nós, em que cada nó é um conceito. Pensar em um conceito é como visitar esse nó e ativar o que é representado por ele. Pode ser a cor "vermelha", a palavra "bacana", a sensação de "calor", o rosto da "vovó" ou o sabor de uma "paçoca". Padrões de pensamento variam na forma como avançam por essa teia. O pensamento associativo, mais especificamente, é aquele que progride de forma constante de um conceito para outro a ele associado. Por exemplo, você pensa em uma maçã, que o faz pensar em Isaac Newton, que o faz pensar na gravidade, que o faz pensar em física, que o faz pensar na escola, que o faz pensar no primeiro crush, que o faz pensar em amor, que o faz pensar nos filhos, que o faz pensar na idade, que o faz pensar em malhar, e assim por diante. Ele avança de forma imperceptível, de acordo com a sua própria teia de nós e conexões.

Essas associações em nosso cérebro são fruto de nossa experiência no mundo. As associações entre objetos relacionados (cadeira-mesa, enfermeiro-médico) são chamadas de *regularidades estatísticas*, porque tendem a aparecer juntas com regularidade em nosso mundo. Com a experiência, vamos acumulando essas regularidades simultâneas, armazenando-as na memória como associações. Quanto mais dois conceitos aparecem juntos em nosso mundo, mais forte é a conexão entre eles no cérebro. Compare um par frequente, como garfo-faca, com um par menos frequente, como garfo-guardanapo, e com outro ainda menos frequente, como garfo-sopa. Nesse exemplo, a palavra "garfo" está conectada a "faca", "guardanapo" e "sopa", mas com forças diferentes, e, dessa forma, com probabilidades diferentes de virem a ser ativadas juntas.

Agrupar itens no cérebro de forma associativa traz um enorme benefício, tanto em termos de um armazenamento mais econômico na memória como em termos de uma recuperação mais eficiente de dados nessa memória. É mais fácil guardar coisas novas junto com coisas velhas relacionadas a elas, como associar tanques de mergulho à representação de um mergulhador e de outros equipamentos de mergulho na memória. Esse armazenamento associativo, naturalmente, torna mais fácil achar e resgatar itens da memória quando necessário. Ativações associativas também servem de base para previsões no cérebro. O fato de o som do trem estar ligado em nosso cérebro à imagem de um trem, ou o fato de um incêndio estar relacionado a altas temperaturas, ajuda a otimizar nossa interação com o entorno, com base em experiências passadas.

O pensamento associativo pode ser rápido ou lento, mesmo que em ambos os casos os conceitos se expandam por associação. Quando ele é rápido, mais parece um raciocínio frenético, que pode ser empolgante. Esse tipo de pensamento está ligado a diferentes estados e traços de personalidade, predisposições, talentos e transtornos. Está relacionado à criatividade, como evidenciado, por exemplo, por insights extraordinários e soluções originais de problemas. Indivíduos com transtorno de déficit de atenção e hiperatividade (TDAH) são altamente associativos e tendem a ser mais criativos (o que diminui com a medicação).[6] Pessoas excessivamente associativas, que enxergam elos onde o restante de nós vê apenas vagas associações, ou nenhuma, podem receber o diagnóstico de delírio ou transtornos psiquiátricos como a esquizofrenia. Na outra ponta, quando o pensamento é cíclico e ruminante em torno de um único tema por tempo prolongado, o indivíduo pode apresentar sinais de ansiedade ou outros transtornos de humor, como a depressão.

Pensamento ruminante

O pensamento ruminante é um padrão recorrente que tende a girar em torno de um mesmo assunto, em círculos, continuamente. Uma mente ruminante se detém em um mesmo incidente ou episódio, analisa-o sob vários ângulos, repetidas vezes, de forma irracional, e em geral sofre com isso. Você pensa em uma oportunidade que deixou passar na véspera, no que ela representa, na perda, em sua imagem perante os outros, em como poderia ter ficado rico, no azar que teve na última hora, no fato de que nunca soube correr riscos, e que não vai chegar a lugar algum, e recomeça tudo de novo. Um eu menos ruminante, por outro lado, analisaria o fato, talvez extraísse algum aprendizado e seguiria em frente.

Ficar preso no mesmo assunto não é sinônimo de estar intensamente concentrado. Quando estamos concentrados, de fato o escopo mental daquilo que ocupa nossa mente é estreito, em termos do volume conceitual que abrange, mas existe um avanço. Quando estamos resolvendo um problema matemático complexo, ou projetando uma casa na árvore, focamos nos detalhes, mas o processo tem começo, meio e fim. Quando ruminamos, só andamos em círculos.

De tempos em tempos, todos nós ruminamos, mas períodos longos de ruminação podem ter consequências patológicas. Por exemplo, ruminar sobre um acontecimento futuro aguardado ("Não estou preparado para dar a palestra, meus slides estão horríveis, e se o ar-condicionado pifar e minha camisa ficar empapada de suor, que vergonha, vão me achar ridículo") é o mesmo que estar ansioso. É normal. Mas quando essa ansiedade se torna um padrão intrínseco, crônico, isso pode se transformar em uma ansiedade clínica, algo que pode ser debilitante e exigir tratamento. Quando ficamos ruminando o tempo todo sobre o passado, nosso humor também piora, e nesse caso o indivíduo pode desenvolver uma depressão. Na verdade, a ansiedade e a depressão costumam andar de mãos dadas, o que no jargão médico é chamado de *comorbidade*, e significa que o indivíduo afetado por uma condição geralmente também sofre da outra. O que elas têm em comum entre si, e também com muitos outros transtornos psiquiátricos, é a natureza ruminante do pensamento.

Pensamento obsessivo

Os pensamentos obsessivos são a marca do transtorno obsessivo-compulsivo (TOC). São recorrentes, persistentes e em geral negativos, embora não necessariamente circulares como a ruminação. Quanto mais você tenta fazer cessar esses pensamentos, mais obsessivos eles se tornam. Pensamentos obsessivos podem ocorrer junto com outros transtornos, como o de estresse pós-traumático (TEPT), ataques de pânico e fobias. Mas nem todo pensamento obsessivo está associado a um transtorno. Em certos momentos, eles podem ocorrer de forma muito natural, como quando ficamos obcecados por uma dívida ou pelo paradeiro de um interesse amoroso. O pensamento obsessivo costuma ser indesejado, e parece impossível de evitar.

Pensamento intrusivo

Os pensamentos intrusivos não chegam a ser um tipo de pensamento propriamente dito, mas um fenômeno do pensamento. São involuntários, inoportunos e em geral indesejados, por serem negativos, intrometendo-se em nossa cadeia de pensamentos sem relevância aparente. Ao contrário dos pensamentos obsessivos, ocorrem apenas de forma intermitente, mas por vezes com imenso grau de intromissão. Essas intromissões podem ser provocadas por memórias de um trauma, medos ou preocupações persistentes, e em certos momentos chegam a ser paralisantes, podendo envolver uma série de sentimentos e emoções negativos associados ao pensamento intrusivo. Dito isso, também podemos vivenciar a ativação espontânea de memórias boas, como um comentário elogioso ou uma viagem de férias divertida, que pipocam sem aviso. Ainda assim, elas não deixam de ser uma intrusão, porque interrompem uma sequência de pensamento sem relação com elas. A intrusão também pode ser a solução de um problema que estava nos incomodando antes: a solução surge depois de um período de certa "incubação" subconsciente. Está claro, portanto, que nem todo pensamento intrusivo é ruim.

Observe que o conceito de "pensamento" e o conceito de "memória" são usados neste livro de forma quase intercambiável. Não são idênticos, mas estão intimamente relacionados. Os pensamentos consistem em memórias ativadas (só que não exclusivamente). Tudo aquilo que sabemos, que recordamos de nossas experiências, que receamos, que antecipamos, todas as palavras que sabemos e todos os sentimentos que lembramos estão armazenados na memória. Quando você pensa naquilo que o vizinho lhe disse no elevador na noite passada, é um pensamento que foi criado por meio da reativação de um pedaço de memória que estava armazenado e adormecido até você invocá-lo. Você sabe qual é a capital da Itália, mas essa informação está adormecida (só que não...) até você acessá-la e torná-la parte de seus pensamentos atuais. As memórias são como arquivos em prateleiras, em repouso, esperando ser ativadas internamente por você ou por acontecimentos externos, que chamamos de *deixas de recuperação*, com que você se depara, em um comercial com uma atriz que você conhece, em um filme, ou no seu último encontro dos sonhos, que está conectado a várias memórias, agora reativadas em uma reação em cadeia. Uma memória ativada é um pensamento, ou parte de um pensamento, mas nem todo pensamento tem origem na memória. Pense nas simulações, essa espécie de "ensaio geral" da mente que fazemos com tanta frequência. Você pinça da memória alguns ingredientes, como o jeito de se vestir na praia, o cenário habitual de uma praia exótica e a imagem da pessoa com quem você gostaria de estar, e constrói uma simulação de uma experiência que não aconteceu, ou pelo menos não ainda, com aquela pessoa, em uma praia exótica. Seu pensamento, agora, é em parte inédito e em parte uma memória antiga.

TRANSTORNOS INUSITADOS DO PENSAMENTO

No meu entender, a psiquiatria é uma das melhores profissões com que uma pessoa pode sonhar. Não apenas você consegue ajudar as pessoas, mas observar a mente humana em seu pleno esplendor. Às vezes usa-se o termo *neurodiversidade* para ressaltar que a variação da norma não é necessariamente um transtorno ou uma doença, e sim uma manifestação das saudáveis diferenças que nos tornam indivíduos interessantes e fazem a sociedade prosperar. Na psiquiatria, você explora a mente humana e chega mais perto do que seria a alma humana do que qualquer outra pessoa. Observar padrões de pensamento que fugiram do controle é magnífico e assustador ao mesmo tempo. Ficamos tão apegados à nossa visão de mundo, e tão convencidos, subjetivamente, de que o mundo interior de nossos pares é semelhante ao nosso que, ao ver alguém conversando sozinho, convencido de ser o Filho de Deus, ou tagarelando sem parar de forma incoerente, temos sempre a sensação inicial de que a pessoa está representando. Estudar os transtornos do pensamento abre uma janela sem igual.

A primeira delas é o *descarrilamento*, às vezes também chamado de afrouxamento das associações. Embora costume ser analisado em um contexto clínico, nem sempre o descarrilamento é um transtorno. Como o nome indica, descarrilar significa fugir do assunto (seja no pensamento ou em uma conversa). O indivíduo é levado pela corrente de ideias, sem nunca voltar ao ponto inicial. O discurso dessas ideias não é necessariamente coerente ou inter-relacionado, e muitas vezes vem acompanhado de intensas emoções, como no pensamento rápido de um episódio maníaco. O descarrilamento é observado em pacientes com esquizofrenia, que tendem a ser alta e frouxamente associativos (ou seja, enxergam associações fortes onde outros veem associações remotas ou frouxas).

Uma boa metáfora da vida cotidiana para essa condição é quando uma pessoa bebe álcool ou fuma uma droga que atenua sua inibição, desencadeando um fluxo de ideias e um senso subjetivo de criatividade excepcional (só para acordar no dia seguinte e se dar conta de que aquela grande descoberta da noite anterior não é tão grande assim...). No entanto, o descarrilamento é, às vezes, condutor de criatividade, possivelmente devido ao chamado *pensamento lateral*, caracterizado por um fluxo que não é linear, em que a lógica aplicada ao pensar em um problema é menos aparente. O descarrilamento também é chamado, às vezes, de *pensamento tangencial*, divagando sem retorno. Usar "pensamento tangencial", "pensamento lateral" e "descarrilamento" para se referir a padrões de pensamento similares pode causar uma verdadeira confusão. Toco nesse assunto aqui para mostrar que a terminologia não deve ser levada a sério demais (dizem que um cientista prefere usar a escova de dentes de um colega a usar a terminologia desse mesmo colega...). Qualquer que seja o nome, esses variados fenômenos ilustram as diferentes formas pelas quais o pensamento progride, em ordem ou em desordem. E existem outras demonstrações disso. A maioria delas ressalta o elo estreito entre a memória e o pensamento, e entre o pensamento e a fala.

O próximo transtorno do pensamento que nos interessa é a *circunstancialidade*, que diz respeito aos pensamentos e à fala que giram em círculos em torno de uma ideia, com um excesso de detalhes desnecessários (todo mundo tem um amigo assim). A circunstancialidade é diferente do descarrilamento, no sentido de que o indivíduo acaba, mais cedo ou mais tarde, chegando aonde quer. Outro, a *pobreza discursiva*, é o completo oposto, em que o conteúdo do pensamento e, em consequência, da fala é fortemente empobrecido e menos informativo.

Há ainda uma extensa lista de fenômenos curiosos que os psiquiatras observam nos pacientes e que refletem nossa compreensão do processo de pensamento, entre eles o *bloqueio*, em que a linha de pensamento pode ser interrompida de forma brusca; o *voo de ideias*, em que as ideias surgem abruptamente, mas, apesar disso, com alguma coerência; o *fluxo de ideias incoerentes*, sem relação entre si; a *referência obsessiva* a si mesmo; e assim por diante. Um transtorno bizarro, também relacionado às associações, são as *associações clang*, ou *associações de por som*, em que o pensamento e a fala progridem em rimas, e não pelo sentido. Ele ocorre, em geral, em pacientes com psicose e no transtorno bipolar.

Como ocorre em muitas avenidas da neurociência, os transtornos não são apenas um problema clínico. Também representam um grande desafio para nossa compreensão da forma normativa, ou neurotípica, do funcionamento do cérebro. Por exemplo, como é possível que um pensamento seja abruptamente bloqueado? O que acontece com a sequência? O que determina a velocidade do pensamento e a amplitude das associações?

Talvez os transtornos mais conhecidos e mais instrutivos sejam as *ilusões* e as *alucinações*. Uma ilusão é uma distorção da realidade, em que se interpreta o mundo de maneira profundamente incorreta, o que inclui sobretudo a paranoia e a ilusão de grandeza. O curioso é que os pacientes psicóticos que apresentam pensamentos ilusórios têm profunda convicção deles. Na verdade, a confiança nessas crenças distorcidas é um dos critérios para o diagnóstico de delírio.

Façamos um segundo de pausa para apreciar a incrível complexidade de nossa mente. Um cérebro, de aparência igual ao seu ou ao meu, acredita piamente que está sendo seguido, ou que pertence a Napoleão, e não há evidência que possa convencê-lo do contrário. O cérebro é composto de dezenas de bilhões de neurônios, cada um deles funcionando como um interruptor e conectado a vários outros neurônios. Além da imensidão dessa teia, existem vários neurotransmissores e outros mecanismos moleculares nesse caldo. Onde é que Napoleão foi aparecer nisso tudo? Estamos ainda bem longe de conseguir explicar essas crenças tão fortes e distorcidas.

Distintas das ilusões, as alucinações são a percepção de algo que não está ali, de algo inventado, imaginação que se confunde com a realidade. Podem ser extremamente vívidas e ocupar locais bem específicos no espaço, e se apresentar sob forma visual, auditiva ou outras. Embora as alucinações sejam comuns em vários transtornos psiquiátricos, também podem ocorrer com a utilização de certas drogas ou no momento em que adormecemos, acordamos ou somos privados de sono.

Nossa mente costuma se ocupar com estímulos mentais de cenários hipotéticos. Imagine acreditar que essas simulações mentais estão de fato ocorrendo: que você está realmente voando, fazendo amor com uma modelo ou se afogando no mar. Da mesma forma, pense em imagens: em nossa capacidade de conjurar uma imagem e enxergá-la de forma vívida na mente, podendo até manipulá-la, como um cubo mágico mental. Sabemos que as simulações e as imagens estão dentro do nosso cérebro, e em geral não fazemos confusão entre o que acontece dentro e o que acontece fora dele.

DENTRO E FORA

Nossos pensamentos podem ser gerados por um estímulo externo, como uma frase que entreouvimos no metrô, o cheiro de bolo ao chegar em casa ou o gato se esfregando na nossa perna. Também podem ser desencadeados internamente, como a ideia de convidar sua irmã e o namorado novo dela para almoçar, o que o faz pensar se o rapaz, que você só encontrou uma vez, é mesmo um cara legal ou se estava só fingindo. Na maior parte do tempo, porém, a fonte do pensamento não é nem totalmente interna nem totalmente externa. Costuma ser uma combinação. Além disso, estamos o tempo todo indo e vindo entre nossos mundos interior e exterior.

Fantasiar que você, e não Pelé ou Marta, é o camisa dez da seleção brasileira na final da Copa do Mundo também é um pensamento, e você tem consciência disso. Sabe que está acontecendo dentro da sua cabeça. Mas isso não é algo que nascemos sabendo; é uma habilidade e um conhecimento que vamos adquirindo conforme crescemos. Para um bebê, distinguir um evento interior de um evento exterior nem sempre é tão fácil ou imediato. No início, o bebê é menos capaz de distinguir o mundo físico do mundo mental, o que é um objeto e o que é um pensamento. A divagação propriamente dita começa um pouco mais tarde.

3. A jornada a partir do agora

Ainda me recordo vividamente de uma demonstração marcante que vivenciei muitos anos atrás, assistindo a um filme de James Bond. Gosto de me sentar nos assentos da frente no cinema, para uma maior imersão no filme. Em algum momento, os vilões estavam perseguindo o 007 em velozes motos de neve, em uma caçada intensa, ocupando inteiramente meu campo visual com cores brilhantes e ação rápida, enquanto o sistema de som destruía meus tímpanos. Mas minha mente tem uma mente própria e decidiu divagar (o ato de divagar é reconhecidamente um processo não consciente). Meus pensamentos me levaram tão longe e tão fundo que, quando me dei conta, um satisfeito Bond bebericava seu martíni no bar de um palácio de gelo; ao que parece, eu tinha perdido toda a perseguição (depois eu conferi: era uma cena de quatro minutos). Nossas forças divagadoras podem ser tão poderosas que sobrepujam as informações recebidas por nossos sentidos. Imagens brilhantes, sons fortes e toda a nossa consciência situacional podem ser desprezados e passar em branco por conta de pensamentos mais poderosos. A realidade física exterior pode ser sobrescrita por processos mentais interiores. Isso é incrível, e difícil de aceitar para um neurocientista.

Por mais fantástico que seja, o cérebro continua a ter capacidade finita: memória finita, atenção finita, poder computacional finito, e assim por diante. Assim como a CPU de um computador (analogia horrorosa para um cérebro, exceto neste contexto...) tem que partilhar sua capacidade entre múltiplos processos simultâneos — os comandos do usuário, as comunicações em segundo plano, as requisições dos dispositivos periféricos, como o mouse ou a impressora —, o cérebro tem que dividir sua capacidade entre os vários processos que demandam recursos, decidindo prioridades e o quanto cada um deles receberá dos 100% de que dispõe, o que em última análise diminui a capacidade restante para outros processos. Por exemplo, é mais fácil multiplicar mentalmente 16 por 93 se você não estiver sendo distraído por outras demandas, como música alta ou uma conversa por perto, que competem pelos mesmos recursos necessários para que você efetue o cálculo. É um jogo de soma zero. Por isso, quando divagamos, percebemos menos coisas, e, quando somos atraídos para uma determinada experiência, divagamos menos.

Embora seja um caso extremo e um exemplo informal, o episódio de James Bond deixa claro que precisamos da mente em sua plenitude para termos uma experiência plena. O que talvez esteja menos claro é o quanto desperdiçamos de nossas vidas quando temos a mente sequestrada por pensamentos que, aparentemente, podem ser tão intensos quanto a realidade. É como disse certa vez o rabino Nachman: "Você é o lugar onde seus pensamentos estão. Certifique-se de que eles estejam onde você quer estar".

NASCIDO PARA DIVAGAR

Nossa inclinação a divagar e a sonhar acordado depende fortemente do córtex pré-frontal, que fica bem na frente do cérebro. Ele demora mais tempo para amadurecer, entre os vinte e vinte e poucos anos, bem mais tarde do que o restante do cérebro, e existe um bom motivo para esse amadurecimento tardio. O córtex pré-frontal pode ser visto como o diretor do cérebro humano (e, de fato, acredita-se que é ele que nos distingue de todos os outros animais). Ele é crucial para as funções executivas, como tomada de decisões, controle comportamental (como evitar comportamentos impulsivos),[1] avaliação de recompensas, compreensão de consequências, planejamento, simulações do tipo "e se" e outros processos cognitivos de alto nível. Todos eles exigem conhecimentos obtidos a duras penas por meio da experiência. Por exemplo, como você saberia o que colocar na mala ao viajar, o que é aceitável ou não dizer a um estranho à sua frente na fila, ou como antecipar a reação de um amigo a uma visita surpresa se não pudesse recorrer a ocorrências passadas de situações iguais ou parecidas? Quanto mais experiência temos, mais conhecimento acumulamos e mais preparados nos tornamos para um número cada vez maior de circunstâncias.

Esse "corpus" crescente de conhecimento com base em experiências anteriores também é o fundamento dos processos que ocorrem em nossa mente quando divagamos. Imaginar-se em uma rede amarrada em dois coqueiros, simular como você se sentiria se um cão mordesse sua coxa ou adivinhar as intenções de seu colega quando ele o chama de gênio, tudo isso exige uma referência àquilo que você já conhece. A divagação se baseia naquilo que armazenamos na memória, o que explica por que crianças pequenas divagam menos.

A partir dos cinco anos, e ao longo de vários anos, o cérebro da criança começa a consolidar cada vez mais memórias, e são elas que dão início ao distanciamento do agora. Evidentemente, isso está longe de ser uma tragédia. Desenvolver uma boa memória é crucial para viver, no mínimo por conta do papel que a memória desempenha no surgimento do nosso senso do eu. É razoável dizer que, em muitos aspectos, nós *somos* nossa memória. Nosso senso do eu é, em grande medida, composto das memórias de nossas experiências, nossas preferências, nossos desejos, nossos medos e decepções, e as crenças que formamos. À medida que consolidamos mais memórias, a mente começa a divagar cada vez mais, voltando ao passado e conjecturando sobre o futuro. Entre os nove e os onze anos, a mente da criança já costuma divagar entre 20% e 25% do tempo.[2]

Em um passado não muito distante, considerava-se a divagação uma distração indesejada, que perturbaria a mente, o humor e o comportamento. Uma exceção relevante é a obra de Jerome Singer, pioneiro do estudo dos devaneios e defensor deles como ferramenta de construção da mente.[3] Claro, parte dos devaneios pode incluir conteúdo negativo, às vezes obsessivo, e representar um obstáculo ao esforço para atingir determinados objetivos. Sem dúvida, abandonadas à própria sorte, as pessoas parecem gravitar com grande frequência no sentido negativo.[4] Mas, fora isso, sonhar acordado é bem-vindo, e os sonhos divertidos e criativos devem ser estimulados, como defenderam posteriormente Jonathan Schooler e sua equipe.[5] Convivendo com gerações mais novas, percebi como é interessante assistir a filmes e vídeos on-line em velocidade acelerada, uma vez e meio mais rápido que o original, ou até mais.

Essa opção, hoje em dia, está incorporada a vários aplicativos; assim, posso ouvir mais rapidamente aquela mensagem comprida que minha tia chata enviou. Isso poupa tempo, claro, mas também nos rouba uma oportunidade de divagação criativa, assim como de consolidação de memórias, o que também exige pausas no estímulo.

A grande maioria das pesquisas sobre divagação tem sido direcionada para a tentativa de descobrir seu conteúdo. No que é que pensamos quando não temos nenhuma tarefa em vista que demande toda a nossa energia mental? Nos três capítulos seguintes, vamos entrar nos detalhes dessas pesquisas produtivas e fascinantes. Antes, porém, vou descrever o elo entre as divagações e a infraestrutura do córtex que permite que elas ocorram.

A RMP ESTÁ ONDE OCORRE A DIVAGAÇÃO

A neurociência cognitiva é o encontro de dois mundos: o da psicologia cognitiva e o da neurociência, com diferentes métodos, abordagens, terminologias e níveis de explicação radicalmente diferentes (por exemplo: de um lado, raciocínio abstrato e tomada de decisões; do outro, neurotransmissores e sinapses). Eles precisam ser unidos de forma adequada. Como neurocientista cognitivo, meu compromisso científico é com as duas pontas desse espectro explicativo. Nesse caso, meu lado "psicólogo cognitivo" faz com que eu queira entender em um nível mais amplo o conceito de divagação, seu conteúdo e sua função, enquanto meu lado "neurocientista" não sabe sequer o que é a mente e busca compreender as coisas no nível mais concreto e mecanicista. Estamos longe de entender os elementos neurais básicos da divagação — ainda não somos capazes de explicar o que é um pensamento —, mas analisar essas questões fundamentais com ambas as abordagens, simultânea e alternadamente, é o caminho mais garantido para que esses dois mundos se encontrem e progridam.

Parte da reflexão praticada em uma pesquisa científica pode parecer estranha e desnecessária para um observador externo, e a evolução das pesquisas sobre a divagação e a RMP serve como um excelente exemplo disso. De um lado, todos nós aceitamos a fascinante existência de uma rede de modo padrão no cérebro, em atividade permanente. De outro, sabemos por experiência própria que a mente divaga com frequência, sobretudo quando não está acontecendo mais nada. Seja como for, isso não é suficiente para argumentar que a RMP é a plataforma do córtex responsável pela divagação no cérebro. Em momentos sem tarefas nem objetivos, só nos resta divagar, e as únicas regiões do cérebro em atividade durante esses momentos de ócio estão na RMP, mas esse elo intuitivo ainda teria que ser demonstrado de forma clara e inequívoca antes de podermos fazer essa afirmação com segurança. E, só para mostrar como até pouco tempo atrás esse elo não era evidente, tal demonstração foi revolucionária o bastante para ser publicada na *Science*, uma das revistas científicas de maior prestígio do mundo.[6] Em seu estudo seminal, Malia Mason, que depois viria a ser pós-doutoranda em meu laboratório, escaneou o cérebro dos participantes com ressonância magnética e os fez divagar, a fim de buscar uma possível correlação entre a extensão da divagação e a atividade na RMP.

Observar a mente de alguém por dentro está longe de ser uma tarefa trivial. Na verdade, observar a própria mente já é difícil. Distorções, falta de habilidade mental e interferências emocionais, só para citar alguns fatores, nos impedem de ver nossa mente, e ainda mais a dos outros. A ressonância magnética funcional, ou qualquer outra técnica de imagem cerebral, consegue enxergar a estrutura e a atividade do cérebro, mas isso ainda fica muito aquém da capacidade de compreender a mente propriamente dita. Imagine como metáfora uma folha de caderno amarrotada. Uma ressonância magnética estrutural e outras medições anatômicas nos informariam a geometria e a topografia desse pedaço de papel. Uma ressonância funcional e outras medições eletrofisiológicas nos informariam a localização das letras. Mas juntar tudo isso para compreender o significado do texto escrito no papel continuaria inatingível. Da mesma forma, embora tenhamos feito avanços e já sejamos capazes de mapear minúsculos tecidos cerebrais, a atividade neural e a conectividade do córtex, não sabemos como eles, juntos, dão origem à nossa mente — tão magnífica, mas tão arredia.

Diante da impossibilidade de observar a mente de forma direta, os psicólogos elaboraram métodos indiretos, usados como aproximações aceitáveis daquilo que acontece na cabeça dos participantes dos estudos. Um deles é a *amostragem de pensamentos*, em suas várias vertentes. Nesse método, costuma-se interromper o participante do estudo em momentos aleatórios durante uma tarefa e fazer perguntas sobre seus pensamentos: o conteúdo ("Você estava pensando em ursos-brancos?"), a relevância ("Aquilo em que você está pensando neste exato momento tem relevância direta para sua tarefa atual?") e assim por diante. É claro que esse método também tem suas limitações. Por exemplo, relatos subjetivos são, bem... subjetivos e, portanto, sujeitos a distorções. Além disso, o participante pode querer agradar o pesquisador, ou projetar uma imagem de si, o que talvez contamine suas respostas. Esse tipo de limitação é em grande parte mitigado por instruções bem elaboradas, capazes de criar uma atmosfera específica na experiência, e por uma amostragem com um número grande o suficiente de indivíduos.

Usando tais métodos de amostragem de pensamentos e analisando em especial os intervalos em que a mente dos participantes divagou, Mason e seus colegas conseguiram encontrar uma correlação direta entre a extensão da divagação e a extensão da ativação da RMP. Missão cumprida. Eles concluíram, além disso, que a divagação é um estado básico da mente, interrompido apenas por tarefas e metas. Hoje em dia, sabemos que, quando não estamos fazendo nada que exija nossa atenção direta, divagamos, e que, quando divagamos, o fazemos na rede do córtex que é a RMP. Foi um grande avanço, porque abriu o caminho, e a corrida, para compreender o que ocupa nossa mente por um pedaço tão grande de nossas horas acordados.

"Divagação" é um termo genérico. Acredita-se que os principais processos que compõem as divagações sejam pensamentos sobre si, pensamentos sobre os outros, previsões, planejamento e simulação de futuros possíveis e assim por diante. Nos três capítulos que se seguem, vamos nos aprofundar nos principais processos em que a RMP está envolvida.

4. Sobre o que divagamos? Antes de tudo, sobre nós mesmos

Imagine alguém com quem você tem o relacionamento mais longo possível. É uma relação intensa e contínua, profunda e íntima. Vocês são carinhosos, mas também muito críticos um com o outro. Você conta seus segredos mais tenebrosos a essa pessoa, mas também a trai e engana. Você sabe o que é bom para ela, mas muitas vezes faz o contrário disso, e usa desculpas elaboradas e convincentes para acalmá-la. Você pode ter muito orgulho dessa pessoa, mas no dia seguinte querer fugir para bem longe dela. Em compensação, essa pessoa fala sem parar. Tolhe sua interação com os outros e a qualidade da sua experiência de mundo. Quer o tempo todo ser o centro das atenções, mas também o faz sentir remorsos com sua desaprovação. Amor e ódio, construção e desconstrução, autenticidade e falsidade: parece uma relação impossível; será que existe alguém assim? Sim, esse alguém é você. Nossa relação com o *eu* é a mais rica, a mais amorosa, a mais complexa, a mais significativa, mas também a menos racional que podemos ter. E é uma relação que não compreendemos integralmente. No *Tao Te Ching*, também conhecido como *O livro do caminho e da virtude*, Lao Tzu afirma: "Conhecer os outros é sabedoria. Conhecer a si mesmo é iluminação".

QUANDO SOU CRÍTICO DE MIM MESMO, QUEM É CRÍTICO DE QUEM?

O eu é uma construção mental fugidia, que desafia as definições claras e unânimes. Lembro-me bem de como achei estranho quando soube que havia gente que estudava o eu. O que queremos dizer com "eu"? O grande psicólogo e filósofo William James fazia a distinção entre dois tipos de eu, *Eu* e *Mim*, que representam duas perspectivas mentais diferentes. Intuitivamente, em uma perspectiva (Eu), o eu é um agente, que pensa, avalia e age; na outra perspectiva (Mim), o eu é um objeto. O eu como objeto possui propriedades tanto físicas (o corpo) quanto abstratas (as crenças), e o eu como agente é observador e avaliador. O Mim vivencia e o Eu reflete, o que é algo importante. Como de costume, Wittgenstein foi quem resumiu melhor: eu como objeto e eu como sujeito.

Aparentemente, os filósofos conjecturam sobre o eu desde o início dos tempos: Descartes, Locke, Hume, Lao Tzu, Platão, Aristóteles, apenas para citar alguns dos gigantes que trataram dessa questão. E não admira que tantos tenham feito isso, considerando o quanto o conceito do eu é central para compreendermos nossa existência. Naturalmente, os pontos de vista variam, incluindo tudo, de perspectivas espirituais, relativas à alma, até visões mais materialistas; da concordância em relação à existência do eu à sua negação. David Hume, por exemplo, aventa a hipótese de que o eu seja uma comunidade, um amontoado de atributos que compõem nosso eu, embora em constante transformação. A história do navio de Teseu é uma boa metáfora dessa forma de pensar sobre o eu constante e ao mesmo tempo cambiante:

> O navio onde Teseu e os jovens de Atenas retornaram de Creta tinha trinta remos e foi preservado pelos atenienses até a época de Demétrio de Faleros. À medida que apodreciam, as tábuas antigas eram trocadas, instalando-se madeira nova e mais robusta em seu lugar, de tal modo que o navio se tornou um exemplo concreto, entre os filósofos, da questão lógica relativa às coisas que evoluem; um lado sustentava que o navio continuava o mesmo, enquanto o outro alegava que não era o mesmo.[1]

Quando olhamos no espelho, vemos nosso eu, o mesmo eu que também vimos dez anos atrás.

Talvez não de forma totalmente contrastante quanto poderia parecer à primeira vista, um dos filósofos modernos que abordaram a questão do eu, Daniel Dennett, fez uma famosa analogia entre o eu e o conceito do centro de gravidade: uma "ficção conveniente" que não existe, mas que nos ajuda a resolver problemas. Ele compara o eu ao centro de gravidade de um bambolê, que é um ponto vazio no ar. Às vezes um bom exemplo é tudo de que precisamos. O tema do eu se conecta com outras questões centrais que interessam tanto aos filósofos quanto aos neurocientistas cognitivos, como o sentido de "agência" e o livre-arbítrio.

Nas filosofias espirituais e meditativas, dentre as quais a principal é o budismo, a ideia de um eu permanente é vista como uma ilusão. Elas alegam que não há existência individual separada do resto do mundo. Na verdade, o budismo define "três marcas da existência": *anatta* ("não eu" ou "não alma" em páli, a língua litúrgica do budismo), *dukkha* (sofrimento) e *anicca* (impermanência). Se isso lhe dá a impressão de que a visão do budismo sobre a vida é um tanto sombria, você não é o único. Mas essa é uma primeira impressão distorcida. Depois que investiguei mais a fundo, tanto como estudante quanto na prática profissional, descobri o quanto poderia ser libertador aceitar o não eu (ou pelo menos um eu diminuído), o sofrimento intrínseco a alguns aspectos da vida, e o fato de que nada pode existir para sempre. Não sei se algum dia serei capaz de aceitar completamente o não eu ou o sofrimento em minha vida cotidiana, mas concluí que a impermanência é uma das mais poderosas ideias a implementar em meu mundo. No ano passado, visitando com Noa o norte da Índia, uma região de tirar o fôlego, vi monges construindo com todo empenho uma mandala gigante e complexa, com areia fina e colorida, só para destruí-la ao completá-la e começar do zero tudo de novo, um jeito complicado de não se esquecer da impermanência e do desapego. Tentei explicar isso a Nili, que ficou decepcionada com o fato de não termos guardado todas as suas criações nas aulas de artesanato no jardim de infância.

A ideia das práticas budistas é dissolver o eu, ou o ego, como às vezes é chamado (não um equivalente direto daquilo que Freud batizou de ego, porém). Dissolver o eu ao longo de sessões de postura sentada em silêncio é um enorme desafio. Pelo menos para mim, foi e ainda é. Mas nós focamos na ideia. Para nos ajudar a nos livrarmos de nosso apego intrínseco ao eu, a meditação nos ensina a enxergar o mundo como ele é, e não como nossas crenças nos dizem que é. Naturalmente, os antigos textos budistas, riquíssimos, são muito mais abrangentes e profundos do que a descrição mínima deles que fazemos aqui. É possível ler obras de muitos acadêmicos sobre o tema; no momento, meus favoritos são Alan Watts e Jiddu Krishnamurti.

A dissolução do eu — ou, para usar um nome mais dramático, "a morte do ego" — supostamente também pode ser atingida pelo uso de drogas psicodélicas como psilocibina, LSD e DMT. Pesquisas cientificamente rigorosas sobre o efeito desses psicodélicos, bem como sobre os métodos budistas de dissolução do eu, começaram a ser feitas apenas poucos anos atrás. No entanto, relatos consistentes de vários indivíduos segundo os quais suas mentes param de diferenciar o eu do resto do mundo são instigantes. Acho admirável que nossa mente possa ter pontos de vista tão radicalmente diferentes a respeito do eu, e que sejamos capazes, pelo menos em teoria, sob certas condições, de alternar entre o eu e o não eu. Além disso, potencialmente, a dissolução do ego tem um valor terapêutico relevante para certas condições, como a depressão e o transtorno de estresse pós-traumático. Nos próximos capítulos, veremos que não é preciso ir tão longe para vivenciar algum grau de perda do eu: quando estamos imersos por completo em um empreendimento verdadeiramente envolvente, ou extremamente ameaçador, deixamos de vivenciar o eu, e nessa hora a atividade da RMP é reprimida.

Em psicologia, considera-se que o eu representa nossa identidade, o que inclui aspectos cognitivos, emocionais, sociais, entre outros, daquilo que faz de nós o que somos. Acredita-se ainda que ele seja composto de "sub-eus", como a consciência de si, o conhecimento de si, a autoestima, entre outros. Naturalmente, o eu depende de forma decisiva, se não total, da memória: lembrar-se dos aspectos do que somos, do que gostamos e não gostamos, do que receamos e do que desejamos, de nossas conexões com o mundo, de nossa identidade a nossos próprios olhos e aos olhos dos outros, e assim por diante.

Na psicologia clínica, existe outro debate interessante a respeito de uma variante do eu. Proposta pelo grande psicanalista e pensador Donald W. Winnicott, essa teoria afirma que possuímos um eu verdadeiro e um eu falso, com os quais temos que lidar (Erich Fromm os batizou posteriormente de "eu original" e "pseudoeu"). Segundo Winnicott, o eu verdadeiro é o senso de nossa experiência do mundo, da realidade e das reações espontâneas e autênticas ao nosso entorno, que desenvolvemos quando bebês. Manter e nutrir esse eu verdadeiro exige respostas apropriadas de nossos cuidadores, sobretudo de nossos pais. Quando nossos atos não se deparam com a reação desejada, nós, como bebês, passamos a tentar atender às expectativas alheias. Isso leva ao desenvolvimento de um eu falso, criado para agradar, que nos torna menos autênticos, menos espontâneos e mais cumpridores das expectativas do nosso entorno. Nós nos perdemos. Essa distinção entre o eu verdadeiro e o eu falso não é idêntica ao Eu/Mim de James, mas serve para reforçar nossa intuição de que a construção do eu, ilusória ou não, é central para nosso senso de existência.

Os filósofos cognitivos costumam dividir o eu em dois tipos. Um é o *eu narrativo*; a identidade conceitual do indivíduo, que sobrevive ao tempo, aquele eu cuja narrativa contamos, que é paralelo ao "Eu"; é o eu agente, reflexivo. O segundo é o *eu mínimo*: um eu momentâneo, que é aparentado ao "Mim", o objeto que vivencia. Esses dois tipos de eu foram relacionados ao nosso bem-estar psicológico; cada um deles parece ser mediado por regiões e redes cerebrais ligeiramente distintas.

Aos poucos, o cérebro por trás desse eu vem sendo estudado de forma mais detalhada, mas já dispomos de amplas evidências de que a RMP é a rede do córtex que faz a mediação mais rigorosa do nosso senso do eu, e que o conteúdo da divagação envolve processos autorreferentes. Isso foi demonstrado por manipulações experimentais em laboratório. Tomemos como exemplo uma dessas pesquisas, um estudo com ressonância magnética que buscava testar diretamente uma conexão entre a RMP e processos autorrelacionados.[2] Nesse estudo, havia três condições experimentais. Na condição autorreferente, os participantes ouviam uma série de adjetivos, como "sortudo" e "cético", e tinham que relatar se eles serviam para descrevê-los. Isso os forçava a pensar sobre si mesmos. Na condição não autorreferente, eles tinham que dizer o número de vogais em cada termo que lhes era apresentado. Embora os adjetivos apresentados fossem os mesmos nas duas condições, contar vogais é algo bem menos pessoal — e, portanto, menos relativo ao eu — do que relacionar características a si próprio. A terceira condição era um "estado de repouso", em que se pedia aos participantes que apenas descansassem, sem fazer nada, ocasião em que era feito o mapeamento das divagações e da RMP dos indivíduos. Segundo os autores, houve uma sobreposição relevante entre a ativação propiciada pela RMP na condição autorreferente e a ativação propiciada pela condição de estado de repouso, de divagação, muito mais que na condição não autorreferente (contar vogais). Esses estudos embasam a revelação cada vez mais evidente do elo entre a RMP e o senso do "eu".

Mais especificamente, a RMP vem sendo atrelada ao eu narrativo ou ao processamento relacionado ao eu. O eu mínimo, aquele que vivencia as coisas "em primeira mão", também desperta regiões como a ínsula e a junção temporoparietal, responsáveis pela integração multissensorial e pela *interocepção* (a capacidade de reconhecer estímulos) — o que parece pertinente, considerando que a experiência envolve a integração de informações que chegam de mais de um sentido.[3] Além disso, pesquisas como a realizada por Aviva Berkovich-Ohana demonstram que a atividade da RMP diminui quando a meditação diminui o senso do eu.[4]

Ainda há muito trabalho a ser feito para compreender a neurociência do eu. Trata-se de uma área de estudos altamente complexa, mas o elo entre a divagação e essa função vital do cérebro já está bem estabelecido. Provavelmente todos sabemos o quanto a preocupação autorreflexiva da mente pode ser obsessiva e incômoda, e esse é um dos motivos pelos quais adquirir certo poder sobre as divagações pode melhorar tanto nossa vida.

BATE-PAPO INTERIOR

Travamos conversas interiores o tempo todo. O eu está na base e talvez seja a causa de nossa autoconversa, de nossa fala, nosso narrador e nosso crítico interno, aquela voz interior capaz de nos atormentar. Isso foi confirmado por trabalhos empíricos e teóricos de pesquisadores como Ethan Kross, da Universidade de Michigan, Charles Fernyhough, da Universidade de Durham, na Inglaterra, e Michael Gazzaniga, da Universidade da Califórnia em Santa Barbara.[5]

Podemos considerar nossa conversa interior como um hábito mental, mas ela pode ser mais bem definida como uma característica. Essa fala interior pode ser dividida, grosso modo, entre um diálogo interior e um monólogo interior (para os quais existem outros nomes, como "pensamento verbal", "autofala oculta" etc.). No *monólogo interior*, conversamos com nós mesmos: narramos nossa experiência (ruim), ensaiamos conversas que planejamos ou supomos que viremos a ter no futuro, e recapitulamos e ressignificamos interações verbais que tivemos com outras pessoas. Existem relativamente poucas pesquisas a respeito da fala interior, o que é surpreendente, considerando a frequência com que ela ocorre, mas compreensível, uma vez que se trata de um fenômeno difícil de estudar. Não é possível espiar verdadeiramente a cabeça de alguém para examinar sua fala interior, uma experiência antes de tudo pessoal, e os autorrelatos dos participantes de experiências nesse sentido não são suficientes para levar muito longe um estudo científico. Das duas teorias dominantes em relação à função da fala interior, uma tem a ver com o desenvolvimento e o controle da cognição e do comportamento, e a outra, com a memória de trabalho.[6] Mas outro papel para a fala interior é traduzir em palavras pensamentos e sentimentos abstratos, de maneira comunicável.

É possível realizar muita coisa sem palavras, desde empinar uma pipa até fazer amor. O motivo de sermos tão linguísticos é que, assim como as palavras são a nossa forma básica de expressar nossos pensamentos aos outros, também são a principal maneira por meio da qual dialogamos internamente a respeito de nossas vidas. A linguagem usada na nossa mente consciente é o idioma que falamos; imagine como faríamos para compreender nossos pensamentos se não fosse assim. Além de ser uma ferramenta, ou interface, de comunicação, a língua é uma ferramenta do pensamento. O fato de falarmos com nós mesmos em frases gramaticalmente corretas, completas e coerentes é apenas uma fachada disso. Isso pode ajudar a compreender como as crianças pré-verbais, e possivelmente os animais, são capazes de pensar mesmo sem terem adquirido habilidades linguísticas. A parte pensante já existe, até certo ponto, mas a comunicação desses pensamentos, que só se torna possível com a linguagem, ainda está defasada.

Nossa fala interior se assemelha ao pensamento em voz alta. Toda palavra é um pensamento, mas nem todo pensamento é uma palavra. Há imagens, música, sensações físicas, emoções e outros sentimentos sem nome. Para além das possíveis funções de desenvolvimento, memória, saúde mental, cognição, comportamento, simulações e planejamento implicadas na fala interior, a utilizamos para fabricar — mais para nós mesmos do que para os outros — as motivações para nossos pensamentos, desejos e atos. Além disso, a fala interior também é uma ferramenta eficaz para traduzir informações que chegam a nós do subconsciente em uma linguagem que a consciência será capaz de comunicar. Por mais que os cientistas tenham ousado examinar o subconsciente com experiências rigorosas, não sabemos qual é a linguagem falada no território do inconsciente. Porém, quando um pensamento amadureceu o bastante para cruzar a fronteira e apresentar-se conscientemente — como as revelações, na psicanálise, ou os insights repentinos —, é preciso que ele se apresente em uma linguagem que possamos compreender. Às vezes isso basta, e nos contentamos com sentimentos incompletos, como "Não sei por que, mas não suporto esse cara", ou "Esse negócio não me cheira bem, tô fora". A maioria dos argumentos permanece por trás das cortinas, e nem mesmo internamente conseguimos verbalizá-los, por estarem inacessíveis. Dizer a mim mesmo, em palavras concretas dentro da minha cabeça, "Lá pelas cinco vou sair para correr", é um jeito de informar a mim mesmo desse plano que acabei de fazer. Seja um plano que elaborei consciente ou inconscientemente, é só quando o expresso em palavras simples que me dou conta dele. Portanto, a fala interior também pode ser vista como a linguagem da consciência.

O *diálogo interior* oferece funções adicionais àquelas proporcionadas pelo monólogo interior. O diálogo interior é como jogar xadrez consigo mesmo: você não tem como enganar ou ludibriar ninguém; não há surpresas; tudo é previsível. Dito isso, essa é nossa principal maneira de nos dirigirmos ao eu fugidio, uma conversa entre Mim e Eu. É o Mim tentando apaziguar meu crítico interior, em uma conversa sobre o certo e o errado, o bem e o mal, e a eterna busca por aprovação.

EU: Preciso dizer a ela que a coisa não anda bem entre a gente.
MIM: É, mas aí não vamos vê-la nunca mais, e eu aaaamo ficar com ela.
EU: Bem, não é justo alimentar falsas esperanças.
MIM: Ah, só um pouco mais. Ela é adulta, pode cair fora quando quiser.
EU: Não, não é assim que a gente trata os outros; nossa, como você é egoísta. Além disso, ficar com ela sabendo que é ruim para os dois também o impede de achar a pessoa certa.
MIM: Tudo bem, mas vamos esperar até depois das férias.
EU: Está bem, mas você acha que dá para aproveitar as férias sabendo que não é para valer? E depois das férias você vai parar de ficar adiando?
MIM: Claro!
EU: Que nem daquela vez que você prometeu que não ia ficar adiando...?
MIM: Ah, lembra aquela minha sacada incrível, de que adiar as coisas estimula a criatividade?

EU: Mudando de novo de assunto. Eu desisto. Boas férias, otário.
MIM: Você vem comigo, campeão, mas vê se fica calado e me deixa aproveitar.

Negociamos questões morais e práticas com esse alguém interior do mesmo jeito que negociamos com outras pessoas. Podemos pensar nos dois lados do diálogo interior como uma conversa entre um adolescente e seu pai: o adolescente está imerso na experiência, e em geral quer desfrutar do presente, enquanto o outro eu é o adulto que julga e reflete. Não se trata de uma distinção nítida ou comprovada, mas é um jeito bom de imaginarmos a temática comum das duas vozes em nossas cabeças.

Essa discussão do eu, em seus variados tons, serve a dois propósitos. Primeiro, foi apresentada aqui como um dos conteúdos centrais que ocupam a rede padrão e as divagações. Os dois capítulos a seguir vão discutir outros conteúdos centrais como esse. O segundo propósito é que queremos apresentar as pesquisas e reflexões sobre o eu, para que se compreenda como nossa mente e nossas experiências podem variar de maneira drástica conforme o ponto de vista que adotamos em relação ao eu. A perspectiva genérica que adotamos em uma experiência pode ser a de imersão ou a de um observador externo. Cada uma leva a um tipo de experiência radicalmente diferente. Essa distinção entre observar e imergir se adéqua bem às distinções feitas no passado e que repassamos acima, sobretudo com o "Mim" versus "Eu" de William James.

5. É assim que acaba dando ruim

A segunda explicação popular para aquilo que ocupa nossa mente e a RMP quando divagamos é o processo de entender os outros: suas intenções, disposições e estado de espírito. Não admira, olhando em retrospecto, que toda a pesada estrutura do córtex trabalhe tão intensamente na compreensão do outro. Uma boa leitura daquilo que os outros pensam e sentem é algo, para usar um termo bem pudico, perniciosamente intrincado. Porém, nossa sobrevivência depende disso de maneira decisiva. Em parte, porque ter uma impressão correta dos outros nos ajuda a perceber as possíveis ameaças que eles representam. Mas em parte também porque é vital para uma cooperação eficaz com eles. Assim, a mente evoluiu para dedicar bastante esforço a essa tarefa. Na verdade, alguns teóricos da evolução acreditam que as demandas de cálculo exigidas pela interação social com os outros explicam por que o ser humano adquiriu um cérebro tão grande.[1]

NOSSA COMUNICAÇÃO INTERNA E COM OS OUTROS

A comunicação é crucial para qualquer interação. Na verdade, muitas brigas entre as pessoas nascem de mal-entendidos. Não se trata de um fato científico, mas estou certo de que muitos vão concordar. Afinal de contas, explicar aquilo que queremos dizer não é tão fácil quanto parece. Acreditamos, subjetivamente, que estamos sendo compreendidos e que nossas intenções, pelo menos quando são boas, são mais do que evidentes. Mas existem muitos fatores que se interpõem no caminho da transmissão da informação.

 O filósofo Ludwig Wittgenstein era fascinado pela comunicação humana e pela necessidade de clareza. Ele comparava a questão de explicar algo a alguém a tentar transferir uma imagem na sua mente para a mente de outra pessoa, da forma mais precisa possível. Nosso raciocínio é, em grande parte, visual; portanto, não se trata de uma metáfora forçada. Vamos supor que você queira contar a um amigo de outro planeta que adora sorvete. Como faria para descrevê-lo? Frio, doce, colorido, feito de leite, esférico, em cima de um cone, entre o sólido e o líquido? Isso seria suficiente para que seu amigo compreendesse o que é o sorvete, sem falar no sabor e nas sensações que ele desperta? Longe disso. Em geral, não encontramos disparidades tão grandes. A maioria das pessoas com quem conversamos foi exposta a entornos semelhantes ao nosso. Mesmo assim, as oportunidades para mal-entendidos continuam sendo enormes. Vamos pegar o exemplo de alguém que diz "É, tá", ou, melhor ainda, "Deixa pra lá", frase excepcional por seus múltiplos sentidos (assista ao filme *Donnie Brasco* se quiser um longo tutorial a respeito). Detectar o sarcasmo exige habilidades semânticas e sociais extremamente sofisticadas, razão pela qual crianças pequenas muitas vezes não conseguem captá-lo, e até mesmo os melhores assistentes pessoais programados com inteligência artificial são enganados por ele. Experimente fazer comentários sarcásticos com a Siri ou a Alexa e você verá a reação. Outro exemplo dos obstáculos cotidianos na comunicação: pedir permissão para levar o cachorro ao trabalho. Seu chefe vai imaginar um buldogue enorme, sujo, barulhento e hiperativo, enquanto você se referia a sua bolinha de pelo branco, sonolenta e deprimida. É fácil perceber como imagens diferentes, em mentes diferentes, podem levar a mal-entendidos entre seres humanos.

 Não nos damos conta, pelo menos não o tempo todo, de todos os obstáculos à clareza. Em uma conversa comum, criamos expectativas daquilo que estamos prestes a ouvir. Muitas vezes, antecipamos o final da frase do nosso amigo. Pode até ser que estejamos enganados, mas mesmo assim tendemos a insistir naquilo que antecipamos. Além disso, nossa percepção pessoal da realidade é, em muitos aspectos, distorcida. Portanto, na comunicação entre duas pessoas, são duas realidades individuais, distorcidas de maneiras distintas, uma tentando entender a outra. E, para piorar, tendemos a compreender palavras, conceitos, ideias e sensações através do nosso próprio ponto de vista. Você supõe que a visão de mundo daquela pessoa é semelhante à sua. Ela diz que a bebida que está tomando tem gosto de milk-shake de lichia, querendo dizer que não gostou, porque odeia lichia, mas você fica achando que ela gostou, porque ama lichia. Esse é apenas um exemplo de um mal-entendido inofensivo, provocado por não se assumir o ponto de vista do outro, um conceito que chamamos de Teoria da Mente, a capacidade de entrar na mente alheia. Na verdade, nossa incapacidade de imaginar o que se passa na cabeça dos outros, quando em geral estamos plenamente convictos de nossa capacidade de fazê-lo, torna a comunicação humana uma atividade arriscada.

No entanto, o maior obstáculo à nossa comunicação com o outro, mas também à comunicação interna, talvez seja nossa incapacidade de acessar a origem da maior parte de nossos próprios pensamentos e emoções. Simplesmente, como já foi dito, não temos consciência dessas fontes. Hoje em dia temos acesso a descobertas fascinantes, que beiram o assustador, sobre como nossos pensamentos, emoções, decisões e comportamentos são determinados nos bastidores da consciência. O subconsciente tem várias funções e benefícios. (Permitam-me ressalvar, aqui, que o termo "subconsciente" é bastante controvertido, tanto pelo fato de não existir uma definição amplamente aceita para o conceito quanto pelo fato de muitos cientistas nem sequer reconhecerem sua existência. Tratar dessas controvérsias vai além do escopo deste livro. Considerando que evitarei alguns dos principais postulados de Freud sobre o subconsciente e que focarei mais nos processos mentais aos quais simplesmente não temos acesso, elas não são relevantes.)

Entre os interessantes benefícios da operação do subconsciente estão as funções cognitiva e afetiva. A cognitiva inclui processos como a "incubação", na qual o subconsciente continua a remoer e conjecturar diversas soluções para um problema, até encontrar a melhor, quando então a informa à mente consciente. Na verdade, a divagação e a RMP estão relacionadas à *incubação criativa*.[2] Quando isso ocorre, o eu consciente tem um insight repentino, uma reação visceral, uma sacada, um momento de epifania. Essa é a sensação. Esses processos "de bastidores" também podem ser muito irritantes, como quando ficamos tentando lembrar o nome de uma pessoa. Por isso, o subconsciente livra o consciente dos detalhes aborrecidos, liberando-nos para atividades mentais mais interessantes. Outro benefício potencial da operação subconsciente é nos proteger de emoções avassaladoras e "questões" pessoais que teremos que resolver quando estivermos prontos para isso. Mas nesse aspecto existem muito menos estudos neurocientíficos.

O fato é que somos, em grande medida, operados pelo subconsciente. O controle que exercemos sobre nossa própria vida, em muitos domínios, não passa de algo ilusório. O subconsciente toma uma decisão, e o que nos resta é usar a consciência (e a criatividade) para bolar uma desculpa, a melhor possível, para explicar por que fazemos o que fazemos. Mike Gazzaniga e Joseph LeDoux chamam isso de o *intérprete*, que supostamente reside no lado esquerdo do cérebro. É ao mesmo tempo divertido e fascinante observar como o desejo de nos sentirmos no controle de nossa própria mente nos leva a criar narrativas para cada uma de nossas ideias ou atos, de modo que nenhum movimento mental de nossa parte pareça desprovido de propriedade pessoal e um senso de domínio. Esse impulso de rotular tudo com um nome, a persistência em imaginar fontes para nossos pensamentos e emoções, faz lembrar um pouco nossa necessidade desesperada de encontrar sentido e certeza no mundo. Em grande parte, é o subconsciente que nos impele, e é a consciência que inventa a explicação.

Não estou querendo dizer que a mente subconsciente decide tudo por nós, nosso eu consciente. O consciente é certamente responsável por muitos aspectos da nossa vida racional, comportamental e deliberativa. E, além de seu papel na construção de nossas decisões, tem um papel executivo, de controlar até que ponto escutamos os pensamentos e decisões que nos chegam do subconsciente. Ele atua como um guardião, pelo menos quando temos condições de exercer adequadamente as inibições. Platão fala de um condutor de carruagem puxada por dois cavalos, um nobre (o consciente) e o outro selvagem (o subconsciente). Não somos animais que agem por qualquer anseio ou impulso, mas ainda assim atuamos em relação a muitos deles sem compreender por que, e o resultado é que não temos tanto controle quanto gostaríamos. Mesmo quando pensamos fazer escolhas completamente conscientes e cerebrais, existe um ingrediente subconsciente em alguma medida que somos incapazes de avaliar, porque, bem... é subconsciente.

Depois de muito tempo morando nos Estados Unidos (saí de Israel em 1994 para cursar o doutorado, junto com Maria, então minha namorada), começamos a pensar em voltar quando a oportunidade se apresentasse. Lembro-me de que, em uma das viagens que fiz para avaliar essa possibilidade, resolvi abrir o notebook enquanto esperava uma conexão no aeroporto. Fiz uma lista de prós e contras da mudança, considerando o cargo e outras ofertas que tinha nos Estados Unidos, pensando na carreira, mas ainda mais na família, em questões como educação, segurança, finanças e vários outros critérios. Na minha lista, Israel ficou bem longe da primeira opção, mas fechei o notebook e lembro-me de dizer a mim mesmo: "Está resolvido, vamos nos mudar para Israel". Era o contrário do que a tabela sugeria: o consciente não fez muito efeito no resultado final.

Não sabemos muito sobre o conteúdo e os processos do subconsciente, apesar das muitas ideias boas que foram levantadas ao longo dos anos, demonstrando, acima de tudo, o quanto o subconsciente nos fascina. Mas sabemos muita coisa, relativamente falando, sobre as diferenças cognitivas e de percepção entre o consciente e o inconsciente (estou usando "inconsciente" e "subconsciente" sem fazer distinção entre os termos, embora não haja consenso quanto ao fato de serem conceitos equivalentes ou diferentes). Sabemos que o consciente trabalha de forma sequencial, realizando uma operação de cada vez, enquanto o inconsciente processa a informação de forma mais paralela. Além disso, a capacidade do consciente é limitada — isto é, a execução de uma tarefa cognitiva é restringida pelo número de elementos envolvidos e pela extensão da carga mental —, enquanto o subconsciente é menos afetado pela sua capacidade.

Nossa falta de acesso a muito daquilo que nos impele é o que torna impossível que estejamos em contato com nós mesmos, ou nos expliquemos aos outros, ou expliquemos os outros a nós mesmos. Não temos tanta ideia assim das raízes do nosso próprio ser. A natureza deve ter tido bons motivos para nos fazer assim, mas a consequência é uma vida repleta de mal-entendidos.

Talvez a solução seja não tentar explicar, mas deixar o subconsciente fazer seu trabalho sem sentir necessidade de fabricar uma narrativa. A meditação é um dos métodos para atingir esse estado de desapego da sensação de controle sobre aquilo que pensamos e fazemos. Aquietar o ruído significa desistir de tentativas conscientes de explicação. Donald Winnicott disse, certa vez, que quem não confia no próprio subconsciente escreve um diário. Eu, pelo menos, confio.

Outro dia fui almoçar com Olivia, que conheci em um retiro de meditação um ano atrás. Lá, conversamos de forma muito breve (afinal de contas, era um retiro silencioso...), e desde então nossa única interação tinham sido duas mensagens de texto que ela me enviou com a intenção de marcar um café, mensagens que por algum motivo eu só havia respondido agora. Duas pessoas quase totalmente estranhas se encontram durante uma hora para conversar enquanto comem, e mesmo assim se sentem íntimas, como velhos amigos. Como isso é possível? Existem muitas outras pessoas que conheço há bem mais tempo com quem não sinto a mesma proximidade. Uma resposta para isso é que nossas predisposições afetam nossa percepção e, com isso, nossa comunicação. Grande parte de nossa vida acontece dentro do cérebro. Podemos virar inimigos ou velhos amigos conforme aquilo que ocorre internamente. E, como já foi dito, nossa capacidade de discernir o que realmente acontece dentro da nossa mente, e dentro da mente alheia, é bastante limitada. É por isso que nossas ideias em relação à mente alheia são chamadas de Teoria da Mente; não temos nenhuma certeza delas. Porém, isso é algo que fazemos o tempo todo, porque o conteúdo da mente de uma pessoa afeta o seu comportamento, e antecipar esse comportamento é de importância capital para nós, do lado destinatário desse comportamento.

A TEORIA DA MENTE NA RMP

A Teoria da Mente — nossa tentativa constante de deduzir as intenções, emoções e crenças alheias — é o segundo conteúdo central proposto para as divagações e a RMP. As pesquisas que relacionam os dois são recentes, mas deram um salto. Vejamos um estudo representativo, que foi decisivo para estabelecer esse elo.[3] O objetivo do estudo era buscar uma possível sobreposição entre a atividade de ressonância magnética funcional, medida quando os participantes estão explicitamente envolvidos na Teoria da Mente, e a atividade de ressonância magnética funcional na RMP durante o repouso (a divagação), de modo que essa conexão, até então hipotética, pudesse ser diretamente testada. Uma sobreposição significativa daria a entender que, durante a divagação, nossa RMP está envolvida na Teoria da Mente. Na verdade, os pesquisadores fizeram até mais do que isso: propuseram-se a analisar, de maneira mais ampla, se a RMP é de fato a rede que faz a mediação da Teoria da Mente, dos processos autorreferentes e da *prospecção* (falaremos mais sobre isso no próximo capítulo). Acredita-se que todos sejam conteúdos centrais da divagação, algo que na época ainda não estava firmemente comprovado. Os participantes olhavam para imagens de cenas do cotidiano, tais como uma família sentada à mesa em um restaurante, e eram solicitados a fazer uma dentre três coisas. Na condição do "eu", e por meio de orações orientadas, como "Lembre-se de uma ocasião em que você tenha saído com sua família", era pedido que relacionassem aquela cena consigo mesmos. Essa instrução fazia com que recorressem à memória pessoal, autobiográfica, para recuperar a própria experiência. Na condição de "prospecção", eles tinham que reagir à instrução "Imagine um dia em que você sairá com sua família", o que os fazia imaginar um acontecimento futuro. Na terceira condição, de "Teoria da Mente", eles respondiam à pergunta: "Imagine o que o pai nessa foto estava pensando e sentindo", o que obviamente os levava a tentar deduzir a mente alheia. Como condição-controle para as comparações, os participantes também viam imagens "misturadas", sem sentido, e tinham que apertar uma tecla como forma de imitar as ações das demais condições. Todas as três condições experimentais — eu, prospecção e Teoria da Mente — ativaram a RMP, muito mais que a condição-controle, e o padrão de ativação das três condições apresentou uma sobreposição significativa. Esse estudo não apenas mostrou que a RMP está envolvida em nosso esforço de Teoria da Mente, mas também a relacionou aos processos autorreferentes e de prospecção.

A RMP não é o único participante em nossas elucubrações sobre a Teoria da Mente. Várias outras partes do cérebro estão envolvidas, como a amígdala — muitas vezes tratada, de forma excessivamente simplista, como a "sede da emoção" — e a ínsula, associada a uma série de funções, que vão da consciência situacional e dos processos corporais até as emoções, passando pelo funcionamento cognitivo e até mesmo motor.

A neurociência ainda não conhece a história por completo, mas o que já se sabe sobre as habilidades de Teoria da Mente me ajudou a enxergar conexões entre esse estudo sobre a RMP e o meu próprio. Quanto mais pessoas eu colocava dentro do aparelho de ressonância, mais eu percebia que, ao fazer associações visuais, elas realizavam uma espécie de previsão, com base na experiência passada. Não estamos apenas recebendo input visual; estamos puxando da memória todo tipo de pista que nos ajude a construir um sentido para aquilo que estamos vendo. E essa atividade associativa estava concentrada na RMP.

De maneira geral, como já foi dito, as associações são uma ferramenta de elegante simplicidade, mas extremamente poderosa, que o cérebro usa para codificar e recuperar memórias, assim como para nos ajudar a antecipar o que vem pela frente. Quando aprendemos uma informação nova, nós a armazenamos na memória, conectando-a (associando-a) a itens que já armazenamos no passado e que têm algum tipo de relação com ela. Pode ser codificar o formato de uma mancha de café associando-o a um elefante, porque ele o faz lembrar um elefante e esse é um jeito de recordá-lo; ou a memorização de uma série de dígitos através da descoberta de algum padrão ou similaridade. Também codificamos coisas por associações com base na relevância. Cadeiras são associadas a mesas, garfos são associados a facas, sinais vermelhos são associados a "pare", e uma pessoa irritada que se aproxima é associada a "proteja-se". O cérebro coleciona co-ocorrências, as tais regularidades estatísticas, porque coisas que acontecem juntas tendem a ser relevantes juntas. A codificação por associações também torna mais fácil recuperar a informação. Nossa memória é uma imensa teia de associações, onde tudo está relacionado a tudo, com determinados graus de separação, bem parecida com aquela outra imensa teia de conexões associativas que é a internet. Mas, além de terem um papel na codificação e na recuperação da memória, as associações são o meio pelo qual usamos conhecimentos prévios para nos ajudar a preparar o futuro. O som de um trem o faz antecipar uma passagem de nível; o sorriso de uma mulher na outra ponta do bar o faz querer aproximar-se (porém, assista ao final do filme *Curtindo a noite* para ver uma exceção engraçada); e, antes de ir ao museu, você sabe como se vestir, se lembra de pegar dinheiro e está ciente de que a visita vai levar algumas horas. Até mesmo os passos mais triviais de nossas vidas são orientados por previsões com base na memória. As associações na RMP podem levar a previsões na RMP e nas divagações.

De que outra forma nossa mente avançaria de um nó para outro nessa gigantesca teia de memórias, se não fosse pelas associações? Por isso, para mim, foi profundamente interessante que outros pesquisadores estivessem começando a enxergar que a Teoria da Mente também é uma espécie de previsão, que recorre igualmente à memória. Porém, ao contrário da nossa capacidade de antecipar ocorrências no mundo exterior a partir de associações, estas não são tão precisas quando se trata de prever a atividade interna dos outros. Tendemos a ter certa confiança nas interpretações de nossa Teoria da Mente sobre os outros, mas na verdade elas são em grande parte simulações. São cenários elaborados sobre aquilo que as pessoas devem estar pensando e sentindo, e como agirão em função disso, mais do que observações concretas, e sofrem um forte viés de nossa própria experiência passada. Pensamos: "Ela acabou de mexer no cabelo e me olhou meio de lado porque está a fim de mim", ou "Ele me ouviu muito bem, mas está me ignorando, do mesmo jeito que meu pai sempre fazia". Naturalmente, quanto mais conhecemos uma pessoa, mais confiáveis são essas associações e previsões. Consigo antecipar com bastante precisão aquilo que o semblante da minha companheira ou dos meus filhos quer dizer, ou como eles vão reagir àquilo que estou prestes a dizer. Mas projetar esse conhecimento em outras pessoas não é tão confiável quanto gostaríamos que fosse.

A maioria de nós, na maior parte do tempo, não se dá conta do quanto age no escuro ao teorizar as intenções alheias. Ser neurocientista não ajuda. Alguns meses atrás, em uma visita aos Estados Unidos, decidi fazer uma parada em Cambridge, Massachusetts. O primeiro encontro que tive foi um jantar para colocar a conversa em dia com dois grandes amigos, Daniel Gilbert e Jonathan Schooler, dois excepcionais psicólogos que também escreveram a respeito das divagações. Nesse jantar, Dan me contou que na semana seguinte iria receber o prestigioso prêmio William James, no encontro da Associação de Ciências Psicológicas, em Washington. Ele acrescentou que seus três melhores amigos iam levá-lo para beber e comemorar depois da cerimônia, o que me fez pensar que ele estava me testando para saber se eu me considerava íntimo o bastante para propor ir com eles. Eu disse que queria ir, e ele respondeu que adoraria que eu fosse. Excelente. Opa, peraí, talvez não...

Nos dias seguintes, fiquei atormentado, sem saber se eu o havia interpretado mal. Será que ele queria mesmo que eu fosse, ou estava sendo apenas educado? Será que eu estava dando uma de penetra na festa dele com os melhores amigos? E se eu mandasse uma mensagem dizendo que não poderia ir? Ele ia ficar ofendido? Resolvi não arriscar ser o chato e escrevi dizendo que infelizmente não poderia ir. Dan enviou uma resposta carinhosa, como sempre, o que não me ajudou a saber melhor se eu tinha entendido mal a situação. Se eu quisesse saber o que ele realmente achava, teria que tomar a iniciativa e perguntar a ele — uma boa prática para qualquer um de nós, quando achamos importante ter certeza se entendemos alguém. Isso porque as conjecturas da nossa Teoria da Mente muitas vezes são equivocadas, às vezes terrivelmente.

O fato de que as interpretações da nossa Teoria da Mente são cenários que elaboramos, e não simples observações, e o fato de que nosso cérebro realiza essa atividade por padrão são demonstrados pela forma como tentamos antecipar o final da frase de um amigo. Muitas vezes nos enganamos. Além disso, é difícil não tentarmos fazer esse tipo de adivinhação. Uma demonstração divertida dessa compulsão é um estudo que mostrou que nos distraímos mais, em termos de atenção e memória posterior, quando nos sentamos ao lado de alguém que está falando no celular do que perto de duas pessoas conversando cara a cara.[4] No caso do telefonema, por ouvirmos apenas um lado da conversa, a mente viaja, tentando preencher as lacunas do que o outro está dizendo.

Um dos efeitos mais nocivos dessa tendência de construir cenários mentais sobre os outros é nossa inclinação a formar impressões iniciais das pessoas muito depressa, e a partir daí confiar exageradamente nesses juízos iniciais. Note que as primeiras impressões não são exatamente teorias da mente, mas algo mais próximo de teorias da personalidade. Porém, é fato que elas guiam nossa forma de avaliar o outro; nesse sentido, encontram-se na mesma categoria da Teoria da Mente. Dando continuidade à minha pesquisa sobre o papel da RMP nas previsões, comecei a analisar as operações da Teoria da Mente e concluí que nossas primeiras impressões sobre os outros podem se formar em míseros 39 milésimos de segundo.[5] Quanto ao nosso apego a essas impressões, o laboratório de pesquisa de Alex Todorov, em Princeton, mostrou que o juízo feito a partir de fotos de candidatos a governador desconhecidos, de um estado remoto, permitia prever com alto grau de probabilidade o resultado real das eleições.[6] Embora isso possa sugerir que as primeiras impressões fossem absolutamente precisas, a interpretação mais plausível é a de que os eleitores do estado também formaram seus juízos em relação ao voto, em grande parte, com base em impressões instantâneas, apesar do bombardeio de propaganda política e cobertura da imprensa.

Até aqui, analisamos dois conteúdos centrais daquilo que está em nossa mente divagadora: o nosso eu e o eu alheio. Existem duas propostas de subtipos adicionais de informação e processos em andamento na RMP, mas vamos agora nos voltar para aquele que constitui a base de todos.

6. Memórias do futuro: Como aprender com experiências imaginárias

Fiquei fascinado pelas descobertas sobre o papel da RMP no eu, a Teoria da Mente e outras que começaram a surgir, em parte porque meu próprio trabalho de análise da função da RMP, no começo, parecia tão marginal. Com o tempo, minhas primeiras pesquisas sobre o processamento associativo visual me levaram a fazer minhas próprias descobertas sobre o pendor preditivo da RMP. Comecei a colocar pessoas no aparelho de ressonância e pedir a elas que reconhecessem objetos, para visualizar quais partes do cérebro estavam envolvidas nesse processo. Uma decisiva descoberta inicial foi que as pessoas percebem os objetos de maneira diferente conforme o contexto. No estudo inicial, o primeiro que fiz na vida, usamos recortes das belas ilustrações de um artista chamado Haro Hodson, cartunista do *Daily Mail*, do *Observer* e de outros jornais.[1] Como vamos ver a seguir, não temos dificuldade em completar elementos faltantes e somos capazes de reconhecer prontamente as figuras embora as informações fornecidas sejam bastante vagas. Na nossa experiência, recortamos e apresentamos objetos individuais de modo a aparecerem em seu contexto original, em um contexto inusitado ou isolados de tudo. O contexto, que inclui a identidade dos objetos do entorno, assim como sua posição relativa no espaço, afetou diretamente as previsões dos participantes em relação à identificação de objetos individuais que em outros contextos seriam ambíguos. Por exemplo, o cachimbo da figura (b) nem sempre foi identificado como um cachimbo ao ser apresentado isoladamente, mas, quando o chapéu do homem foi colocado em sua posição correta original em relação a ele, tornou-se reconhecível de imediato. O mesmo vale para os botões em (c) e a bolsa da senhora em (g): o simples fato de colocar ao lado deles algo relacionado, na posição apropriada, deu significado a esses amontoados de pixels sem sentido. Nossa maneira de interpretar as coisas em nosso entorno depende não apenas da característica daquilo que tentamos interpretar, mas também do entorno onde elas aparecem. Associações geram previsões, que, juntas, nos ajudam a entender o mundo.

PREVISÕES ASSOCIATIVAS NAS DIVAGAÇÕES

Foi a partir dessa pesquisa em desenvolvimento que eu me dei conta de que visualizar é pensar associativamente. Descobrimos que, ao fazer isso, ativamos uma boa parcela do córtex, uma imensa rede de regiões interconectadas. E, quando comparei essa rede à RMP, elas apresentaram uma marcante sobreposição.[2]

De início, isso causou certa perplexidade, porque a maior parte da literatura sobre a RMP até então, produzida pelos craques desse campo de estudo, dizia respeito a trabalhos sobre o senso do eu e a Teoria da Mente, que acabamos de abordar. Como é que eu poderia explicar que a RMP também está envolvida na realização de associações e no pensamento associativo? Enquanto refletia sobre esse impasse, percebi que tanto o pensamento sobre nós mesmos quanto o pensamento sobre os outros dependem fortemente de associações entre pedacinhos de informação que estão conectados em nossa memória, com base na repetição de experiências. Por exemplo, quando em determinado momento pensamos no tipo de pessoas que somos, em geral recordamos coisas que dissemos e fizemos no passado em situações semelhantes àquela em que nos encontramos.

Nossa mente serpenteia por toda parte enquanto realiza conexões. Vamos fazer uma analogia de como nossos pensamentos vagueiam usando o rumo de uma conversa entre amigos num restaurante. John pode comentar sobre o terrível engarrafamento que pegou no caminho, dizendo não ter se importado tanto porque o carro novo dele tem um sistema de som incrível, então ele aproveitou a oportunidade para pôr o volume no máximo e curtir um pouco de som de

qualidade. Essa menção à música alta faz Alexandra comentar a perda de audição do pai, de tanto bancar o rebelde ouvindo Grateful Dead a todo volume no quarto na adolescência. Isso, por sua vez, pode levar Jess a tornar o papo mais ameno, dizendo o quanto gostaria que os restaurantes tivessem sorvete de uma determinada marca na sobremesa, mesmo tendo começado uma dieta, o que os leva a comentar os perigos das dietas de gordura zero. John pode, então, comentar como a mídia publica bobagens sobre saúde, até que todo mundo se cala por alguns minutos quando a comida chega, até um novo fio associativo surgir.

As associações são o veículo em que a mente deriva. Podemos debater se essas divagações são uma característica selecionada pela evolução ou um "bug", um efeito colateral de possuir uma mente associativa que não para de funcionar. Seja como for, as divagações proporcionadas pelas associações são uma bênção e uma maldição. Por mais vital que fazer associações seja para nos orientarmos mundo afora, elas muitas vezes nos impedem de estar plenamente presentes no agora. As associações são como uma força gravitacional que nos atrai, não nos permitindo ficar muito tempo em um mesmo lugar mental sem que surja a tentação de fazer o próximo salto associativo, tão fácil de seguir. Na verdade, a melhor forma de fazer uma pausa em nossa tendência automática a divagar é inibi-la propositalmente, o que nem sempre é possível e é custoso em termos de energia e efeito negativo sobre o humor.

Decididamente, nossa mente adora recorrer a associações, e foi conjecturando o porquê disso que me dei conta de que um dos motivos é que elas são extremamente úteis para nos permitir prever o que esperar a cada momento. Embora algumas tentativas de previsão sejam fundamentalmente mal concebidas, como tentar adivinhar quando a bolsa de valores vai despencar ou que time vai vencer a final do campeonato, e outras, como vimos com as previsões da Teoria da Mente, profundamente defeituosas, muitas das nossas previsões diárias não apenas são bastante precisas, mas cruciais para nosso funcionamento. Quando fazemos previsões sobre o futuro imediato e relevante com base em associações construídas através da experiência, como a reação do nosso corpo se abusarmos do chocolate, frequentemente acertamos em cheio.

A maior parte daquilo que realizamos na vida se baseia em previsões fundadas na experiência. Na verdade, grande parte do nosso funcionamento depende delas. Estamos o tempo todo construindo cenários mentais hipotéticos, grande parte deles aborrecidamente trivial. Se eu calçar meu sapato social com essa neve que está caindo, provavelmente vou escorregar. Se o gato subir no bufê, é possível que derrube aquele vaso. Essas cogitações se tornam triviais porque recorremos a elas com muita frequência, de forma automática, e muitas vezes sem ter consciência disso.

Ao longo de meus estudos sobre o envolvimento das divagações na previsão, uma descoberta particularmente fascinante para mim foi o quanto ela se dedica a um tipo específico de previsão: a construção de simulações. A RMP se dedica a visualizar minifilmes, que podem se revelar bastante prolongados. A título de curiosidade, existe uma gíria em hebraico para esse raciocínio simulado que pode ser traduzida grosseiramente como "comer filmes"; e, tal como acontece com os filmes, eles podem ser dramáticos. Assim como ocorre com nossas preocupações com pensamentos sobre nós mesmos e especulações da Teoria da Mente, esses cenários podem ser maravilhosamente preciosos na preparação para os desafios da vida, mas também extremamente exaustivos. Alguns apresentam um incrível nível de detalhe.

Pouco tempo atrás, voltando com Nili de uma viagem à Alemanha, estávamos esperando a bagagem na esteira. Sendo uma criatura curiosa, Nili aproximou-se da esteira para ver as malas que iam chegando. De repente, minha mente começou a simular uma cena em que o vestido dela ficava preso na esteira e Nili era arrastada por ele, e todos em volta começavam a gritar. Eu olhava em torno, assustado, procurando um botão vermelho de emergência para deter a esteira, mas não achava nenhum. Por isso, pulava em cima da esteira para salvá-la, soltando o vestido. Nili me trouxe de volta ao presente, avisando que as nossas malas tinham acabado de aparecer. Felizmente, meu cenário delirante não se produziu, mas eu estaria pronto, caso acontecesse.

Nossas simulações, é claro, nem sempre são sobre catástrofes, embora eu pareça ser um especialista nelas. Cogitações pessimistas assim são uma indicação de por que a preparação para o que está por vir ganhou prioridade evolutiva, em detrimento do desenvolvimento de engrenagens para desfrutar do presente. Infelizmente, o lado ruim é que, por não estarmos com mais frequência vivendo o agora, desperdiçamos muita coisa nova e interessante, que poderia levar a ideias criativas e enriquecer de maneira geral nossas experiências.

SIMULAÇÕES MENTAIS A PARTIR DE ELEMENTOS ASSOCIATIVOS

Em geral, as previsões geradas por nossos proativos cérebros não apenas são a base de simulações complexas, mas estão na origem de cada uma de nossas decisões. Em uma frase famosa, o filósofo Karl Popper disse que nós deixamos as hipóteses morrerem em nosso lugar. As previsões e simulações (espécie de ensaios gerais da mente), ao utilizar as associações como fundamento, nos ajudam a sopesar os desfechos possíveis de cada alternativa em uma "árvore de decisões", e a optar pela ação que, espera-se, renderá o resultado mais desejado. Devo ficar ou devo ir embora? Escolher um curso de ação, mesmo que seja apenas o que comer no almoço, envolve "rodar" uma simulação interna de múltiplos futuros que podem ocorrer conforme cada alternativa decisória: casar ou não casar (procure a famosa lista de Charles Darwin de prós e contras do casamento), viajar pela América do Sul ou pelo Sudeste Asiático, cheesecake ou bolo de chocolate? Cada decisão é uma encruzilhada, com pelo menos duas opções. Rodamos, conscientemente ou não, uma simulação rápida dos possíveis desfechos e da forma como experiências alternativas se desenrolariam. Podemos fazer isso graças à memória e a nossas experiências passadas, e escolhemos a que desejamos. Conseguimos antecipar a reação de nosso cônjuge se chegarmos em casa com flores; ou, ao contrário, com alguma porcaria que achamos na rua e gostamos; conseguimos antever a sensação na boca, na mente e no estômago quando decidimos comer uma barra de chocolate; e conseguimos visualizar o custo de uma viagem repentina em relação ao benefício da diversão. Todas as decisões, basicamente, são orientadas por uma recompensa (ou punição) esperada como desfecho. E o que queremos é uma recompensa; são as recompensas que guiam nossos atos.

Nadia, nossa filha do meio, é uma neurocientista cognitiva nata. Ela tem sacadas e faz sugestões criativas de experiências para eu realizar no laboratório desde que tinha sete anos. Ela bolou um algoritmo brilhante para a tomada de decisões difíceis. O que ela faz (e eu agora faço também) é tirar cara ou coroa entre duas opções e prestar atenção em sua própria reação imediata ao resultado. Em seguida, ela decide entre as duas opções com base em sua reação à alternativa vencedora. Pode parecer prosaico, até você experimentar; fiquei surpreso com a intensidade do alívio ou da decepção que senti quando a moeda apontou uma das duas decisões, que um segundo antes parecia equivalente à outra. Isso mostra como até mesmo nossa melhor previsão de um determinado futuro não é válida enquanto não se tem que tomar a decisão concreta. Portanto, as simulações têm um certo limite.

Nem toda decisão é resultado de extensas simulações e deliberações. Algumas são impulsivas, tomadas no calor do momento, e não fica claro se passaram por alguma simulação prévia. Um ótimo exemplo são as crianças. Elas ainda não possuem experiência suficiente na construção de simulações, tampouco um córtex pré-frontal desenvolvido para realizá-las. Assim, faltam-lhes inibição e compreensão das possíveis consequências, e elas não realizam tanta deliberação pré-decisional. Certa vez, eu estava fazendo uma trilha de bicicleta com meu filho, Naor, quando chegamos ao alto de um morro e então parei abruptamente, para ver o que nos aguardava do outro lado. Meu filho ficou decepcionado e gritou, frustrado: "Por quê, pai? A graça é justamente essa!". Expliquei a ele que primeiro eu queria ver se era seguro saltar, para evitar surpresas do outro lado (pode pensar nesse morro como um morro metafórico) e pesar nossas opções de um modo mais informado, antes de sair correndo para curtir a emoção. Ele me achou sem graça, mas eu estava apenas colocando em prática o que tinha aprendido em meus muitos anos de experiência a mais.

Além das decisões por impulso, outro tipo de decisão que não é precedido por simulação são as mais automáticas. Depois de uma longa corrida no calor, você sabe que quer beber algo gelado, e não importa se é água ou suco de maçã. Parece haver algumas necessidades óbvias que dispensam simulação, ou sequer decisões. Trata-se de reações automáticas, associações entre um estado e uma ação, detalhadamente aprendidas com a experiência. Esse é mais um aspecto engenhoso do modo de funcionar do nosso cérebro, automatizando o que quer que tenha sido suficientemente aprendido, de modo que não precise ser simulado todas as vezes.

Na maioria das decisões, porém, utilizamos a memória e a experiência passada para construir previsões e simulações. Se você tivesse que imaginar uma biblioteca em uma cidade onde nunca esteve, ou o sabor da geleia de morango misturada, por algum motivo, com pimenta-do-reino, daria para ter uma boa ideia do que esperar recorrendo a experiências passadas e modificando-as. Apoiamo-nos no passado para estimar o futuro. Para ressaltar esse ponto, tente imaginar como é a vida depois da morte, ou a aparência de alienígenas.

A sensação é de algo totalmente fictício, sem base e fantástico, porque não dispomos de uma experiência real na qual basear essas simulações. Ao mesmo tempo, não temos dificuldade alguma em imaginar um leão de legging cor-de-rosa lendo um livro em uma rede amarrada em duas palmeiras na Lua.

Armazenamos nossas experiências, às vezes conquistadas com sangue, suor e lágrimas, na memória para o futuro, mas também armazenamos como "memória" nossas experiências simuladas, imaginadas. Simulações são como experiências reais, só que imaginadas, e sem as feridas que a experiência real provoca. Nosso cérebro tem a poderosa característica de armazenar na memória essas simulações ricas, detalhadas e informadas, para recuperá-las posteriormente como um roteiro para nosso comportamento, da mesma forma que as memórias reais, baseadas nas experiências reais. Você pode planejar o jantar enquanto volta dirigindo para casa. Você recupera na memória a imagem do que havia na geladeira da última vez que a abriu, de manhã. Pensa nos ingredientes e nas receitas que deseja executar, e nos sinais do corpo informando o que você quer comer. Repassa tudo até planejar a refeição completa. O resultado final dessa simulação, um plano, fica, então, guardado na sua memória. Quando você chega em casa, tem um roteiro pronto a ser seguido, de forma quase automática. Esses roteiros podem, é claro, ser cenários menos entediantes (porém úteis). Você está dentro de um ônibus local, em alguma cidade exótica da Índia. O motorista está dirigindo em alta velocidade, o que, aos olhos de um forasteiro, parece temerário, e a estrada é sinuosa. Por isso, você começa a pensar: e se o ônibus capotar? Você pensa na possível pancada que seu corpo vai sofrer, onde sua cabeça e seus ombros vão bater, e como minimizar esses ferimentos, se o ônibus virar para o lado esquerdo ou direito. Você pensa nos demais passageiros, em como ajudá-los, em como se proteger das bagagens acima da sua cabeça. Como em muitas outras simulações, essa pode ser fantasiosa, e as chances de que ocorra, diminutas. No entanto, caso ocorresse, você seria o passageiro preparado.

Por mais que há anos eu estude e reflita sobre esse tema, nunca deixei de me impressionar com o fato de podermos aprender com experiências que nunca ocorreram, por meio de nossos pensamentos e imaginação.

As simulações também podem evocar sentimentos e emoções associados à experiência imaginada, às vezes de forma fiel até demais. Durante muitos anos, frequentei um simpósio científico anual, que a cada edição ocorria em uma cidade diferente do encantador litoral oeste da Flórida. Lembro-me de que certo ano, durante o voo entre Boston e Tampa, comecei a rodar na cabeça o filme daquilo que eu imaginava que aconteceria ao pousar, como todo ano: pegar a bagagem, ir até o guichê da locadora de automóveis, pegar o Mustang conversível vermelho (deu a louca no cientista...), dirigir por algumas horas, fazer o check-in no hotel, desfazer as malas, colocar a roupa de corrida, correr por uma hora em uma linda praia, voltar, tomar banho, descer as escadas até o ótimo restaurante do hotel, desfrutar de uma refeição deliciosa acompanhada de cerveja, voltar para o quarto, checar a agenda do evento para o dia seguinte, assistir a um filme e cair no sono. Parecia uma programação perfeita, dentro da minha cabeça, depois de uma detalhada simulação; era como se eu tivesse vivido tudo aquilo, a tal ponto que nem era preciso realmente realizá-la. Por isso, acabei ficando na cama. O realismo das simulações talvez explique por que grandes esperanças acabam tantas vezes em decepção: durante a simulação, você já aproveitou a maior parte da diversão. Baixas expectativas, por outro lado, podem deixar muito mais a ser vivenciado. O que aprendi com o budismo, porém, é que às vezes é melhor não ter expectativa alguma.

Simulações vívidas também podem servir como uma arma surpreendente contra a procrastinação, levando-nos a agir em relação àquilo que relutamos a fazer. As simulações nos aproximam dos eventos. Chamo de *salivação mental* esse processo de tornar as coisas mais plausíveis por meio de simulações. Estou deitado na cama, com energia zero para sair para correr. Começo, então, a imaginar em detalhes a atividade futura: como visto a roupa de corrida, amarro o tênis, prendo o celular no braço, coloco a chave de casa no bolso de trás e saio porta afora; imaginar o percurso e o que eu sei que vou ver e sentir no caminho faz a experiência como um todo, subitamente, parecer mais iminente, sem intermediações e obstáculos entre mim e o ato efetivo de correr. Isso pode nos ensinar algo importante em relação ao elo entre a atividade mental e a ação física. Na verdade, simular mentalmente o processo de preparação para um exame melhora o aprendizado e o desempenho,[3] e a prática mental ajuda cirurgiões iniciantes a lidar com o estresse,[4] para citar alguns exemplos.

Um termo outrora muito influente no estudo da percepção e da ação, cunhado pelo psicólogo J. J. Gibson, é *affordance*, ou "possibilidade de uso": até que ponto as características daquilo que está diante de você ensejam uma determinada ação. É um princípio que pode orientar o design das interações, aplicável não apenas no estudo da percepção e da ação, mas também na arquitetura, na publicidade, no design de produtos, entre outros. Assim, simulações com alto grau de detalhamento aumentam a percepção de *affordance*. Correr torna-se muito mais factível agora que já imaginei os detalhes. As simulações não apenas aumentam a percepção de viabilidade de um possível evento futuro, mas também nos fazem lembrar os sentimentos e recompensas associados a esse evento, como um ganho de energia, o que aumenta a motivação para sair da cama e correr. O design de produtos, por exemplo, precisa ajudar o cliente potencial a visualizar a si mesmo usando o produto; por isso, é preciso que fique óbvio de que maneira a ação pretendida é possibilitada pelo design. Na verdade, nosso corpo como um todo parece funcionar por antecipação. Quando estamos prestes a morder um gomo de limão ou uma barra de chocolate, nossa língua reage com uma salivação antecipatória, facilitando a experiência concreta do paladar e, posteriormente, ajudando a mastigar e engolir.[5] As simulações nos ajudam a nos preparar e aceitar experiências futuras.

Juntando tudo, concluímos que a memória, com as associações que armazena, é usada como um meio de gerar previsões; as previsões nos ajudam a preparar e otimizar, de forma proativa, nossa interação com o ambiente, e são usadas como os tijolinhos das simulações mentais. Mas a rede padrão do cérebro, a RMP, e a mente divagadora que lhe corresponde não cuidam apenas do futuro. São, num sentido mais amplo, uma magnífica máquina do tempo mental e uma plataforma para pensamentos de conteúdos os mais diversos.

A MÁQUINA DO TEMPO MENTAL

A *palinopsia* é um curioso transtorno neurológico em que uma imagem persiste na visão muito tempo depois do desaparecimento do estímulo. Você olha para seu cão durante um segundo, volta a olhar para o texto que estava lendo, mas continua enxergando o cão sobreposto ao texto. Esse fenômeno pode ter várias origens, entre as quais lesões no córtex visual, convulsões epiléticas e superexcitabilidade neural. Pode se manifestar sob a forma de ilusões em relação ao entorno ou alucinações geradas internamente, e pode vir acompanhado por diversos sintomas, mas o resultado é sempre debilitante. A palinopsia não é tão comum (fui lembrado disso pouco tempo atrás por minha filha Nadia, que ouviu um personagem da série de TV *Teen Wolf* mencioná-la e ficou curiosa), mas faz refletir sobre a percepção pura e os efeitos potencialmente devastadores da sobreposição.

Imagine agora enxergar o mundo não como duas imagens superpostas, como uma pessoa que sofre de palinopsia, mas como três imagens sem vínculo sobrepostas umas às outras, como transparências em um projetor antigo, ou negativos de filmes com, digamos, cenas de uma praia, uma sala de reuniões e um rosto em close-up, umas por cima das outras. Você quer se concentrar no rosto, mas as outras duas imagens continuam a distraí-lo e afastá-lo dos detalhes e da qualidade daquele rosto. É assim que a maioria de nós passa grande parte da vida, em um complexo amontoado de sobreposições, porém sem perceber. Em qualquer momento específico, o conteúdo do seu pensamento consiste no presente (bem na sua frente), no passado (alguma reminiscência ou lembrança aleatória, não necessariamente relacionada a seu presente) e no futuro (planejamento, avaliação de consequências ou simples preocupações). Pense nisso por um momento: reter na memória funcional, no mesmíssimo instante, o sabor da barra de chocolate na boca, sua conversa com o caixa um minuto atrás, ao comprá-la, e a malhação que terá que fazer por conta desse capricho chocólatra: prazer, culpa, imagens e palavras misturados com o passado, o presente e o futuro. Como estar imerso no presente, na vida propriamente dita, se sua capacidade mental sofre tanta concorrência e demandas paralelas?

A impressionante capacidade da mente de viajar no tempo é poderosa e pode ser útil. Tendo consciência da nossa propensão a divagar no tempo, e de um assunto para o outro, precisamos lutar para tirar o melhor proveito disso. Evidentemente, precisamos ser capazes de planejar (futuro) ou aprender com nossos erros (passado), mas o ideal é que isso não interfira com o gozo do presente. Por isso, a máquina do tempo mental é simultaneamente uma bênção e uma maldição: ajuda a nos prepararmos e lembrarmos, mas também nos priva do presente.

Outro dia tropecei na gravação de um evento com uma personalidade bem-sucedida e interessante, um grande divulgador do poder do agora. Ele começou dizendo que raramente pensa no passado, mas não posso acreditar nisso. Pode até ser que ele não tenha consciência de nossa máquina do tempo mental, e é verdade que podemos treinar para pensar conscientemente mais sobre o presente, mas não é possível nem mesmo atravessar a rua sem que algo em nossa mente faça referência a experiências passadas para inferir qual deve ser o próximo passo. A natureza decidiu que devemos surfar pela vida confiando em nossa experiência acumulada. Estar sempre no agora significa não se beneficiar de uma vida inteira de experiência armazenada na memória.

"O preço da liberdade é a eterna vigilância." Adoro essa citação, atribuída com frequência ora a Thomas Jefferson (1826), ora a John Philpot Curran (1808). Ser um explorador é o que considero mais próximo de ser livre, mas na verdade é algo que não apenas traz aprendizado e aventuras divertidas, mas exige estar sempre atento e não confiar na memória. Viver permanentemente nesse estado de vigilância reforçada é, ao mesmo tempo, desgastante e perigoso, o que permite compreender o porquê da escolha da natureza. É claro que de tempos em tempos podemos fazer um *bungee jump*, metafórico ou real, mas, se nossa vida for só isso, não iremos muito longe.

E, falando de máquina do tempo mental, o poeta Fernando Pessoa (ou seu heterônimo Alberto Caeiro) escreveu:

Vive, dizes, no presente;
Vive só no presente.

Mas eu não quero o presente, quero a realidade;
Quero as coisas que existem, não o tempo que as mede.

O que é o presente?
É uma coisa relativa ao passado e ao futuro.
É uma coisa que existe em virtude de outras coisas existirem.
Eu quero só a realidade, as coisas sem presente.

Não quero incluir o tempo no meu esquema.
Não quero pensar nas coisas como presentes; quero pensar nelas como coisas.

Em meus diversos retiros de meditação vipassana, muitas vezes me peguei imaginando de que forma aqueles instrutores veteranos, que vinham do exterior para nos dar aula, organizavam a própria viagem, se não pensavam no futuro. Além de marcar a data na agenda, você precisa escolher o melhor itinerário, casá-la com seus demais compromissos, pensar no transporte para e do aeroporto, no que levar, nas coisas que precisa deixar prontas para passar um tempo fora, e em como estar preparado para diversos imprevistos em potencial, como atrasos e conexões perdidas. Tudo isso envolve simulações (futuro) com base na memória (passado). É claro que não podemos estar exclusivamente no presente o tempo todo; do contrário, a raça humana não teria chegado à Lua ou realizado grandes feitos. Nosso cérebro é proativo, foi construído para planejar e preparar. Por isso, é difícil, e nem sempre aconselhável, lutar contra essa tendência. E mesmo que conseguíssemos deixar o planejamento completamente de lado — digamos, se vivêssemos em uma caverna onde todas as nossas necessidades fossem atendidas por outras pessoas e não tivéssemos absolutamente nada com que nos preocupar —, uma enorme quantidade de planejamento continuaria a acontecer sem que nos déssemos conta. O simples ato de pegar um copo de água exige a execução de um "planejamento motor" que envolve a otimização do futuro imediato. A que distância, com que velocidade e com que tensão muscular devo estender o braço? Até que ponto devo espaçar os dedos, e com que força devo apertar o copo, a fim de nem quebrá-lo com a pressão, nem deixá-lo cair da mão? Uma parte de nós está ocupada o tempo todo planejando alguma coisa. Nem tudo é realizado pela RMP; envolve também regiões do cérebro mais exclusivas. O segredo está em limitar esse planejamento a certas situações e questões práticas. Nesse sentido, a meditação mindfulness ajuda a reduzir o tempo que você perde no futuro ao absolutamente necessário, enquanto o ajuda a estar plenamente atento ao planejamento em curso na sua mente.

Divagações, fantasias e devaneios (no contexto mais psicológico da terapia, como utilizado por Thomas Ogden, por exemplo) abrigam, no conjunto, múltiplos tipos de conteúdo. O que todos esses diferentes processos e conteúdos têm em comum é que executam algo útil e ao mesmo tempo indicam que você não está acertando o alvo, nem se encontra inteiramente no tempo presente. Quando você está envolvido em tarefas específicas e muito exigentes, como completar palavras cruzadas, dirigir um carro esportivo ou fazer amor, sua mente se ocupa plenamente com essas atividades, para as quais o cérebro possui regiões, redes e padrões de atividade neural dedicados. Nessas horas, a rede padrão estará menos preenchida por conteúdos divagatórios. Dito isso, a maioria das tarefas do cotidiano é simples o bastante para nos deixar recursos mentais ociosos, reserva que é utilizada para divagações, pensamentos sem relação com aquilo que estamos fazendo no momento.

Considerando tudo, a ocupação da rede padrão do cérebro com divagações, em suas várias vertentes, não é binária, mas um espectro. Entre as possibilidades ao longo desse espectro estão as seguintes: você está envolvido em uma tarefa muito exigente, e portanto sem recursos ociosos para se dar ao luxo de qualquer divagação, nem mesmo o planejamento em segundo plano; você está envolvido em uma tarefa de exigência média, que deixa uma sobra de recursos para um pouco de divagação e ação-padrão; você não está ocupado com absolutamente nada — no chuveiro ou no engarrafamento, por exemplo — e por isso toda ou pelo menos a maior parte da sua rede padrão está ocupada com pensamentos divagatórios espontâneos, independentes de qualquer tarefa; ou, como acontece com bastante frequência, você deveria estar ocupado com uma tarefa, como ouvir ou assistir alguma coisa, mas em vez disso divaga. Quando você devaneia em sala de aula, isso significa que a única tarefa que você tem, que é prestar atenção, foi sequestrada pelo desejo do seu cérebro de fazer uma viagem mental. O comediante Steven Wright brincou certa vez: "Eu estava tentando sonhar acordado, mas minha mente não parava de divagar". A piada é engraçada porque todos sabemos que, quando sonhamos acordados, nossos pensamentos viajam por toda parte. Existindo ou não uma tarefa, nossa mente não para de girar. Quando ela não está voltada para uma meta específica, vai sonhar acordada, fantasiar, ruminar, obcecar-se, relembrar algo do passado ou preocupar-se com algo do futuro. Uma coisa é certa: nossa mente nunca fica ociosa.

7. Quando não há mais nada de novo

O ser humano nasceu atraído pelo novo. Aparentemente os publicitários sempre souberam disso. Pesquisadores que estudam o desenvolvimento infantil descobriram que até mesmo os bebês demonstram uma clara preferência por observar objetos novos para eles, em detrimento daqueles que já viram. Essa preferência precoce pela novidade é tão forte e consistente que a utilizamos como forma de estudar o reconhecimento em bebês que ainda não falam. Por exemplo, quando mostramos um tomate a um bebê, e em seguida um tomate junto com um pepino, ele vai olhar para o pepino, e assim concluímos que ele reconheceu o tomate como algo conhecido. O cérebro o dirige para o que é novo. Isso explica por que os bebês podem passar tanto tempo curiosos com um clipe de papel.

O NOVO A SERVIÇO DO FUTURO

Por que somos tão atraídos pelo novo? A resposta tem a ver com a verdadeira função da memória em nosso ser. Temos vontade de prever o que vem em seguida, de estar preparados de forma ideal para o futuro, e para gerar essas previsões confiamos na memória, aproximando o futuro das experiências passadas. O novo é aquilo que não antecipamos, por isso o inspecionamos e o conectamos à nossa base de dados da memória, preparando-nos para o caso de voltarmos a encontrá-lo. Ter atração pelo novo e absorver tudo que é novo nos permite expandir o conjunto de situações para as quais nos preparamos. É por isso que a atração pela novidade, gostemos dela ou não, e muitas vezes não gostamos, está tão entranhada em nós. Uma preparação melhor significa melhores chances de sobreviver e prosperar.

Como recorremos às experiências passadas para fazer previsões na vida cotidiana? De acordo com a configuração do nosso *cérebro proativo*, quando nos encontramos em uma determinada situação, imediatamente nos esforçamos para encontrar uma analogia com situações similares do passado.[1] Quando mostrei as ruas de Boston e San Francisco a meus pais pela primeira vez, lembro que meu pai não parava de comparar os lugares a outros que já tinha visto. Da mesma forma como comparamos uma pessoa que encontramos pela primeira vez com outra que já conhecemos. Surge um novo ator em cena, e na mesma hora seu cérebro trabalha para encontrar alguém que ele o faz lembrar. David Marr, um brilhante cientista visual, afirmou que o objetivo do nosso sistema visual é compreender o que está onde.[2] No dia em que eu estava caminhando por ruas novas com meus pais, caiu a ficha de que a primeira pergunta que o cérebro faz, diante de qualquer coisa que encontra, não é "O que é isso?", e sim "*Com o que* isso se parece?". Ao fazer uma analogia rápida, conectando o input com a memória existente, acessamos um oceano de conhecimentos e associações que foram se acumulando com a experiência. Você se depara com um novo tipo de cadeira e, mesmo que nunca a tenha visto antes, ainda assim a reconhece como uma cadeira, porque ela compartilha um número suficiente de características (pés, encosto e assim por diante) com a categoria das cadeiras que você já conhece. Feita essa conexão, você sabe a função, o peso e até o preço aproximado dela. Nossa capacidade de interpretar e prever o entorno depende do passado. É uma habilidade bastante poderosa da mente, que tende a ser subestimada, por fazermos isso com tanta frequência e de forma tão imperceptível ao longo dia, observando coisas que nunca vimos antes e apesar disso sabendo tanto sobre elas de imediato.

Faz sentido que a evolução tenha selecionado nossa atração pelo novo, pois aquilo que nos é desconhecido e que não antecipamos pode ser uma ameaça. Na verdade, por padrão, a mente interpreta o novo como perigoso. Certa manhã de inverno em Boston, eu estava sentado no quintal de casa quando de repente senti no quadril direito o que parecia ser uma punhalada profunda de uma faca ou uma agulha. O horror tomou conta de mim na fração de segundo que levei para examinar a região e constatar uma gota de água. Um pingo de água gelada, de uma ponta de gelo derretendo sobre minha cabeça, caiu de algum jeito entre meu pulôver e minha calça jeans. Isso mostra como, sem uma expectativa prévia, as interpretações podem ser exageradas. A esmagadora maioria das nossas sensações, a cada instante, a cada dia, é até certo ponto esperada. É difícil acreditar, e pode dar a impressão de que nossas vidas são chatas e previsíveis, mas esse é o poder onipresente do uso da experiência para antecipar percepções, reações ou o final de um filme.

Mas esse caso da gotinha de gelo também demonstra nossa incapacidade de simplesmente sentir, sem tentar associar o sentimento a um significado. Eu tive uma sensação, e meu cérebro saiu correndo atrás de uma explicação para o que havia acontecido. Por que exatamente escolhi um motivo tão dramático para a sensação é outra história, mas o fato é que escolhi. Se fôssemos capazes de apenas sentir, como várias práticas de meditação nos incentivam a fazer, talvez eu tivesse simplesmente observado aquela sensação sem entrar em pânico. Mas não somos assim. Eu não previ aquela percepção, e não tinha como meramente sentir sem interpretá-la. Por isso, meu cérebro associou a ela um significado.

Lembre-se das ilustrações de Haro do capítulo anterior. Aquilo que é ambíguo continua sendo ambíguo até que informações contextuais desfaçam a ambiguidade de identidade e sentido. Um secador de cabelos borrado parece uma furadeira no contexto de uma oficina, e um secador no contexto de um banheiro ou de um salão de beleza.[3] Da mesma forma, a palavra "banco" é interpretada como um assento de madeira quando seguida de uma palavra relacionada ao contexto de uma praça, como "jardim", e interpretada como uma instituição financeira quando precedida por uma palavra como "poupar".[4] Mas enquanto não há informações contextuais para desfazer a ambiguidade, tendemos a interpretações negativas, como no caso do drama da gota gelada.[5]

Encaixar dados novos numa base antiga é um mecanismo engenhoso de otimização dos sentidos e das certezas em nossas vidas. Essa engenhosidade, porém, tem um sério reverso da medalha. Uma contrapartida é clara: ou lutamos para nos proteger, associando sentido às nossas sensações e reagindo o mais rápido possível de acordo com essa compreensão, ou suspendemos as interpretações e apenas nos deixamos sentir, expondo-nos, porém, a ameaças em potencial. O momento em que devemos fazer uma coisa ou outra é uma questão de percepção e de prática.

MEMÓRIA PERCEPTIVA

À medida que crescemos, desde a primeira infância, vamos acumulando experiências e conhecimentos pela exposição ao mundo físico à nossa volta. Formamos aos poucos, na memória, uma biblioteca de como se comportam o mundo, as coisas e as pessoas; a melhor forma de reagir; do que gostamos; o que queremos; o que receamos; e assim por diante. Fazemos um esforço constante para enriquecer essa biblioteca, o que se reflete naquilo que atrai nossa atenção e naquilo que fica na memória, de cada experiência, uma vez terminada. Quando nos deparamos com uma experiência nova — uma situação, um estímulo, uma imagem, um texto, uma conversa, uma pessoa, um filme, um restaurante —, recorremos a essa biblioteca em busca de ajuda para interpretar e reagir a essa experiência da forma que pareça ideal. Essa influência de nossas bases existentes sobre as novas experiências é exercida "de cima para baixo". As expectativas fundadas na experiência são uma poderosa maneira de compreendermos nosso mundo de maneira rápida e eficiente, mas não são o único ingrediente dessa mistura. Preconceitos, desejos e vieses também fluem das regiões de alto nível do córtex, dominando aquilo que, do contrário, seria uma compreensão verídica e precisa da vida à nossa volta.

Na filosofia de Immanuel Kant, existe uma distinção entre como percebemos as coisas do mundo e aquilo que ele chamou de "coisa em si". Existe uma verdade física em relação às características do objeto de nossa atenção, a coisa em si, e existe a forma como essa coisa se apresenta a nós. A coisa em si diz respeito às verdadeiras propriedades do objeto ou fenômeno observado — É vermelho? É curvo? É grande? Está distante? —, independentemente de quem o observa, ou até mesmo de estar sendo observado. Nas palavras de Kant:

> De fato, se, como convém, considerarmos os objetos dos sentidos como simples fenômenos, admitimos assim ao mesmo que lhes está subjacente uma coisa em si, embora não saibamos como ela é constituída em si mesma, mas apenas conheçamos

o seu fenômeno, isto é, a maneira como os nossos sentidos são afetados por este algo de desconhecido.[6]

A coisa em si é a verdade, enquanto a percepção é nossa verdade individualizada. É assim que vivemos e temos vivido desde sempre. O ponto de vista de Kant foi reforçado e ampliado de forma instigante pelo filósofo alemão Arthur Schopenhauer, um fascinante pessimista, nos quatro volumes de seu *O mundo como vontade e como representação*, onde a representação é a aparência e a vontade faz o papel da coisa em si. A mente, uma vez mais, nos deixa excessivamente confiantes quanto a nossas percepções subjetivas. Em muitos aviões, parâmetros cruciais, como o nível de combustível ou a altitude, têm cada um dois indicadores independentes. Depois de algumas rolagens, e certa confusão sobre o que está subindo e o que está descendo, o piloto pode estar tão convicto de que sua percepção da orientação da aeronave é mais correta do que a do indicador que as fabricantes decidiram instalar um extra, para deixar bem claro ao piloto que a coisa em si é o indicador, e não a percepção, subjetiva e volátil.

Confiamos cada vez mais naquilo que já conhecemos e cada vez menos naquilo que há de novo para perceber. Quanto mais experiências temos, mais passamos a interpretar a vida, momento a momento, através das lentes da memória. Não deixa de ser triste que, depois de uma certa idade, raras sejam as novidades, e a maioria das experiências do cotidiano já tenha sido vivenciada, de uma maneira ou de outra. Vamos nos tornando menos investigativos do nosso entorno, achando-o cada vez mais conhecido e, portanto, menos merecedor de uma observação atenta. Nossa bela tendência a prestar atenção a tudo que nos cerca, a absorver tudo aquilo que vemos, ouvimos e sentimos, dissipa-se de forma inexorável.

Procuramos tanto o inesperado que o enxergamos até mesmo quando não está lá. Isso foi demonstrado de forma cabal por inúmeros estudos sobre o Triângulo de Kanizsa. Apresentadas a essa imagem, as pessoas veem um triângulo branco no meio, mas trata-se de uma ilusão de ótica, porque ele na verdade não está desenhado. As três figuras em forma de Pac-Man criam a impressão de três ângulos alinhados entre si, e o nosso cérebro completa o restante. Vemos um triângulo onde esperamos ver um triângulo. Tanto é que até mesmo os neurônios nas regiões mais precoces do córtex visual mostram reação às linhas imaginárias como se elas fossem reais.[7] Pouco a pouco, a percepção se torna mais um processo de reafirmar as expectativas da memória do que reagir de forma verídica às características do mundo exterior.

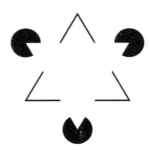

A neurociência decifrou que, nesse caso, o córtex pré-frontal fornece informações de cima para baixo em relação ao que se espera que o objeto seja, dizendo aos neurônios dos estágios precoces do córtex visual o que antecipar e impedindo, assim, que esses neurônios enviem informações sem filtro, extraídas da observação, ao córtex temporal, onde são determinadas as identidades. Se nossa percepção, ao contrário, fosse guiada por informações de baixo para cima, veríamos três Pac-Mans, sem aquele triângulo branco ilusório, tal como é. Mas nossas percepções são uma mistura de informações internas, de cima para baixo, e informações dos sentidos, de baixo para cima. Idealmente, as informações de baixo para cima fornecem as propriedades físicas do nosso entorno, enquanto os processos de cima para baixo dão sentido a essas percepções. Porém, como vimos, às vezes levamos longe demais nosso conhecimento prévio e nossas generalizações.

UMA MENTE FLEXÍVEL PODE ENDURECER O CORAÇÃO

Não muito tempo atrás, fazendo minha corrida matinal, cruzei com Quentin Tarantino: Quentin Tarantino, em Tel Aviv, caminhando no parque, em uma pista cheia de jovens mães despreocupadas com seus bebês, entulho, corvos e uma paisagem, sob todos os aspectos, bem diferente de Hollywood Hills. Em nosso mundo cada vez mais surreal, parece que tudo se torna aceitável. Tarantino é um dos meus cineastas favoritos. Fiquei empolgado com esse encontro, mas não em êxtase, pelo simples fato de que já tinha cruzado com ele no café do bairro, duas semanas antes, ocasião em que aproveitei para tietá-lo. O fato de já tê-lo visto uma vez fora suficiente para moderar de maneira significativa minha reação àquele enorme privilégio: nossa mente é adaptativa.

Seria a adaptabilidade uma característica desejável? Sem dúvida, na recente pandemia, ela nos ajudou a nos ajustarmos a uma nova rotina que incluía máscaras, distanciamento social e higiene reforçada. Mas nem toda mudança de situação exige mudança de hábitos. Não queremos nos adaptar à presença de leões e cobras ao fazer uma trilha na selva; queremos, isso sim, ficar alertas e à espreita de indícios suspeitos. Da mesma forma, não quero me acostumar com o fato de ter uma linda praia mediterrânea a dez minutos a pé do meu apartamento, prefiro que essa proximidade do paraíso me alegre todos os dias.

Como já vimos, nosso cérebro foi programado para o novo; fica ligado naquilo que é desconhecido e inesperado, para que possamos sobreviver, aprender e prosperar. É por isso que ele vai ficando cada vez menos excitado à medida que aumenta a familiaridade. Um novo estímulo, seja ele a primeira vez que você prova uma manga, a primeira gota de sangue que você vê, o primeiro passeio na montanha-russa, gera uma reação máxima dos seus neurônios. Os neurônios reagem em maior quantidade, e com mais força, a um evento novo do que a um evento desgastado. Essa menor ativação neural leva a uma liberação menor de neurotransmissores como a dopamina, a substância química que nos ajuda a vivenciar picos de prazer com a novidade. A familiaridade, na maioria das situações, é menos recompensadora.

O mecanismo que nos ajuda a digerir melhor a possibilidade de terremotos ou furacões sazonais, depois que passamos por alguns deles, é o mesmo que nos faz desfrutar de *Pulp Fiction* um pouco menos na segunda vez que o vemos, e é a razão pela qual, infelizmente, somos capazes de tomar nosso sorvete favorito sem nem pensar no assunto. Acostumar-se ao que é bom não se restringe, porém, ao sorvete. Relacionamentos esfriam e carreiras acabam apenas por conta do desgaste do conhecido. Fica evidente que nossa capacidade de tolerar as coisas ruins da vida se deve à rapidez de adaptação, mas o preço desse dom poderoso é que desfrutamos muito menos das coisas boas quando elas se tornam familiares: é uma dolorosa contrapartida.

E não é só isso: mesmo em relação às situações negativas, não está evidente que a adaptação seja sempre do nosso interesse. Será que queremos de fato nos acostumar a tudo que é ruim? Um cônjuge abusivo, as mortes no trânsito, a opressão ao próximo e outras injustiças são apenas alguns exemplos de situações que as pessoas se acostumam a tolerar quando não deveriam. Ouvir um primeiro-ministro que incita o racismo e divide o país com seus comentários; um presidente que mente e engana; um gigante da tecnologia que vende nossos dados pessoais: tudo isso causou espanto na primeira vez que ouvimos, e depois deixou de causar. Ao que parece, devido à familiaridade gerada pela repetição, nos acostumamos a atos e ideias que teriam chocado nossos pais. Mas nós simplesmente suspiramos e viramos a página.

Podemos contornar essas vantagens e desvantagens evolutivas? Podemos exercer controle voluntário sobre as coisas a qualquer tempo, de modo a desfrutar do que é conhecido como se fosse novo (dá para imaginar como seria a vida se cada beijo tivesse a sensação do primeiro?) e resistir à adaptação quando ela deve ser evitada? Da mesma forma como não nos aproximamos de comidas que no passado nos causaram intoxicação alimentar, deveríamos permanecer avessos a líderes corruptos, relações abusivas e encanadores que não chegam no horário como se fosse sempre a primeira vez.

Como ocorre com muitos problemas na vida, estar ciente disso já é meio caminho andado para a solução. Em casos extremos, uma força exterior à nossa mente precisa nos lembrar de que nos habituamos a normas equivocadas: o movimento #MeToo é um bom exemplo recente disso. Na maioria dos outros casos, porém, pense naquele menino que faz uma pergunta constrangedora sobre a qual você nunca tinha pensado, como por que o lago é azul em um dia e verde no outro. Esse menino pode ser você, de tempos em tempos revisitando coisas para as quais já ficou anestesiado.

Para além desses casos em que o ideal é sermos honestos com nós mesmos, não nos habituando a informações que não se encaixem em nossos autênticos valores, precisamos adotar uma estratégia de atenção seletiva, ou de adaptação seletiva. Para algumas pessoas, isso é natural. Meu falecido avô era famoso por interromper os jantares de família para fazer todos contemplarem alguma coisa, por exemplo, o garfo, durante um longo minuto. Que grande invenção, e como conseguiríamos comer sem ele? Sem falar no entusiasmo com que ele desfrutava de seu cafezinho pós-cochilo todos os dias, durante décadas. Nem todo mundo tem a sorte de saber apreciar de forma genuína e duradoura o banal e o conhecido, embora meus alunos — que se divertem quando entro correndo na sala deles, maravilhado por receber, em questão de minutos, resposta a um e-mail enviado a um amigo na Austrália — estejam convencidos de que esse traço apreciativo é genético.

Além de atentar com frequência para nossas adaptações, existem outras formas de nutrir a capacidade de continuar a enxergar ambientes familiares sob uma luz nova e com frescor. A meditação é um exemplo, mas o princípio básico não está associado a uma prática específica. O tempo todo, nossa mente recorre à memória, de modo que experiências passadas possam guiar nossas ações futuras de maneira informada. Como vimos, isso é extremamente útil, mas pode se tornar um obstáculo quando estamos tentando desfrutar da experiência presente. Compreensivelmente, a evolução priorizou nossa sobrevivência, em detrimento de nossa capacidade de apreciar o presente. Por isso, para recuperar aquilo que é nosso, precisamos lutar um pouco. Desligar nossa constante referência à memória e às experiências passadas, de modo a desfrutar daquela flor que está diante de nós, como se fosse uma novidade a cada vez, não é algo que vem naturalmente, mas é possível. Desconecte-se da sua memória sempre que se pegar caindo nos antigos hábitos, nem que seja para reavaliar as coisas a que você, sem pensar muito, se adaptou ao longo do caminho.

8. Padrões da mente e as limitações das fronteiras

Nós buscamos o que é familiar, a fim de poder ignorá-lo em nossa procura pelo novo. Para fazer isso, damos um rótulo significativo às coisas que já conhecemos ao encontrá-las: uma flor, um carro, uma comida. Mas nossa necessidade de sentido vai além de rotular o que é familiar.

NOSSA DESESPERADA NECESSIDADE DE SENTIDO

Um tanque de privação sensorial, ou tanque de isolamento, é um tanque escuro, totalmente silencioso, enchido de água salgada à temperatura da pele, onde podemos flutuar sem nada ouvir, sem nada ver e sem sentir muita coisa. Pode soar relaxante, mas em geral a experiência de estar desconectado do mundo físico exterior é tão antinatural que esses tanques eram usados no passado como forma de tortura. Divagar, com todos os benefícios que traz, não é o bastante para nós; precisamos de um mundo externo, e precisamos que ele tenha sentido.

Talvez a demonstração mais inusitada da necessidade que temos de um mundo exterior seja um fenômeno chamado "cinema do prisioneiro", uma referência a relatos de detentos confinados na escuridão, e também de pilotos de avião, praticantes de formas intensas de meditação, e caminhoneiros (que caminhoneiros e meditadores intensos compartilhem os mesmos relatos é um tanto desalentador...): eles veem luzes e cores imaginárias, que às vezes assumem formas abstratas, mas às vezes são mais concretas. Alguns até encontraram similaridades entre esses relatos e as pinturas em cavernas do Neolítico.[1] Uma explicação para isso tem a ver com os *fosfenos* ("exibição de luz", numa tradução livre do grego), fenômeno em que se enxerga luz sem estímulo externo, o que pode ocorrer em razão de uma pressão mecânica sobre o olho (como quando vemos luzes ao esfregar os olhos) ou por atividade espontânea do córtex visual. Existem várias outras demonstrações desse gênero, como a síndrome de Charles Bonnet, em que pessoas cegas sofrem de complexas alucinações visuais, ou a síndrome do ouvido musical, em que indivíduos com perda auditiva têm alucinações musicais auditivas. Muitos desses fenômenos e explicações se baseiam em relatos pessoais, e, por isso, nem sempre foram cientificamente caracterizados, mas mesmo assim atestam a necessidade de um mundo externo, ainda que imaginado.

Nossa vida mental, por mais pessoal que pareça, é moldada pelo mundo à nossa volta. É uma via de mão dupla: nosso mundo interior afeta nossa maneira de interpretar o mundo lá fora. Traduzimos o mundo, a partir da realidade, para nossa própria "realidade". Quase como se fosse uma necessidade, interpretamos e "vestimos" as informações que chegam com um sentido familiar, para ter a impressão de que as compreendemos, ou simplesmente para nos sentirmos mais capazes de lidar com a vida, colocando as coisas em "caixinhas" que já existem, modelos na nossa memória. O que é conhecido nos deixa à vontade. Assim como não temos como não dar um nome a um som, ou rotular um odor, ou categorizar um sabor que sentimos, é impossível para nós não interpretar uma situação em termos que já nos sejam conhecidos. É por isso que muitos sentem aversão à arte abstrata, ou a outras coisas que resistem a interpretações; precisamos poder colocar nomes e rótulos naquilo que encontramos. Quando minha filha do meio, Nadia, era uma criança de colo, ao ver uma obra de Pollock no museu, reagiu assim: "Depois ele vai ter que limpar tudo"; ela achou um rótulo rapidamente. Uma década depois, ela me pediu para fazer um exame de transtorno de déficit de atenção e hiperatividade (nossos três filhos herdaram de mim essa condição). De início, respondi que não havia necessidade, porque eu não ia deixá-la tomar remédios, então ela teria apenas que administrar o problema, como eu faço. Mas ela disse que não queria medicação, só um rótulo diagnóstico para saber o que tinha, colocar em uma caixinha e viver com mais confiança dali em diante. Olhe para as nuvens e tente não dar um nome às formas que vê nelas, com o que elas se parecem. Embora saiba que se trata de nuvens de ar seco, água e partículas de gelo, seu cérebro não consegue sossegar enquanto não disser que aquela mancha parece um elefante em cima de uma bola de basquete. Nas palavras sábias de Hannah Arendt: "A necessidade da razão não é inspirada pela busca da verdade, mas pela busca do sentido". Queremos sentido, mais do que queremos a verdade.

COMPARTIMENTANDO AS COISAS

Há quem nasça com uma catarata tão severa que é, para todos os efeitos, congenitamente cego. Depois que se inventou o procedimento de remoção da catarata, a vida de muitas pessoas melhorou dramaticamente. Vejamos a obra humanitária e científica do indiano Pawan Sinha, do Massachusetts Institute of Technology, em busca de inspiração. Além dos aspectos médico e de bem-estar, esse procedimento, que transforma uma pessoa cega em uma pessoa que enxerga, proporcionou uma plataforma sem igual para testar algumas antiquíssimas questões filosóficas. Uma delas é o problema de Molyneux, que indaga se uma pessoa cega, acostumada a sentir o mundo pela audição e pelo tato, ao passar subitamente a enxergar seria capaz de distinguir entre formas como uma esfera ou um cubo apenas olhando para elas. A resposta, curiosamente, parece ser não. O que é mais interessante e relevante aqui, porém, são os relatos pessoais dos recém-dotados de visão, e daqueles que os observam, sobre como sua percepção visual do mundo se desdobra ao longo do tempo. Há tanto uma forte frustração quanto um intenso espanto (conforme cada caso e as predisposições pessoais), mas há também descrições fascinantes de como o mundo se parece para pessoas sem experiência anterior de visão. No início, em geral nos primeiríssimos dias, essas pessoas não veem objetos; veem, em vez disso, manchas coloridas. Um morango é apenas um padrão avermelhado em contato com um padrão esverdeado menor; não tem nome, não tem associação, não tem memória. Até mesmo as sombras não passam de manchas mais escuras para elas, em vez de algo que para o restante de nós fornece informações sobre iluminação e profundidade. Elas veem o mundo como os bebês, antes de aprenderem a associar nomes a essas manchas. Veem o mundo de baixo para cima, dos contornos, texturas, cores e movimentos para cima. Não projetam, de cima para baixo, sentidos, associações e expectativas, como nós. Veem as coisas como elas são.

Pode parecer uma maldição, mas na verdade pode ser a realização de um difícil propósito da prática budista, que até os meditadores experientes têm dificuldade em atingir com regularidade: o desafio de tentar ouvir sons, como o de um trem se aproximando ou o miado de um gato, e não lhes atribuir nem nome nem categoria. Em meu laboratório, onde com frequência estudamos questões relacionadas à visão humana, em determinado momento tentamos criar estímulos visuais que não se parecessem com nenhum objeto: objetos sem significado. Isso se mostrou impossível. Não temos como impedir a mente de dar nome aos objetos. E, quando não são objetos de verdade, damos a eles o nome do objeto mais próximo deles em nossa imaginação (o sempre intrigante fenômeno da *pareidolia*). Não temos como perceber um estímulo físico como ele é em si. Não podemos "desmangar" uma manga. Porém, o objetivo final (pelo menos um deles) da meditação é esse. Alan Watts, em sua brilhante meditação guiada de quinze minutos chamada "Despertando a mente", incentiva seus ouvintes a fazerem isso. Ele vai ainda mais longe, pedindo não apenas que tratemos os sons como ruídos sem nome, mas também nossos pensamentos como ruído, até que o mundo interior e o mundo exterior se tornem um só. Não posso dizer que sequer cheguei perto disso até hoje, em minha pouquíssima prática. No entanto, podemos ver como isso tem relação com a discussão sobre o eu e sobre como a meditação nos impele a eliminar a separação que fazemos entre o eu e o mundo exterior. No capítulo 4, quando falamos sobre o eu, a eliminação desse eu parecia teórica e talvez irrealizável. Resistir a rotular as coisas, por mais antinatural que pareça, já representa uma aplicação prática rumo ao meritório objetivo de dissolver as fronteiras artificiais que nos separam do nosso mundo. Watts colocou a questão de maneira elegante: "Sofremos da ilusão de que toda a ordem do Universo se sustenta em categorias do pensamento humano, temendo que, se não nos agarrarmos a elas com a mais absoluta tenacidade, tudo se esvairá no caos".[2]

Meu amigo Ofer Lellouche é um brilhante escultor franco-israelense. Certa vez, ele me contou ter percebido que, em suas aulas de desenho, os alunos têm dificuldade em desenhar uma coleção de folhas e caules em seu estúdio, quando ele lhes pede. Lellouche mostra a eles um grande vaso com várias plantas e pede que desenhem não o conjunto inteiro, mas apenas um quadrado imaginário específico no meio do arranjo. Ele consiste em uma barafunda de caules e folhas que partem em todas as direções, por vezes se encobrindo e por vezes ligando-se a outras plantas. Os alunos, assim como aconteceria com todos nós, têm dificuldade em desconectar o ato de desenhar do conhecimento prévio sobre a origem, o destino e a pertinência de cada linha dentro daquele quadrado, a ponto de desenharem pedaços inteiros das plantas ligando-se uns aos outros, ignorando partes de outras plantas que poderiam estar encobertas e ultrapassando o enquadramento pedido. Seus desenhos correspondem mais ao esquema que têm em mente do que à informação efetiva dentro do quadrado. Isso tem a ver, mas não se explica inteiramente, com um fenômeno que em psicologia chamamos de *extensão de fronteiras*, identificado e batizado por Helene Intraub e sua equipe. Na extensão de fronteiras, pede-se a uma pessoa que memorize uma imagem que lhe é mostrada, como um monte de latas de lixo encostadas em uma cerca. A imagem foi recortada de modo que não dá para ver as tampas das latas nem o topo da cerca. Quando se pede à pessoa que reproduza de memória a imagem, ela tende a completar o desenho (das latas e da cerca, neste exemplo), incluindo os objetos por inteiro. Temos dificuldade de recordar objetos em parte. Isso faz lembrar algo que incomoda algumas pessoas nos filmes franceses, em que é comum assistir a um período da vida de alguém, sem começo ou fim evidente, e nada de importante acontecendo no meio, apenas a vida.

Curiosamente, é o que fazemos não apenas com identidades individuais, mas também com a relação entre coisas. Quando mostramos aos participantes de nossas experiências duas imagens ao mesmo tempo, como fiz com Yael Afiki em meu laboratório, eles não conseguem deixar de tentar conectá-las de alguma forma. Quando vemos objetos cuja relação é óbvia, como uma cadeira e uma mesa, um cachorro e um osso, ou uma médica e um enfermeiro, constatamos a conexão e partimos para outra coisa. Mas quando vemos coisas que não têm elo direto, como uma pera e um saxofone, um tanque de guerra e um pião, ou um grampeador e um pinheiro, nossa mente faz um esforço hercúleo para encontrar uma associação satisfatória entre os objetos. E se tentamos partir para outra tarefa, descobrimos, ou não (nem sempre é consciente), que ela continua, em parte, trabalhando, cismando, ruminando. Podemos até perceber que nos falta energia mental para realizar a próxima tarefa, porque parte de nossa mente ainda está sendo consumida naquele esforço em segundo plano para encontrar uma conexão associativa.[3] Buscamos coerência e sentido na conexão com aquilo que é conhecido, para que possamos nos sentir mais seguros em relação ao nosso modelo de mundo e mais confiantes em nosso entendimento do entorno.

No apartamento do meu amigo Sasha, em Jaffa, o projetor e o aparelho de som estão permanentemente ligados. Ele toca música progressiva, sempre inédita, e ao mesmo tempo exibe vídeos aleatórios do YouTube na parede. No começo, eu achava que ele tinha uma capacidade genial de juntar áudio e vídeo, de modo a combinarem bem; como ele conseguia fazer isso tão rapidamente? Foi aí que me dei conta de que a mágica estava acontecendo dentro da minha cabeça, e dentro da cabeça dos demais convidados. Sem que nos déssemos conta, lutávamos para encontrar conexões entre coisas aparentemente sem relação, a fim de nos tranquilizarmos. E, uma vez feito isso, ficávamos maravilhados ("Como é possível que esse rap em russo seja a trilha sonora perfeita para esse antigo desenho animado japonês?"), sem perceber que aquilo não era obra de Sasha (um fotógrafo brilhante e extremamente bem-sucedido), e sim de nossos cérebros. Fazemos a mesma coisa em fenômenos de alto nível em nossas vidas: negócios mal resolvidos, "questões", traumas, interações humanas surpreendentes, desejos não saciados, e assim por diante. Precisamos apaziguá-los com sentido e conexões com a memória; do contrário, nossos recursos mentais se desgastam, voltando o tempo todo a eles.

Os praticantes do budismo se esforçam para conseguir enxergar uma flor sem chamá-la de flor, evitando colocá-la de imediato em uma caixinha, assim como fazem os filósofos, com sua tendência àquilo que parece uma análise interminável das coisas. Como eu gostaria de deixar de lado minha ânsia para chegar a um resultado final, um nome, uma conclusão, qualquer que seja. Lembro-me de mergulhar na costa de Sorrento, na Itália, com meu filho, Naor, no verão passado. Fizemos um curso com uma excelente instrutora italiana. Em determinado momento, ela segurou minha perna por trás, para chamar minha atenção e pedir que eu desacelerasse. Foi então que me dei conta de que meu filho estava explorando o coral pacientemente (ao que parece, o TDAH dele está mais controlado que o meu), enquanto eu encarava a experiência como se fosse um campeonato de natação subaquática: avançando de maneira frenética, como se quisesse chegar a algum lugar. Aonde eu estava tentando ir? Outra lição. Um resultado final, como dar um nome a um ruído ou buscar uma resposta definitiva, é o mesmo que correr atrás de uma linha de chegada, uma meta fugidia que "precisa" ser atingida antes de acharmos que dá para passar para a próxima. É a vida como se fosse uma meta atingida conectando-se à próxima, e à próxima, e assim por diante, acumulando realizações. É mais ou menos como uma quermesse, onde você vai colecionando o maior número possível de tíquetes, de todos os jogos que ganhou, só para retirar no final o grande prêmio. Será que existe um grande prêmio no final?

CATEGORIAS FECHADAS

Nós pensamos em categorias, e sentimos necessidade de encaixar tudo o que encontramos em caixinhas conhecidas. Determinamos o que é "comum" com base no que já conhecemos e demarcamos. A realidade tem que se encaixar nos padrões preexistentes no nosso cérebro; do contrário, achamos estranho, anormal, louco (tanto é assim que os jovens parecem chamar tudo que lhes é novidade de "louco"). No instante em que nos abrimos um pouco, nos permitindo desviar de fronteiras arbitrárias, surge uma oportunidade de aprender e crescer. Mas essa parte de se abrir não é fácil.

Em Israel, é uma bela e popular tradição comprar flores para o *shabbat*. Meu amigo Yair (ou teria sido meu caro Oren?) me contou uma vez como, certa sexta-feira, pediu à florista que lhe fizesse um buquê com dois tipos de flores de que ele gostava. Quando a senhora lhe disse que aquelas flores não combinavam, ele respondeu: "Faça o buquê e elas vão combinar". Durante meses a fio, fiquei pensando por que aquele diálogo simples me fascinara tanto. Hoje sei que meu fascínio surgiu porque essa historinha reflete a flexibilidade mental que poucos dentre nós têm a sorte de possuir, e que é uma manifestação clara de nossa profunda necessidade de clareza, fronteiras e regras. Desde então, jogo com as fronteiras na minha vida, pesando os prós e os contras das categorias fechadas "rígido" versus "flexível", em diferentes encruzilhadas onde preciso optar entre o que eu quero e o que se espera.

Há um ano eu moro em uma casa redonda, um iglu no meio do Oriente Médio. Isso tem a ver com outra linha de pesquisa em meu laboratório, mostrando que as pessoas preferem contornos curvos[4] e espaços arredondados.[5] Adoro ver a reação dos amigos e parentes que vêm nos visitar pela primeira vez. "Meu Deus, é mesmo redondo!", eles riem, constrangidos, com evidentes confusão e perplexidade no rosto, durante um bom tempo, até se acostumarem à novidade. Lutar contra os padrões arraigados de experiência e convenções no nosso cérebro não é fácil: o que é bom e o que é ruim, o que é certo e o que é errado, o que é bonito e o que é feio, o que é frio e o que é quente. Nossa memória está acostumada a padrões. Temos mais facilidade em aceitar o que é previsível. Desvios nos tiram do prumo. Mas cada cenário novo, cada tentativa nova, cada coisa nova a que somos expostos tornam possível algo novo. Manter a mente aberta significa manter mais permeáveis que de costume as fronteiras entre padrões e categorias. Em inglês, *queer* significa literalmente "questionável", "suspeito". É difícil acreditar que era assim que a sociedade denominava os gays. Mas aquilo que é amplamente considerado estranho torna-se normal com o tempo e a exposição. Na primeira vez que ouvimos falar que um país importante elegeu uma pessoa de trinta e poucos anos primeiro-ministro ou presidente, achamos impossível de acreditar. Como alguém pode governar um país com trinta e poucos anos? Mas, à medida que o tempo passa, o choque inicial se transforma em curiosidade, e depois nos acostumamos à ideia. Na segunda vez que um país elege alguém de trinta e poucos anos, parece absolutamente normal. Atualizamos nossos padrões e conseguimos acomodar aquilo que antes parecia louco e exterior ao reino das coisas previsíveis como algo agora perfeitamente razoável. O "estranho" passa a ser "normal" ao se tornar familiar.

Categorizamos para adquirir sentido e, assim, termos alguma segurança subjetiva de que sabemos o que está acontecendo e estamos no controle. Não sentir pressão para encaixar coisas novas em padrões antigos exige ser capaz de tolerar a incerteza. A tolerância da incerteza vem com um estado de espírito investigativo, em que se é aberto, curioso, puro, criativo e bem-humorado, exatamente como as crianças, que, felizmente, não dão muita importância aos limites. Fronteiras, regras e categorias vêm do córtex pré-frontal, que nelas ainda está longe do amadurecimento. Para imitarmos esse estado, precisamos achar um jeito de desligar nosso córtex pré-frontal quando o desejarmos.

DILEMAS NO CÉREBRO E NO COMPORTAMENTO

As regras e os padrões são importantes em muitos aspectos do comportamento humano, mas não em todos. Precisamos lembrar quando eles são positivos e quando se apegar a eles é menos desejável. E precisamos estar cientes de que, pelo menos até certo ponto, a escolha está em nossas mãos. Só então podemos aplicar a estratégia ideal para cada situação.

Dilemas desse tipo, como quando devemos ou não seguir as regras e encaixar o mundo em padrões, são comuns no cérebro, e uma manifestação de adaptabilidade, versatilidade e poder. Um exemplo é o dilema entre o comportamento investigativo, em que estamos abertos à novidade e à incerteza para satisfazer nossa ânsia de aprender e progredir, e o comportamento exploratório, em que preferimos aquilo que é familiar e pensamos e nos comportamos com base nos "roteiros" existentes daquilo que já conhecemos e esperamos. Esse dilema é recorrente e uma batalha constante para a maioria de nós. Deixamos nosso input sensorial guiar nossa experiência ou nos deixamos seduzir pela facilidade de usar a memória das experiências já tentadas? Em geral, o que determina se estamos nessa continuidade entre investigativo e exploratório é o nosso estado de espírito, não a nossa vontade.

Por fim, há também o conflito mencionado o tempo todo aqui: a ferramenta cerebral que ajuda a sobreviver, mas é ao mesmo tempo um obstáculo para desfrutar da vida. A vantagem de um fluxo de experiências anteriores de cima para baixo se transforma em uma terrível maldição. Como vamos fazer para aproveitar o presente se fomos criados para nos conectar o tempo todo com o passado e nos preparar para o futuro? O fato é que nosso cérebro não evoluiu para a atenção plena. Só quem sobrevive pode se divertir.

Se estamos no meio da selva, é claro, faz mais sentido trocar a capacidade de desfrutar da infinita beleza de uma flor pela capacidade de gerar previsões e usar nosso atual conhecimento em favor da segurança. Por outro lado, se estamos em um ambiente seguro, é preferível silenciar nosso equipamento "de cima para baixo" e deixar as coisas acontecerem de forma natural. Infelizmente, isso não é possível. Fomos programados para sobreviver, e, quando a sobrevivência não está em jogo, não é tão fácil reprogramar o comportamento do exploratório para o investigativo.

NOSSA JANELINHA DE FLEXIBILIDADE

Você e aquele carinha novo estão indo a um restaurante para seu primeiro encontro romântico. Pouco antes de trazerem a conta, ele vai ao banheiro e é você que fica para receber a fatura. Nessa hora, seu cérebro anota que a pessoa é "pão-dura", e será preciso que ela se esforce muito para que você mude de ideia (supondo que continuem a se encontrar). Mesmo que a pessoa insista em pagar todas as próximas contas, sua opinião não mudará tão facilmente. Seria de imaginar que o cérebro tirasse uma média de suas opiniões sobre incidentes semelhantes, o que o faria parar de ver a pessoa como pão-dura já no segundo encontro. E seria de imaginar que o aprendizado fosse um processo gradual, em que a memória vai se atualizando de forma linear e cada informação nova recebe o mesmo peso, ajudando-o a equilibrar suas representações internas do mundo. Mas está longe de ser assim. O primeiro encontro é muito mais importante que todos os outros.

É um paradoxo intrigante. Por um lado, criamos novos padrões, ou pontos de vista, na velocidade da luz. Um incidente, uma breve apresentação, e já os formamos. Por outro lado, embora eles sejam gerados de forma imediata, é o que basta para que sejam terrivelmente rígidos. Aferramo-nos a nossos padrões recém-formados e relutamos em atualizá-los, ampliá-los ou manter suas fronteiras flexíveis e dinâmicas. Teoricamente, seria melhor refletir com cuidado e aguardar novas observações antes de formar um ponto de vista e um padrão que manteremos rígidos no longo prazo. Mas não fazemos isso.

Por que não conseguimos nos manter abertos? Quais as desvantagens de atualizar nossas representações com frequência? Uma delas é que precisamos de representações estáveis, portanto, fixas e pouco maleáveis. Mas essas representações devem ser aperfeiçoadas com novas informações. É o que acontece quando uma criança vê um carro pela primeira vez: ela pensa consigo mesma que carros têm quatro rodas, janelas e são azuis. Mas o carro seguinte é vermelho, e ela se dá conta de que carros têm janelas e quatro rodas, mas podem ter cores diferentes. Representação atualizada. Quanto menos ditames de cima para baixo do córtex pré-frontal, mais flexível é o aprendizado. Essas necessidades conflitantes são chamadas de *separação de padrões* e *conclusão de padrões* em nosso jargão menos intuitivo.

O paradoxo da flexibilidade inicial seguida de rigidez é paralelo ao dilema entre os estágios investigativo e exploratório, mencionado antes. Estar em modo investigativo significa que todas as suas antenas estão em modo receptor, enquanto a ansiedade e o nervosismo diante do novo e do incerto ficam em segundo plano. O modo exploratório, porém, implica agir de modo a minimizar o quanto possível as surpresas. Naturalmente, não ocorre muito aprendizado quando se explora o conhecido, mas isso é mais vantajoso para a sobrevivência. Na maior parte do tempo, a maioria de nós não precisa se preocupar com predadores e outras ameaças à existência. Apesar disso, nosso cérebro ainda escolhe o modo exploratório com muito mais frequência do que o investigativo. No exemplo do casal no restaurante, nossa primeira interação é feita sob o modo investigativo, quando estamos mais abertos a nos impressionar, para o bem ou para o mal. Mas essa janela de oportunidade para influenciar é incrivelmente fugaz. Em pouquíssimo tempo, voltamos ao estado-padrão exploratório, baseado na impressão deixada em nós durante essa curta janela de investigação. De início, a abrimos brevemente, para criar um novo padrão, que se torna, então, estável e rígido.

Essa incapacidade de deixar abertos por muito tempo os canais de investigação e impressionabilidade tem a ver com nossa dificuldade em evitar associar um nome a um som ou a uma mancha aleatória. A primeira impressão é a janela de tempo em que toleramos viver na incerteza, sem um rótulo relevante. Estar em modo exploratório atende a nossa necessidade de certeza, assim como a nosso desejo desesperado por sentido. E não é uma coincidência: precisamos de sentido, acima de tudo, por conta da necessidade de certeza. Pode parecer que a busca de sentido vem da curiosidade que desejamos satisfazer, mas a curiosidade é apenas o impulso para chegar ao sentido, e o sentido é a informação exigida para chegar à certeza.

Curiosidade → Sentido → Certeza

9. Abertura de espírito, criatividade e humor

A criatividade e a curiosidade caminham juntas, e estão fortemente relacionadas a nosso jeito de divagar. Menos intuitiva talvez seja a forma como a criatividade afeta o humor, e vice-versa. Foi ao aprender sobre o elo entre a divagação associativa e a criatividade que topei com uma descoberta, em uma área de pesquisa distante da minha, que me levou a fazer uma conexão entre a abertura da mente e a melhora do humor.

Certo dia, eu estava lendo uma revista de psicologia geral que costumo ler de vez em quando e me deparei com um artigo em que os autores mencionavam, de passagem, que as pessoas que sofrem de depressão têm dificuldade em levar em conta o contexto das situações. Tendo pesquisado a representação, a ativação e a utilização do contexto pela mente, fiquei intrigado. O que a capacidade de enxergar o que está à nossa volta teria a ver com o humor? Decidi me debruçar sobre a maneira como o funcionamento do cérebro poderia explicar esse elo, a começar pela pesquisa das causas da depressão.

Sendo recém-chegado a essa área de pesquisa, impressionou-me o forte elo entre a *ruminação* — o padrão de pensamento cíclico e persistente em torno de um mesmo tema — e a depressão. Esse elo foi estabelecido muito tempo atrás, mas era novidade para mim. O que mais chamou minha atenção foi o foco excessivamente estreito da ruminação. Trata-se de uma forma de divagação altamente restrita, dominada por um foco em eventos negativos do passado e no eu. Um acesso de ruminação pode começar com uma divagação sobre o quanto você lamenta um comentário desagradável feito a uma amiga no jantar da véspera; você fica intensamente focado na mágoa que lhe causou, em como ela deve estar aborrecida com você e em como as outras pessoas à mesa provavelmente pensaram que você é um idiota. Esses pensamentos giram na sua cabeça sem parar. Levam-no de volta ao mesmo lugar, como se a sua mente estivesse enjaulada. Na verdade, a ruminação é um círculo tão vicioso que nos faz sentir mal até quando ruminamos sobre acontecimentos que de início não eram particularmente negativos. Ela também pode deprimir nosso humor de outra forma, quando temos uma ideia fixa a respeito de um possível acontecimento assustador; nesse caso, leva à ansiedade, mais que à depressão. Assim como tentar não pensar em ursos-brancos só nos faz pensar ainda mais neles, tentar se libertar das ruminações e dos pensamentos intrusivos só exacerba sua presença.

O escopo restrito da divagação ruminativa me deu uma ideia. E se a divagação amplamente associativa tiver o efeito oposto sobre o humor, tornando-nos mais felizes?

HUMOR NA CABEÇA

Sentir-se muito bem não é tão comum quanto gostaríamos. Mas querer sentir-se melhor não é um capricho. O humor afeta todos os aspectos do nosso bem-estar, todos os pensamentos e todos os atos. Na verdade, o humor tem um alcance que vai bem além de nossos altos e baixos; sua influência abrange da depressão e ansiedade às doenças cardiovasculares, passando pela resiliência psicológica, pelo desempenho cognitivo, pelo envelhecimento e pela longevidade. No entanto, nossa compreensão dos mecanismos por trás do humor continua limitada. Essa falta de conhecimento, combinada ao papel crucial do humor em nossas vidas, explica por que tanta gente recorre a hábitos indesejados, como drogas e álcool, para regulá-lo.

Nos casos clínicos, como a depressão profunda, trata-se o humor com substâncias químicas, psicoterapia ou até, nos casos mais extremos, estimulação elétrica do cérebro. Com a maioria de nós, porém, está tudo bem; aceitamos a montanha-russa do humor como ela é. Vivemos o dia a dia acreditando, mesmo que de forma inconsciente, que o humor é o que tem que ser. Mas será que ele está totalmente fora do nosso controle? Essa crença equivocada provém da dificuldade de remontá-lo a algum acontecimento específico. Ao contrário do que acontece com as emoções, nem sempre conseguimos localizar a fonte de determinado estado de espírito, o que lhe confere um certo ar de mistério. Mas descobertas recentes propiciam uma percepção mais realista do humor, assim como possíveis formas de otimizá-lo.

Uma ideia revolucionária proveniente das pesquisas sobre o humor é a constatação de que a maneira como pensamos pode afetar a forma como nos sentimos. O padrão de pensamento, qualquer que seja o conteúdo envolvido — positivo, neutro ou negativo —, pode influenciar diretamente nosso humor. Já se sabe há algum tempo que essa influência também ocorre no sentido inverso: a maneira como nos sentimos afeta a forma como pensamos. Pessoas com bom humor tendem a ser mais criativas, a resolver melhor os problemas que exigem ideias e soluções fora da caixa e a acessar informações menos comuns na memória do que gente com humor negativo. Por exemplo, quando se pede a uma pessoa para citar um meio de transporte, a resposta mais comum é "carro". Pessoas em um estado de espírito positivo, porém, têm maior probabilidade de dar respostas mais originais, como "elevador" ou "camelo". Com efeito, é difícil imaginar uma sessão de brainstorming em uma agência de publicidade com redatores deprimidos. O mais importante no que diz respeito ao nosso bem-estar, porém, é a direção oposta, o potencial de melhoria do humor pela mudança do estilo de pensamento.

É fácil reconhecer que nossa mente é associativa. Uma coisa leva a outra, em geral de maneira rápida e coerente. Morangos (*strawberries*, em inglês) podem levá-lo a pensar nos Beatles ("Strawberry Fields Forever"), que o fazem pensar em John Lennon, assassinato, John Kennedy, presidente, eleição, e assim por diante. A hipótese levantada pelo meu laboratório é que o humor é diretamente influenciado pela amplitude associativa do nosso padrão de pensamento. Vou tratar de algumas das muitas maneiras pelas quais testamos e embasamos essa hipótese, mostrando que um pensamento amplo e sem inibições melhora o humor, enquanto um padrão de pensamento estreito o piora. Na verdade, a ruminação não apenas é uma característica marcante da depressão clínica, mas também de outros transtornos psiquiátricos relacionados ao humor, como a ansiedade, o vício, o transtorno de estresse pós-traumático e outros.

Em um artigo intitulado "The Units of Thought" [As unidades do pensamento], mostramos que, como filósofos e outros alegam há muitos anos, o cérebro é uma máquina de associações e um órgão previsor.[1] Ele gera previsões de forma proativa e constante, antecipando o que está por vir. As associações são a base dessas previsões. Ao ver uma cadeira de praia, sua mente imediatamente antecipa um guarda-sol, porque são objetos associados entre si, e por isso ativados ao mesmo tempo no cérebro. Essas previsões nem sempre são tão específicas: ao ver uma pessoa com o rosto aterrorizado, você na mesma hora fica assustado, porque isso o faz antecipar uma fonte de perigo nas imediações — nada específico, mas ainda assim uma ameaça.

O que ocorre com a mente que não é tão ativa e amplamente associativa? Como ela não gera previsões, não consegue antecipar acontecimentos futuros, planos, ideias e intenções alheias. Viver nesse estado de constante incerteza alimenta a ansiedade, o que muitas vezes resulta em depressão, com o passar do tempo. Mesmo sem receios sobre o passado e o futuro, não ser amplamente associativo significa ficar "empacado" em pensamentos, ruminando. Na verdade, nos transtornos de humor, ficam seriamente comprometidos a estrutura, a função e o padrão de comunicação na rede do córtex (o que significa também na RMP) que faz a mediação da ativação associativa.

Pesquisamos, juntamente com Eiran Harel, Robert Tennyson e Maurizio Fava, o elo entre as associações e o humor, tanto nos indivíduos saudáveis quanto nos deprimidos.[2] (Vale notar, a propósito, que o que torna tão difícil executar esses estudos é que, para chegar a conclusões mais claras, precisamos recrutar indivíduos depressivos que não estejam sob medicação; do contrário, os resultados serão afetados não só por isso, mas também pelo fato de que o nível de depressão pode estar modulado conforme o grau específico de êxito do tratamento. Tendo encontrado esses indivíduos, porém, temos antes de tudo a responsabilidade de incentivá-los a buscar tratamento. Mas existem indivíduos depressivos que não fazem uso de medicação por uma série de motivos. Foram esses os que participaram de nossa experiência. É revelador que, ao recrutar indivíduos de modo aleatório na população e realizar avaliações formais, muitas vezes tenhamos descoberto alguns que sofrem de depressão clínica sem ter conhecimento disso, pelo fato de nunca terem buscado diagnóstico.) Na nossa experiência com ressonância magnética funcional, todos os participantes tiveram o cérebro escaneado enquanto observavam imagens de objetos que sabidamente ativam fortes associações contextuais, como uma roleta de cassino ou um capacete de operário. Como previsto, a rede de associações do córtex dos indivíduos sadios ativou-se mais que nos indivíduos depressivos, reforçando a ideia de que pessoas com depressão são menos associativas.

Além disso, considerando que o grau de ruminação se situa em um espectro, medimos esse nível para cada participante, a fim de compará-lo com as respectivas mudanças no cérebro. Antes de falar dos resultados, vale a pena detalhar como exatamente o pensamento ruminativo é medido, visto que se trata de um fenômeno do pensamento tão debilitante. Um questionário-padrão é a chamada Escala de Respostas Ruminativas, elaborada pela saudosa Susan Nolen-Hoeksema, pioneira nesse campo de estudo, e sua equipe.[3] Ei-lo, na íntegra:

ESCALA DE RUMINAÇÃO

As pessoas pensam e fazem muitas coisas diferentes quando se sentem deprimidas. Por favor, leia os itens abaixo e indique se você quase nunca, às vezes, frequentemente ou quase sempre pensa ou faz cada um deles quando se sente abatido, triste ou deprimido. Por favor, indique o que você geralmente faz, e não o que acha que deveria fazer.

1 – quase nunca; 2 – às vezes; 3 – frequentemente; 4 – quase sempre

1. pensa no quanto se sente só
2. pensa "Não vou conseguir cumprir minha tarefa se não me libertar disso"
3. pensa em suas sensações de cansaço e dor
4. pensa no quanto é difícil se concentrar
5. pensa: "O que fiz para merecer isso?"
6. pensa no quanto se sente passivo(a) e desmotivado(a)
7. analisa os eventos recentes para tentar entender por que está deprimido(a)
8. pensa na impressão de não conseguir sentir mais nada
9. pensa: "Por que não consigo seguir em frente?"
10. pensa: "Por que sempre reajo dessa forma?"
11. sai sozinho(a) e pensa por que se sente desse jeito
12. põe no papel seus pensamentos e os analisa
13. pensa em como uma situação recente poderia ter ocorrido de um jeito melhor
14. pensa: "Não vou conseguir me concentrar se continuar me sentindo assim"
15. pensa: "Por que tenho problemas que os outros não têm?"

16. pensa: "Por que não consigo lidar melhor com as coisas?"
17. pensa no quanto se sente triste
18. pensa em todos os seus defeitos, fracassos, falhas e equívocos
19. pensa em como se sente incapaz de fazer qualquer coisa
20. analisa sua personalidade, tentando entender por que está deprimido(a)
21. vai a algum lugar só para pensar em seus sentimentos
22. pensa na raiva que sente de si mesmo(a)

O escore de ruminação de um indivíduo é simplesmente a soma numérica das respostas a todas as perguntas acima.

Nossa análise mostrou que o volume de neurônios do hipocampo, um complexo cerebral de extrema importância tanto para a memória quanto para o humor, está diretamente relacionado com o grau de ruminação. Dentro dos subcampos do hipocampo, encontramos um aumento ou redução do volume estrutural, conforme o nível de tendências ruminativas de cada pessoa. Vale notar que, além dos corpos de células nervosas, a massa cinzenta também consiste em dendritos e axônios, sinapses, células da glia e vasos capilares. Por isso, uma alteração no volume pode se dever a uma mudança em mais de um desses componentes. Simplificando, o jeito de pensar afeta não apenas nosso humor, mas também a estrutura do nosso cérebro. Já era sabido que a depressão diminui o volume do hipocampo e que diversas terapias para tratar transtornos do humor, como os inibidores seletivos de recaptação de serotonina (como o Prozac), a psicoterapia, bem como os exercícios aeróbicos e a meditação, podem ajudar a recuperar parte desse volume. Mas mostrar que o volume do hipocampo corresponde ao quanto tendemos a ruminar solidifica o elo entre o pensamento e o sentimento.

Durante décadas, a depressão foi considerada um transtorno do equilíbrio químico. Nossa abordagem mostra que ela é, na mesma medida, um transtorno do equilíbrio do pensamento. No córtex, há uma corrente de influências. A medicação busca regular os níveis de neurotransmissores como a serotonina, e esses níveis, por sua vez, afetam corrente acima o humor e o jeito de pensar. Nossa abordagem, como neurocientistas cognitivos, busca em vez disso atacar o nível mais alto, o pensamento, na esperança de que desembaraçar as ruminações não apenas melhore o humor, mas vá descendo em cascata até normalizar os níveis dos neurotransmissores. Uma cascata de mão dupla, com vários pontos de entrada, tem potencial para aliviar os sintomas gerais dos transtornos de humor.

Nossa memória consiste em uma rede gigante de representações, conectadas umas às outras com diversos graus de separação (cadeira → mesa → madeira → floresta → trilha → férias → relaxar → piña colada). Embora isso tenda a resultar em um enquadramento eficiente para a codificação e recuperação de memórias, o ideal é não ativar a representação da piña colada no córtex toda vez que vemos uma cadeira. É fundamental que a ativação de uma representação mental ative representações associadas, de modo que possamos gerar previsões em relação ao que esperar, mas ativando apenas as associações relevantes no contexto em questão, e nada além. Para conter a abrangência das representações ativadas simultaneamente, o cérebro exerce a inibição como uma espécie de freio. Em níveis normais de inibição, ainda se dá à nossa mente o espaço mental para ser suficientemente associativa. No modo negativo e na depressão, porém, há um excesso de inibição, e em função disso o grau de ativação associativa fica severamente tolhido. Em outras palavras, uma superinibição reduz nossa capacidade de nos libertarmos do pensamento cíclico e das ruminações debilitantes. A subinibição, por outro lado, pode, em um grau extremo, levar a alucinações, por conta da ativação de associações supérfluas, como na esquizofrenia. A inibição tem que ocorrer na medida exata.

Esse elo entre a amplitude da ativação mental e o humor leva a algumas possibilidades que vão contra o senso comum. Por exemplo, o padrão de pensamento de indivíduos com TDAH pode ser considerado o inverso perfeito da ruminação, em que tanto o pensamento quanto a atenção se dispersam enormemente (creia-me, eu sei o que é isso), e a inibição diminui (por isso o comportamento impulsivo e a criatividade são comumente associados ao TDAH). A julgar pela conexão que estabelecemos entre o escopo da mente e o humor, o TDAH induziria um humor melhor, e de fato há evidências de que isso ocorre. Infelizmente, esse benefício não é estável, pois é muitas vezes contrabalanceado por reações negativas à menor capacidade de foco, como a frustração e a irritabilidade. A vantagem para o humor acaba, assim, sendo rechaçada, e o resultado final é que muitas vezes o TDAH vem acompanhado de oscilações do humor. Além disso, os medicamentos criados para fazer as pessoas com TDAH se concentrarem melhor muitas vezes resultam não apenas em uma melhora da concentração, mas também em uma deterioração do humor.

Um estado de espírito positivo, como recompensa a uma mente aberta, pode ser o jeito da natureza de nos incentivar a investigar, aprender e ser criativos. Busque o novo, de forma ampla, em vez de apelar apenas para o conhecido. Eu acredito que deveríamos pensar menos para pensar melhor. Mas, quando pensarmos, que seja de maneira mais ampla para nos sentirmos melhor.

CRIATIVIDADE E DIVAGAÇÃO AMPLA

Outro resultado infeliz do pensamento estreito e ruminativo é que nossa criatividade acaba cerceada. As pesquisas que demonstram isso se cruzam com meu trabalho sobre o pensamento associativo. Fazer associações novas é um dos elementos-chave da criatividade. Quanto mais nosso pensamento é pré-programado, menos provável que conexões inovadoras estejam sendo feitas, e menos ideias criativas irão brotar. Concluímos que o contrário também é verdade: divagar pode reforçar a criatividade, se a divagação for do tipo aberto e amplamente associativo.

Em um de nossos estudos sobre o elo entre a divagação e a criatividade, sobrecarregamos diferencialmente a capacidade cognitiva dos participantes, e com isso a capacidade de divagar, pedindo-lhes que mantivessem na memória uma sequência de algarismos, ora longa, ora curta, ao mesmo tempo que participavam de uma tarefa de livre associação.[4] Compare ter que recordar a sequência 6839503 com ter que recordar a sequência 47 e ao mesmo tempo responder com uma associação rápida a cada palavra apresentada. Para tornar a experiência ainda mais autêntica, o tempo concedido para a resposta era brevíssimo. Imagine ter meio segundo para dizer a primeira coisa que lhe vem à cabeça depois de ouvir a palavra "sapato", "mãe" ou "batata". É desafiador, mas diversão garantida para você e as pessoas à sua volta; você se surpreenderia. A sequência mais longa representa uma "carga cognitiva" maior, o que, descobrimos, afeta diretamente a originalidade das respostas. Os participantes com a carga menor (a sequência curta) forneceram associações mais criativas e mais remotas, enquanto aqueles com a carga maior (a sequência longa) deram as respostas mais banais. Isso pode ser exposto em termos bem simples. Por exemplo, a palavra "branco" resultava na associação "preto", mais comum, quando o participante tinha que memorizar a sequência longa, e na resposta "iogurte", mais original, quando ele precisava se lembrar apenas de uma sequência de dois algarismos. É fácil entender como isso se traduz em situações da vida real, com fatores de estresse concretos pesando em nossa cabeça e tirando nossa capacidade de ser o eu criativo.

Usando o simples mas poderoso método da "amostragem de pensamento", também conseguimos demonstrar o elo entre a divagação e a criatividade de forma mais ampla. Descobrimos que, durante um estado de criatividade aumentada, o raciocínio das pessoas é amplamente associativo. Em uma linha de pesquisa complementar, publicada na revista *Proceedings of the National Academy of Sciences*, aumentamos os níveis de divagação usando estímulos elétricos externos ao córtex pré-frontal através do crânio (a chamada estimulação transcraniana por corrente direta). Concluímos que, com o aumento da divagação, também ocorreu uma melhora da performance cognitiva.[5] Outro aspecto inédito e surpreendente desse estudo é que conseguimos influenciar a divagação com estímulos elétricos externos.

NOSSA CURIOSA NECESSIDADE DE CRIAR

Não damos valor nem mesmo às coisas mais incríveis. Uma dessas coisas me ocorreu poucos dias atrás. Hoje em dia, deitado no sofá com um notebook, posso assistir a praticamente qualquer filme que já tenha sido feito, ler qualquer livro que já tenha sido publicado e ouvir qualquer música que já tenha sido gravada. Quando eu era criança, em Dimona, no sul de Israel, tive que esperar quase seis meses depois do lançamento para ouvir *The Wall*, do Pink Floyd. Um filme novo levava três meses para chegar de Hollywood, quando então ficava duas semanas seguidas em cartaz como único filme na cidade. Hoje, o mundo inteiro está no meu sofá, em um instante. Por que não passar a vida inteira absorvendo tantas maravilhas, então?

Supondo que você disponha de comida suficiente na geladeira e um teto sobre a cabeça, o que o impede de simplesmente se perder naquilo que o mundo moderno pode oferecer para seu desfrute eterno é a necessidade intrínseca de fazer e criar. Somos, sem dúvida, criaturas curiosas, sedentas de conhecimento em todos os domínios concebíveis, mas igualmente compulsivas na necessidade de usar esse conhecimento para criar. Optamos por não mergulhar em fantasias, poemas sensuais e melodias comoventes, mesmo podendo, porque em vez disso preferimos realizar coisas.

Por "criatividade" não entendo necessariamente inventar um táxi voador. A maior parte daquilo que fazemos com regularidade exige alguma criação ou produção: desde cozinhar até consertar um vazamento do chuveiro, de escrever uma carta a cuidar do jardim. E, assim, o simples pensar já é um ato de criação. Ideias novas, invenções, planos que você elabora enquanto sua mente divaga são, todos, produtos da sua mente. Os judeus praticantes respeitam o *shabbat*, que inclui como restrição não criar. Você não pode pintar, escrever, construir ou gerar nada novo nesse dia santo. Quando quero encher o saco dos meus amigos religiosos, digo-lhes que a mente deles continua a gerar conhecimentos novos até mesmo quando eles estão sentados à mesa do jantar. Todas aquelas simulações mentais que nossa cabeça não para de fazer resultam em conexões novas no córtex. Essas experiências imaginárias, que ficam na memória, são atos puros de criação.

Em diversos setores da nossa existência, parece que nós, seres humanos, sentimos necessidade de movimento. Não conseguimos ficar muito tempo sentados, não conseguimos focar no mesmo assunto por um período prolongado, e até nossos olhos se mexem o tempo todo (mesmo quando achamos que estamos olhando fixamente para um ponto, nossos olhos continuam a fazer minúsculos e constantes movimentos, chamados microssacadas). Da mesma maneira, nossa mente não faz pausas, e precisa seguir adiante de forma quase compulsiva, criando cada vez mais coisas novas e úteis, como pensamentos, objetos e atos. A criação é movimento, o que é vital para o nosso bem-estar.

COMO MELHORAR O HUMOR COM PENSAMENTO ASSOCIATIVO E CRIATIVO

A ideia de que a simples amplitude de pensamento pode afetar o humor era, no início, considerada uma provocação, tendo em vista a ênfase então predominante sobre a correlação no cérebro entre substâncias químicas e depressão. Porém, me aprofundando na literatura sobre o humor, fiz uma descoberta animadora. Um grupo de pesquisadores liderado por Alice Isen, da Universidade Cornell, já havia demonstrado o elo proposto por nós, só que no sentido contrário: eles demonstraram que a melhora do humor tem uma correlação com o pensamento amplo. Para mim, foi uma descoberta tão empolgante que me lembro vividamente do momento em que li a descrição que ela fez de seu achado.

Essa é a beleza da busca científica. Você cria uma hipótese improvável, baseada em migalhas e na própria imaginação, mergulha na literatura e às vezes encontra a peça perfeita do quebra-cabeça de que precisava para continuar na trilha certa. Então, o que me restava fazer era testar se o inverso também funciona: se o pensamento amplo melhora o humor. A ideia é que o jeito de pensar amplamente associativo evita as ruminações, ao "impedir" o processo de pensamento de remoer um assunto negativo e estreito e ao permitir o movimento expansivo da mente necessário para que sigamos com nossas vidas. Imediatamente comecei a realizar estudos em que ajudamos as pessoas a entrarem em um estado mental amplamente associativo e avaliamos o efeito sobre seu humor. Como esperávamos, elas se sentiram mais felizes.[6]

Como ajudamos as pessoas a entrar nesse estado mental? Pode parecer demasiadamente simples, mas fizemos isso apenas pedindo que elas lessem listas associativas de palavras isoladas, cada vez mais amplas. Ler listas que se expandem associativamente de forma progressiva, tais como laranja-suco-Campari-Itália-férias-esqui-neve-frio, melhorou significativamente seu humor, em comparação com listas de leitura associativa compostas de palavras escolhidas para imitar o pensamento ruminativo, avançando de forma muito mais restrita, como jantar-prato-garfo-faca-colher-mesa-toalha-guardanapo, ou com cadeias de palavras sem associação direta entre si, como vaca-jornal-morango-lápis-relógio-luz-avião-biscoito. Sei que essas sequências são divertidas de ler e altamente informativas. Por isso, a seguir, apresento alguns outros exemplos de listas associativas amplas e restritas.

ASSOCIAÇÕES AMPLAS

1. fio-pulôver-inverno-neve-gelo-patim-velocidade-corrida-carro-buzina-música-bateria
2. cachorro-osso-galinha-galo-fazenda-vaca-leite-doce-chocolate-bolo-aniversário-velinhas

3. lagarta-maçã-laranja-suco-café-chá-leite-biscoito-assar-forno-micro-ondas-pipoca
4. tricô-agulha-injeção-enfermeiro-médico-droga-álcool-cerveja-vinho-queijo-rato-ratoeira
5. lobo-lua-estrela-telescópio-lente-vidro-garrafa-uísque-Escócia-ovelha-celeiro-fazendeiro
6. vinho-garrafa-coca-bebida-cerveja-gelada-sorvete-morango-torta-maçã-semente-planta-folhas-varrer
7. baleia-golfinho-atum-sushi-arroz-prato-papel-datilografar-manuscrito-livro-óculos-olhos

ASSOCIAÇÕES RESTRITAS

1. fio-tricô-trama-costura-lã-novelo-crochê-trança-agulha-bobina-pulôver-bola
2. cachorro-gato-filhote-animal-amigo-casa-comida-ração-pet-coleira-osso-quilo
3. tricô-agulha-costurar-linha-tecido-roupa-corda-dedal-costura-máquina-pino-carretel-fio
4. lobo-animal-cachorro-matilha-raposa-morder-urso-lua-uivo-perigo-floresta-gato
5. vinho-cerveja-escura-porão-queijo-uva-jantar-copo-bêbado-branco-álcool-garrafa
6. baleia-peixe-enorme-gordo-oceano-mamífero-tubarão-golfinho-grande-salvar-água-assassino

Outro método surpreendentemente simples de melhorar o humor no laboratório é fazer os participantes lerem um texto em velocidade excepcionalmente alta.[7] Nesse estudo, apresentaram-se as letras de uma frase uma de cada vez, começando por duzentos milésimos de segundo por letra e reduzindo gradualmente até quarenta milésimos de segundo por letra. Isso resultou em uma melhora sensível do humor. Curiosamente, o efeito benéfico da velocidade de leitura sobre o humor é obtido qualquer que seja o conteúdo do texto, positivo ou negativo. Até mesmo textos elaborados para piorar o humor o melhoraram, ao serem lidos rapidamente. A explicação é que a leitura rápida induz um estado semelhante ao maníaco, que, como sabemos, é acompanhado de euforia. De fato, depois de uma leitura rápida, os participantes apresentaram outras características maníacas, como uma sensação subjetiva de poder, criatividade, mais energia e autoestima exagerada.

Todas as melhorias de humor relatadas acima foram demonstradas em indivíduos saudáveis. Atualmente, estamos experimentando esses métodos cognitivos em indivíduos com diagnóstico de depressão. A depressão, é claro, tem inúmeros jeitos, graus e padrões de reatividade a diferentes abordagens terapêuticas. Mas, pelo menos para aqueles cujos sintomas são regidos por um forte aspecto ruminativo, suspeitamos que o uso de exercícios cognitivos para ampliar o pensamento associativo ajudará a reconstituir a infraestrutura do córtex de forma a permitir-lhes recuperar o estilo de pensamento associativo sadio. Simplificando, ruminar causa perdas estruturais no cérebro, enquanto a prática oposta, o pensamento amplo, pode ajudar a recuperar o volume perdido e, nesse processo, melhorar o humor.

Uma das descobertas mais empolgantes da neurociência nas últimas décadas é a *neurogênese adulta*: o crescimento de novos neurônios até mesmo em idades mais avançadas.[8] Essa descoberta desencadeou uma onda de otimismo. Não paramos de crescer; o envelhecimento não seria só uma questão de morte celular e declínio, pois novas células cerebrais podem nascer ao longo da vida. Como ocorre em muitas grandes descobertas, os detalhes ainda são um tanto vagos, e o que não falta é debate em torno disso. Em todo caso, é revolucionário. A neurogênese restringe-se a duas regiões do cérebro: uma é o bulbo olfatório, que não é relevante, aqui, nem foi muito estudado ainda. A outra é o hipocampo, especificamente em um subcampo chamado de giro denteado. A depressão reduz o volume do hipocampo, pelo menos em parte, porque prejudica a capacidade de neurogênese. Por outro lado, aumentar a neurogênese ajuda a aliviar os sintomas de depressão e ansiedade.[9] Além disso, demonstrou-se que tratamentos farmacológicos (medicação) e psicoterapêuticos bem-sucedidos, assim como a prática de corrida, aumentam a neurogênese.[10] Por fim, o bloqueio da neurogênese hipocampal reduz a eficácia dos antidepressivos. Ainda não se sabe ao certo como esses neurônios recém-nascidos se integram e se assimilam aos circuitos neurais existentes, nem como exatamente aliviam os sintomas de depressão, mas o pensamento mais amplo e as generalizações são possíveis caminhos investigativos. Como o hipocampo é crucial tanto para o humor quanto para a memória, a neurogênese adulta traz esperança não apenas para a depressão, mas também para a demência e o Alzheimer.[11] Acreditamos que nossa abordagem se aproveita do mesmo mecanismo, ajudando pessoas com depressão a recuperar uma neurogênese adequada, por meio da restauração da capacidade de divagação amplamente associativa. Portanto, a divagação, quando do tipo amplamente associativo, não apenas pode nos ajudar a aprender com experiências imaginadas e a melhorar nosso humor, mas também mudar nosso cérebro.

A boa notícia para a maioria de nós, em relação à adoção de um estado mental associativo, é que na verdade isso ocorre de maneira natural, se nos permitirmos. Todos nós já tivemos alguma experiência com esse tipo de divagação animadora — os devaneios, o sonhar acordado. Na verdade, por definição, uma parte da experiência de devanear é prazerosa. A definição em inglês mais precoce de *daydreaming*, que remonta à década de 1680, é a de "um sonho, fantasia agradável e visionária que encetamos acordados".[12] Portanto, uma vez mais, embora nossa tendência seja considerar o devaneio uma perda de tempo, há bons motivos para que nossa mente seja dada a devanear. Um motivo a mais para todos nós nos permitirmos fazer isso de tempos em tempos, e talvez até incorporar esse hábito à nossa rotina diária ou semanal. Na verdade, podemos até combinar uma divagação intencional com outras atividades. Antes de sair para correr, ou de ir ao supermercado, gosto de apagar da mente aquilo em que estava pensando, principalmente quando são as contas que acabei de pagar ou um e-mail que me incomodou. Varro tudo da cabeça e troco por alguma leitura envolvente, como algumas páginas de um livro de Aldous Huxley. Também as leio quando quero estimular o pensamento criativo em relação a um artigo que estou produzindo. Aí, enquanto corro, minha divagação tende a girar em torno daquilo que acabei de ler. Esse é um método de indução intencional do processo cognitivo chamado "incubação", que leva aos momentos de epifania que todos temos, em que as ideias parecem brotar do nada. Dito isso, não é errado pensar que nosso fluxo de divagação tem vida própria. Por definição, não temos como ditar o rumo dessas divagações sem freios. Se não fossem tão imprevisíveis e incontroláveis, não nos seriam tão benéficas na geração de soluções criativas para os acontecimentos da vida. Mas chegamos mais perto disso quando substituímos o conteúdo da nossa memória operacional por coisas que gostaríamos de desenvolver mais enquanto devaneamos.

Conhecer os elos entre a divagação amplamente associativa, a criatividade e o humor foi crucial para que eu combinasse tudo que aprendi em relação ao nosso pensamento-padrão em uma nova compreensão geral dos nossos modos de pensar investigativo versus exploratório. A rota para chegar lá passou por um mergulho no silêncio.

10. A meditação, o padrão cerebral e a qualidade da experiência

No meu quinquagésimo aniversário, decidi experimentar um pouco de meditação mindfulness. Do pouco que sabia e lera sobre a prática, eu era bastante cético, mas estava encafifado com uma série de descobertas recentes da neurociência sobre seus efeitos positivos, entre os quais melhorias da memória e da atenção, aumento da criatividade e redução do estresse. Na verdade, basta um curso de meras oito semanas de mindfulness para que se verifiquem aumentos significativos na densidade da massa cinzenta em várias estruturas do cérebro, como o hipocampo e o córtex pré-frontal.[1] Eu tinha acabado de voltar a morar em Israel, e uma amiga, também neurocientista, contou que iria fazer um retiro de uma semana de meditação vipassana ("vipassana" significa entendimento, ou "tovana", em hebraico, que era o nome da entidade organizadora do retiro). Era preciso desconectar-se de todos os eletrônicos e ficar em silêncio absoluto durante uma semana. Embora eu duvidasse da minha capacidade de manter um silêncio rigoroso, a ideia de me livrar por algum tempo do celular, das notificações de e-mail e de olhar para telas era bastante atraente. E lá fui eu, para um kibutz, com sessenta israelenses em busca de paz interior, sentados em um edifício de estilo Bauhaus projetado por arquitetos que escaparam do nazismo, escutando a voz suave de um guru britânico de profundos olhos azuis, encoberta às vezes pelas orações de um imã, vindas de um vilarejo árabe ali perto. A vida proporciona justaposições incríveis.

Acordar e dormir em horários que me eram estranhos (cinco da manhã e nove e meia da noite, respectivamente), comer comida vegana, dormir em beliches e compartilhar um quarto com três cabeludos desconhecidos, com um banheiro coletivo no fim do corredor: haveria coisa melhor? Passamos por sessões de horas inteiras sentados em silêncio, em pé em silêncio, andando (com insuportável lentidão) em silêncio e deitados em silêncio.

No início, odiei. Mas naquela semana de silêncio aprendi mais sobre o pensamento, em geral, e mais especificamente sobre meu próprio pensamento, do que em vários anos como neurocientista. "Que absurdo", pensei, quando nosso instrutor nos mandou "observar" nossos pensamentos. Tentei, e em pouco tempo aprendi a visualizá-los. Bastou jogar o jogo e mudar de perspectiva.

Quando você começa a atentar para os próprios pensamentos, no entanto, dá-se conta rapidamente da encrenca em que se meteu. Eles correm para todo lado, intrometem-se, grudam, incomodam e crescem, sem parar. Por isso, a segunda habilidade a ser aprendida é ajudar esses pensamentos a seguirem em frente, transformá-los em visitantes, em vez de moradores permanentes do seu espaço de trabalho mental e emocional. No começo, achei impossível simplesmente deixar os pensamentos passarem. Parecia estar obtendo o efeito oposto. Ou os pensamentos giravam na minha mente como um morcego metafórico vindo do inferno, ou eu recaía na ruminação e ficava ansioso. Felizmente, minha amiga que estava participando do retiro concordou em burlar a regra do silêncio durante as caminhadas noturnas. Assim, pude fazer a ela perguntas sobre a experiência. Não me senti culpado; eu estava lá para aprender, e ela sabia muita coisa sobre aquela estranha prática. Quando me queixei com ela sobre o quanto estavam sendo incômodas minhas tentativas de pajear meus pensamentos, ela me falou da rotulagem. Foi uma revelação.

A MANIPULAÇÃO DOS PENSAMENTOS

Os pensamentos podem ter influência direta no nosso bem-estar. Um pensamento incômodo, em especial, pode ser particularmente destrutivo, e em alguns casos não queremos outra coisa a não ser pará-lo. Casos extremos levam a comportamentos desesperados. Vamos pegar como exemplo a automutilação. Pessoas que sofrem de transtornos de humor, como pós-trauma, depressão e ansiedade, bem como de uma série de outros transtornos mentais, sofrem tanto com os pensamentos intrusivos que podem acabar recorrendo à automutilação. É difícil até de conceber a ideia de que alguém prefira a dor física de cortar o próprio braço com uma faca ao sofrimento mental de um pensamento incômodo.

As pesquisas em psicologia cognitiva, aliadas às experiências em psicoterapia e à prática da meditação, nos ensinam de maneira muito clara que não dá para se livrar de um pensamento apenas pelo simples desejo. Na verdade, quando tentamos parar de pensar deliberadamente em algo específico, curiosamente atingimos o efeito exatamente oposto: passamos a pensar obsessivamente no assunto. Como escreveu Fiódor Dostoiévski em *Notas de inverno sobre impressões de verão*: "Experimentem a seguinte tarefa: não lembrar o urso-branco, e vocês verão que o maldito será lembrado a todo momento". Essa intuição recebeu mais tarde o respaldo de uma elegante pesquisa, cujo pioneiro foi o saudoso Dan Wegner, sobre um fenômeno posteriormente batizado de "processo irônico". Tentar parar um pensamento não é uma tarefa experimental maluca limitada ao ambiente de laboratório, mas uma necessidade cotidiana para todos nós. Da supressão de pensamentos e sentimentos, como descrito por Freud e outros, até tentar evitar pensar em traumas diversos, passando por tentar manter o controle sem se estressar muito, o não pensar é um desafio constante. Sem essa capacidade de não pensar em certas coisas, não conseguiríamos entrar em um avião, comer carne (eu não como) ou perdoar.

Em relação a isso, uma vez mais, meus retiros silenciosos me ensinaram coisas que eu desconhecia. Existem dois jeitos diferentes de fazer um pensamento desaparecer. O primeiro é reconhecer o pensamento e encará-lo, como também se faz em terapia psicológica. O segundo é reconhecê-lo e, então, dar a esse pensamento um rótulo, ou um nome, o que em geral o coloca em uma "caixinha" mental, a fim de fazê-lo voluntariamente parar de ressurgir (note que o termo "rotulagem" também foi mencionado quando comentamos nosso hábito de dar nomes, rótulos, aos objetos conhecidos do nosso entorno, desperdiçando assim sua riqueza de detalhes; isso não deve ser confundido com a rotulagem descrita aqui).

De posse dessa recém-adquirida compreensão, comecei a brincar e a fazer experiências. Como funcionam o reconhecimento e a rotulagem? Você analisa um pensamento específico que ocupou sua mente e o rotula em mais de uma dimensão. Ele é positivo, negativo ou neutro, em termos das emoções que suscita? É sobre o passado, o presente ou o futuro? É sobre você, sobre outras pessoas ou ambos? Assim, caso você esteja pensando em um elogio que recebeu na semana passada, de alguém que aprecia, esse pensamento será rotulado como: positivo, passado, sobre mim. Caso você esteja preocupado com o filhote que deu para adotar a alguém cuja atitude em relação aos animais não lhe transmite confiança, esse pensamento será rotulado como: negativo, futuro, outros. Quando nos dedicamos a esse exercício, os pensamentos começam a desaparecer tão logo são rotulados. Chegou uma hora em que comecei até a imaginar aquele barulhinho que o computador faz quando um e-mail é enviado. Comecei a ter uma sensação de controle. Que importa se as preocupações pairam na mente? Você as reconhece, cola um rótulo nelas e segue em frente para novos pensamentos.

Esse método simples já me permitiu obter uma espécie de silêncio interior, uma mente muito menos agitada. Quando isso não bastava, eu tentava forçar um pensamento novo, pensar deliberadamente em alguma coisa que queria realizar no trabalho, ou no futuro financeiro dos meus filhos, sem que novos pensamentos insistentes surgissem. E então começam a acontecer coisas estranhas, às vezes espantosas, e em geral prazerosas. O resultado desse processo — pelo menos comigo, num punhado de momentos de sorte — é uma mente assustadoramente vazia. Nada acontece por dentro, uma experiência que sem dúvida causa uma sensação estranha e impressionante ao mesmo tempo (por um instante amedrontador, comecei a recear que minha cabeça fosse ficar vazia e que depois do retiro eu não conseguisse voltar a trabalhar...). E com esse silêncio interior vieram sensações novas e incríveis, com uma força amplificada. Tive a sensação vívida do vento soprando os pelinhos do meu braço, de um raio de sol em meu rosto, e o toque banal de um garfo nos meus lábios trouxe uma sensação quase erótica. Era uma mente desocupada entregando-se à poesia sensorial.

Experiências mágicas assim, no entanto, são poucas e espaçadas. Encarei esses estados ocasionais como bem-vindos efeitos colaterais. O que eu estava lá para aprender era o que a prática de meditação faz às minhas ideias e experiências. Por isso, atingir um estado próximo do vazio já era suficiente para me fascinar, a despeito de qualquer sensação corporal intensa que acompanhasse ou não a prática.

Na minha agenda de curiosidades, o item seguinte era tentar recuperar pensamentos que eu já tinha rotulado e enviado ao ostracismo, em segundo plano. Curiosamente, eu não conseguia. Era como se eles tivessem sido selados, trancados ou volatilizados (ou simplesmente armazenados nas profundezas da memória). Faça uma pausa para refletir sobre isso por um instante: um pensamento renitente, receio, obsessão ou medo do qual você não conseguia se livrar, por mais que se esforçasse, não só desaparece de forma eficiente pela simples atribuição de um rótulo, mas se torna quase irrecuperável mesmo que você queira (é claro que alguns pensamentos, como as memórias intrusivas de um trauma, ou ruminações persistentes, exigem artilharia mais pesada do que uma simples rotulagem). Foi uma revelação espantosa em seu poder e ineditismo, abrindo-me uma porta para uma compreensão melhor da mente, das sensações e das experiências.

Talvez você já tenha percebido que na hora em que decide escrever um lembrete para si mesmo aquilo que você tanto precisa recordar se esvai de sua consciência (ou, mais precisamente, da sua memória funcional). Você para de se agarrar àquilo no instante em que põe no papel. Você delegou seu processamento mental de segundo plano a um papelzinho. É parecido com o que acontece com um pensamento rotulado quando ele desaparece.

Todos nós sofremos menos (ou sentimos menos prazer) com os pensamentos rotulados, porque eles ficam confinados. Uma palavra simplifica nossa forma de lidar com pensamentos e conceitos complexos. Se eu lhe falar de alguém com dificuldade para se equilibrar, fala incoerente, mau hálito e comportamento de modo geral inadequado, você ficará preocupado e inseguro quanto à maneira de abordar essa pessoa, se necessário. Mas se eu disser uma única palavra sobre ela, "bêbado", tudo fica claro e administrável na mesma hora. É como quando um médico dá um diagnóstico depois de ouvir uma lista de sintomas; atribuímos um rótulo para descrever um pensamento ou um conceito. E o que acontece com as emoções que não podem ser rotuladas, por serem excessivamente abstratas? Usamos essas dimensões categóricas de positivo ou negativo; eu ou os outros; passado, presente ou futuro; e assim por diante, e isso força praticamente tudo a ser rotulado. É um método para enganar o que é amorfo.

Vamos pegar, como outro exemplo, a seguinte questão: por que falar sobre meus problemas os torna menos "problemáticos"? A simples verbalização de uma preocupação, como o reconhecimento dela em voz alta, é capaz de melhorar de forma significativa sua sensação. Em determinado momento comecei a acreditar que era capaz de falar com as paredes, desde que falasse de forma concreta e explícita, e que isso seria suficiente para provocar uma melhoria. Na verdade, aprendi posteriormente que, quando pessoas que estão sofrendo colocam no papel seus pensamentos incômodos, em geral ocorre alívio dos sintomas, mesmo que elas acabem rasgando o papel sem mostrá-lo a ninguém. Acredita-se até que essa "escritoterapia" ajude a reduzir os efeitos de traumas. O simples autorreconhecimento, explícito e específico, parece bastar.[2]

Marion Milner, em *A Life of One's Own*, escreve de forma eloquente sobre revelações pessoais semelhantes: como a simples admissão de um pensamento o faz incomodar menos. Em um desses exemplos, ela conta que estava sentada na grama em um dia de verão, que naquele momento lhe parecia mais um dia de neblina de inverno na Cornualha, tentando colocar em palavras o que a incomodava. Ela descobriu que era um encontro antigo com um homem pelo qual sentira atração, que não se concretizara. Ela se deu conta de que estava pensando repetidamente naquele encontro, algo que no contexto da depressão e de outros transtornos do humor nós chamamos de ruminações. Porém, o simples fato de conversar deliberadamente consigo mesma sobre o incidente e sobre aquilo que a preocupava tornou essas ruminações menos obsessivas. Admitir pensamentos — confessá-los, reconhecê-los, aceitá-los — é semelhante a rotulá-los, atribuindo nomes a eles e fazendo-os se esvair.

Curiosamente, o mesmo princípio se aplica a sensações físicas, não apenas a receios e eventos da mente. Você sente uma mosca no braço (e elas parecem pousar em você com maior frequência quando você está meditando e tentando ficar imóvel sentado...), e sua primeira reação é tentar enxotá-la, do mesmo jeito que faz ao tentar remover um pensamento de forma ativa. Isso é incômodo, intrusivo e ineficaz. Simplesmente desista e deixe acontecer — seja um pensamento ou uma comichão; olhe para eles, reconheça-os, em vez de tentar livrar-se deles, e eles parecem encontrar seu lugar. Não teime: ceda. Tenho que admitir que esse tipo de discurso, sobre reconhecer pensamentos e aceitar as coisas, me parecia antes insuportavelmente abstrato e sem base. Mas funciona, e isso me fascina, como neurocientista e como ser humano. Admitir pensamentos ajuda a rotulá-los, tornando mais fácil, assim, separar-se deles e retirá-los do primeiro plano da mente.

Esse conceito de alívio através da expressão explícita faz lembrar o conceito de catarse, sobretudo no contexto da terapia psicológica. Seja por meio do método (um tanto controverso cientificamente) da hipnose, seja pelo método da livre associação, o paciente é incentivado a expressar em voz alta seus pensamentos interiores. Esse método permite que descreva sentimentos e memórias associados a um determinado acontecimento do passado que não havia sido processado adequadamente. Muito do alívio associado a tais tratamentos psicoterapêuticos é atribuído à sensação "purificadora" da catarse. As tentativas de explicar por que o compartilhamento traz alívio vão de um suposto senso de "conclusão" ao de redução da incerteza — à qual nós, seres humanos, somos avessos. Mas não se trata, ainda, de explicações científicas formais. Por enquanto, é interessante levar em conta a possibilidade de que os pensamentos perturbadores sejam o resultado de memórias distorcidas ou que não se assentaram. Isso se mostra especialmente acentuado no contexto dos traumas.

Vítimas de traumas que sofrem de pensamentos e memórias intrusivas, pesadelos e depressão podem encontrar alívio nesse método, que incentiva a revisitar os detalhes do trauma de modo a reconsolidar de maneira apropriada as memórias originais. É como se um acontecimento traumático se transformasse em uma fonte de memórias que nos assombram, por não terem se consolidado de forma adequada na época em que aconteceram — talvez por conta da excitação mais forte e da intensidade das emoções, talvez por conta da atenção seletiva a certos detalhes em detrimento de outros, talvez por conta da repressão ativa de certos aspectos. (Um fato menos conhecido em relação à memória é que primeiramente consolidamos novas memórias de modo a armazená-las de maneira estável; porém cada vez que recuperamos uma memória é uma oportunidade, voluntária ou não, de remoldá-la com novas informações contextuais, e em seguida essa memória é reconsolidada de forma atualizada. Isso é valioso para o enriquecimento do aprendizado, assim como para a correção de distorções da consolidação inicial.) Pode ser por meio de uma terapia de exposição, em que se pede aos pacientes que relembrem os acontecimentos e detalhes do trauma, buscando focar nos piores momentos, e aspectos mais perturbadores da lembrança; ou através de tratamentos com uso de drogas que reduzem as inibições, possibilitando, assim, que os pacientes traumatizados estejam mais preparados para revisitar a fonte do trauma, de forma mais homogênea.

Pensamentos perturbadores não são exclusividade dos traumas; são, na verdade, comuns a todos nós. Estamos sempre preocupados com alguma coisa, conscientemente ou não. Compartilhar esses receios com alguém, um amigo ou um terapeuta, ou admitir e rotular um pensamento perturbador tem um efeito semelhante ao da terapia de exposição nos traumas, descrita acima. Para compartilhar ou rotular de maneira franca, somos forçados a acionar todos os aspectos, levando-os em conta de forma equilibrada: agradáveis, neutros ou desagradáveis; passados, presentes ou futuros; sobre o eu ou sobre os outros; orientados para dentro ou para fora; verbais ou visuais. Rotulamos os pensamentos e rotulamos as emoções. Isso separa o que é emoção do que é pensamento, fazendo a emoção ficar mais clara, e o pensamento, menos dominante. Compartilhar ou rotular coloca as coisas numa perspectiva adequada, e... puf! O pensamento e as emoções intensas a ele associadas desaparecem. Ele fica armazenado direitinho, sem necessidade de cobrar sua atenção interior, intrometendo-se continuamente. Memórias que nos assombram podem ser o jeito do nosso subconsciente de exigir atenção adequada e uma reconsolidação mais equilibrada, como também sugere a psicanálise. Se for isso mesmo, então as lembranças intrusivas possuem valor adaptativo, não importa como nos sintamos em relação a elas.

PENSAMENTOS SECRETOS

Todos nós conhecemos pessoas que não conseguem guardar segredos. Minha tia Roniti é uma delas: conta tudo o que ouve, seja segredo ou não. A única diferença é que, quando está revelando um segredo, ela cochicha antes: "Mas isso é segredo". Na verdade, como Freud concluiu, nenhum mortal é capaz de guardar um segredo.

Muita gente acredita que nossa incapacidade de guardar segredos, sendo ao mesmo tempo forçados a não abordá-los explicitamente, faz nosso cérebro e nosso corpo encontrarem outros jeitos de revelá-los por nós. Algo tão banal quanto ficar mexendo em um objeto pode ser o jeito do corpo de contar ao mundo nosso segredo. No filme japonês *A coletora de impostos*, dois fiscais da Receita japonesa vão entrevistar um mestre da evasão fiscal. Antes de entrar no apartamento dele, o investigador mais graduado diz à assistente que vai perguntar ao homem onde fica o cofre; a tarefa da assistente é observar atentamente os olhos do suspeito, para ver para onde vão se voltar assim que a pergunta for feita. A assistente tem que olhar de perto, porque o suspeito vai mover o olhar para a localização do cofre por uma fração de segundo antes de voltar a fitar o investigador e dizer que não existe nenhum cofre. E é exatamente o que acontece. Claro, trata-se de um filme, não de ciência. O fato de que eu mesmo tenha tentado realizar esse truque várias vezes, por exemplo, para descobrir onde uma secretária tinha escondido de mim os CDs de instalação de um software, tampouco faz disso ciência. Mas a ciência provê apoio, de fato, à ideia de que o corpo conta a verdade, e sobretudo as mãos.[3]

Muita coisa já foi dita sobre os segredos, mas não o suficiente sobre o fardo físico e mental que eles cobram. Alguns de nós já puderam constatar pessoalmente que segredos exigem esforço constante. Além do sentimento de culpa e do incômodo diante dos outros, eles simplesmente representam uma carga em nossas reservas mentais e emocionais. Demonstrou-se que guardar segredos, sobretudo os mais cabeludos, causa todo tipo de problema físico (de resfriados a doenças crônicas), assim como transtornos mentais (depressão). Conheci, certa vez, uma senhora idosa muito animada e otimista que havia sobrevivido a um câncer. Ela estava convencida, como me contou, de que seu câncer era resultado de esconder do então marido seu caso com aquele que viria a ser seu futuro marido. Não foi a primeira vez que ouvi esse tipo de relato individual e informal, que bate com relatos científicos dos efeitos potencialmente devastadores dos segredos ou da culpa sobre a saúde.[4] Evidentemente, há segredos que convêm manter, porque se revelados poderiam causar um mal maior. Portanto, esta não é uma afirmação categórica.

Existem segredos "voluntários", que decidimos propositalmente esconder, e existe a supressão de coisas perturbadoras, sobre as quais não queremos pensar; existem segredos que escondemos dos outros e segredos que escondemos de nós mesmos. Todos eles, até certo ponto, nos fazem sofrer. Todos eles são um fardo para nossa capacidade mental, e todos pela mesma razão. Essa razão tem a ver com a inibição no cérebro. Evitar dizer (ou fazer) algo não é uma operação passiva, e sim ativa, que exige energia metabólica e mental. Quando é mantida por uma longa duração, esvazia nossa capacidade de processar plenamente percepções, emoções e nossos entornos interno e externo.

Os possíveis efeitos negativos de manter segredos são um tema fascinante, mas menos relevante para o que nos interessa. Para nós, mais importantes são os benefícios de nos mantermos abertos e de compartilhar. Compartilhar um segredo, como bem sabe minha tia Roniti, alivia. Guardá-lo ou reprimi-lo exige aplicar na prática uma inibição. Por outro lado, falar e expressar liberam preciosos recursos mentais para atividades mais valiosas, como a ideação criativa. Na verdade, reduzir a inibição pode melhorar o humor, tanto pelo fato de a liberação da inibição desencadear a liberação de endorfinas, as moléculas do prazer, quanto pelo fato de a liberação de recursos nos tornar mais criativos, o que, nesse caso, também está relacionado a uma melhora do humor. Dito isso, quando se vive em sociedade um certo grau de inibição é obrigatório, porque nos impede, por exemplo, de bolinar uma pessoa aleatória atraente em um restaurante, assim como deveria ter me impedido de dizer o que acabei de dizer...

A essa altura, dá para notar o elo que está sendo feito aqui entre nossa forma de lidar com os pensamentos na meditação, a semelhança que isso guarda com o compartilhamento, e como se pode esperar os mesmos benefícios quando compartilham os pensamentos íntimos com outras pessoas. Na meditação, esse compartilhamento é um processo interior, um reconhecimento pleno, sem a necessidade de um ouvinte externo.

Ao nos ensinar a limpar a mente de pensamentos desgarrados, a meditação nos ajuda a apreciar melhor a riqueza de detalhes da vida, nos tornando observadores mais agudos do momento presente, dos sons e das visões, da sensação propiciada por uma brisa ou pelo sabor de um morango fresco.

COMO A MEDITAÇÃO NOS TORNA ATENTOS: O PONTO DE VISTA DE UM NEUROCIENTISTA

Você fica sentado em uma almofada, observando os próprios pensamentos, e seu foco retorna o tempo todo à própria respiração, com o máximo de detalhes: como isso pode torná-lo atento? Existem três ingredientes que, na minha visão de cientista e praticante eventual, podem explicar o poder da meditação de promover uma existência atenta. O primeiro é a *atenção difusa*: a capacidade de observar o entorno atribuindo o mesmo peso a todos os lugares e objetos que o cercam, sem vieses e sem privilegiar qualquer um deles. Isso é parecido com aquilo que Freud chamou de "atenção flutuante", que ele recomendava aos psicanalistas como forma de manter-se aberto a novas observações. Todos nós deveríamos adotá-la. Em geral, "atenção" significa exatamente o contrário: focar em algum lugar ou traço bem específico e tipicamente restrito, e ignorar, ou mesmo suprimir, tudo que esteja fora desse "holofote" da atenção. Mas acredita-se, e para muitos já está demonstrado, que a prática da meditação nos permite analisar todo o nosso entorno como algo com a mesma importância e o mesmo interesse em potencial. Quando não existe direcionamento de cima para baixo para orientar nossa atenção, ela se orienta a lugar nenhum e a toda parte.

A segunda coisa que a meditação faz para que seu cérebro se torne atento é abandonar as expectativas. O estado-padrão do cérebro é de expectativa: de que algo aconteça; de que algo seja bom ou ruim; desejo de alguma coisa no futuro; juízo em relação às coisas, comparado àquilo que antecipamos. Observar a própria respiração em tempo real é um truque para nos trazer ao aqui e agora. E, estando no aqui e agora, interrompemos o pensamento sobre o futuro, que é exatamente do que tratam as expectativas. Quando não esperamos nada, estamos abertos a tudo aquilo que vier.

O terceiro ingrediente que torna a meditação tão eficaz para a qualidade da experiência presente é a redução do apego a nossos pensamentos, desejos e receios. O elemento principal para restringir a amplitude do pensamento e o fluxo de ideias é a inibição. A inibição é a força que limita a abertura do pensamento, a ativação associativa e o progresso do nosso movimento mental como um todo: velocidade, abrangência e distância. Colocando em termos um tanto simplistas, pessoas mais inibidas têm maior probabilidade de sofrer de transtornos de humor, enquanto pessoas menos inibidas serão mais criativas. Na meditação, isso se traduz na tendência a apegar-se a um pensamento ou, em vez disso, deixá-lo fluir. Quando há menos inibição, há menos estagnação e mais avanço.

Existe um importante elo mecanicista entre esses três fatores necessários para a atenção plena: quanta influência se permite a processos "de cima para baixo". É preciso fazer uma comparação com o peso dado aos processos "de baixo para cima". Como descreverei detalhadamente no último capítulo, o que determina nosso estado mental é a ênfase relativa dada aos sinais de cima para baixo, em relação aos de baixo para cima; o quanto nosso estado geral incorpora informações que vêm da memória em comparação ao quanto vêm dos sentidos. Essa relação dita nosso estado de espírito, a amplitude associativa de nossos pensamentos e o escopo de nossa atenção e percepção. Todos esses três fatores são moldados pelo processamento de cima para baixo. A orientação da atenção é determinada de cima para baixo, e a atenção difusa representa zero orientação da atenção de cima para baixo: tudo é equivalente, sem holofotes. Desligar as expectativas — o segundo fator — também implica desligar os sinais de cima para baixo, aqueles que normalmente enviam previsões e conhecimentos da memória para serem comparados com a informação que chega. Por fim, a inibição também tem origem de cima para baixo, o que é um grande motivo de preocupação na depressão e causa para ruminações. Deixar os pensamentos passarem está diretamente relacionado a uma redução das ordens de cima para baixo: menos ordens de cima → menos inibição → menos travamento → mais avanço.

Em resumo, embora as influências de cima para baixo sejam uma ajuda crucial em inúmeras circunstâncias, como vimos, no contexto do presente os processos de cima para baixo podem ter três tipos de efeito negativo em nossos pensamentos e em nosso estado mental: restringem o foco da atenção, enviam expectativas com base na memória e determinam o grau de inibição. Todos são modulados pela meditação mindfulness.

Os mecanismos de cima para baixo não são exatamente os mesmos nas três influências. A orientação da atenção, os sinais preditivos e a inibição são, todos, forças de cima para baixo no cérebro, mas suas origens anatômicas são diferentes, envolvendo de maneira sobreposta, mas não idêntica, diversos neurotransmissores, diferentes tempos de influência e assim por diante. O que eles têm em comum, porém, é que todos representam formas de controle interno, de cima para baixo, da nossa maneira de vivenciar o mundo: seja localmente, com expectativas e escopo limitados, seja globalmente, com tábula rasa e menos limitações.

Naturalmente, os iogues não se sentam com o objetivo explícito de reduzir as influências de cima para baixo no córtex pré-frontal; a maioria das pessoas nem sabe onde fica o córtex pré-frontal, e, mesmo que soubessem, a ativação do córtex, em geral, está fora do alcance de nosso controle consciente. A operação lembra mais as técnicas de neurofeedback, em que o indivíduo e a prática reforçam e robustecem aquilo que está dando certo. Seguindo as linhas mestras da prática meditativa, influenciamos essas fontes de cima para baixo sem pensar nelas como tais. Você foca na respiração e se desapega dos pensamentos o tempo todo; repete e reforça práticas que, sem que você se dê conta, diminuem os efeitos das imposições de cima para baixo, e o processo simplesmente funciona. É claro que a milenar prática da meditação não foi criada levando em conta todos os recentes achados e conhecimentos da neurociência. Em vez disso, foi elaborada para otimizar a presença e a qualidade da experiência, e aconteceu de os pilares centrais dessa prática comprovada terem relação com a redução do papel das influências de cima para baixo, em todas as suas diferentes formas, sobre nossas vidas.

A atenção aos próprios pensamentos — e, de forma mais geral, ao nosso funcionamento interior — também transcende para a atenção ao entorno. Pouco a pouco, você percebe que brotam menos pensamentos irrelevantes, e você fica mais livre para vivenciar a vida. O único ingrediente que resta acrescentar para uma vivência rica e atenta é a *imersão*. Tendo encontrado nosso momento presente, o passo seguinte é adentrá-lo.

Se eu tivesse que me sentar para colocar no papel minha vida até agora, com todos os detalhes de que me recordo, isso resultaria num livro de 250 páginas, se tanto. Cinquenta e cinco anos, cerca de 20 mil dias, são quase meio milhão de horas de coisas que aconteceram comigo ou perto de mim, e tudo de que consigo me lembrar cabe num único livro. Muitas vezes me peguei pensando onde foi parar minha terceira série, por exemplo, ou os dois anos do meio da faculdade de engenharia, ou muitos jantares de família de quando eu era criança, ou com meus filhos, e minha sensação é de ter sido roubado. E roubado por mim mesmo. Não estar atento, não estar no aqui e agora, não participar de verdade é não estar presente na própria vida. Como eu poderia me lembrar de coisas que não testemunhei para valer, das quais não participei para valer? Eu estava ali, mas não de verdade.

A impressão é que, quando se está atento e imerso, a velocidade do evento vivenciado diminui, e a riqueza de detalhes é várias vezes ampliada. Na hora da cobrança de um pênalti, o goleiro vê e reage a chutes que, para o restante de nós, são rápidos demais para a percepção. Eles estão superatentos, pelo menos nos momentos em que a bola está chegando perto. Certa vez, dirigi um 4x4 nas florestas do estado americano do Maine, com minha filha Nadia no colo. Empolguei-me demais, e capotamos em uma curva rápida. Ainda me lembro vividamente da sequência de eventos, assim como da sequência de pensamentos, com excepcional grau de detalhe. Lembro-me de temer que ela fosse esmagada pelo veículo pesado, e que a segurei, como se estivesse em câmera lenta, e atirei-a para o lado, para que o 4x4 não a atingisse. A força das emoções me tornou excepcionalmente atento e vigilante. Situações extremas apelam a todos os recursos da sua atenção. Obviamente, não se trata de superpoderes reservados a casos extremos, goleiros talentosos ou rebatedores de beisebol. Não é nada além de sua atenção dedicada por inteiro a uma coisa só, no agora. O truque é a atenção plena.

Essa experiência não precisa ser tão potente e desgastante como um pênalti para gerar uma experiência de atenção plena. Se os pensamentos irrelevantes e a conversa interior não o distraíssem, sua percepção poderia ser assim a cada instante, o dia inteiro, como a de Neo, em *Matrix*. Cada evento, com sua plena participação, seria percebido e relembrado como algo inédito e empolgante.

Todos nós percebemos como o tempo parece passar mais rápido à medida que envelhecemos ("Caramba, outro réveillon, já?"). Antes, eu achava que isso acontecia porque o novo nos faz valorizar os momentos por mais tempo, e, como há cada vez menos novidade à medida que o mundo se torna cada vez mais conhecido para nós, ocorrem menos oportunidades para refletirmos e "espicharmos" subjetivamente o tempo. Mas a chave é a atenção. Quando estamos atentos ao momento, o tempo se estica, e quando também conseguimos estar atentos ao conhecido como se fosse novo, podemos ter a sensação de que nosso tempo aumentou — aumentando nossa longevidade subjetiva.

O DILEMA DA ATENÇÃO

Como a meditação afeta o âmago da divagação, também influencia a RMP. Vários estudos já demonstraram essa relação. Em um exemplo, comparou-se a atividade da RMP entre meditadores experientes e participantes iniciantes, novatos, na prática de diferentes tipos de meditação ("concentração", "gentileza amorosa", "consciência sem escolha").[5] A atividade na rede padrão foi significativamente menor nos meditadores experientes, o que condiz com várias observações segundo as quais a meditação reduz o grau de divagação. Além disso, a conectividade entre as diferentes regiões que formam a RMP foi mais forte nos meditadores experientes, comparados com os iniciantes, o que dá a entender que a meditação também aumenta a eficiência da comunicação entre as diferentes partes da RMP. (Este é um bom momento para enfatizar uma ressalva importante, ao analisar conclusões científicas, que costumamos chamar de "correlação não implica causalidade". Por exemplo, nesse caso, pode ser que o aumento da conectividade nos meditadores seja uma característica inerente àqueles que recorrem à meditação e nela persistem, e não uma propriedade ensejada pela prática da meditação per se. Dito isso, existe um número suficiente de relatos para sustentar a ideia de que a prática de fato causa esses efeitos, sobretudo quando se monitora o progresso gradual de indivíduos na meditação.) Outra pesquisa pioneira, de Richard Davidson, da Universidade de Wisconsin-Madison, mostra os efeitos positivos da meditação na regulagem das emoções e na resiliência mental.[6] Mais recentemente, demonstrou-se também que a meditação melhora a atenção e a memória e promove o bem-estar e a saúde mental no envelhecimento.[7] Claramente, meditar faz bem.

A meditação também abre espaço para experiências. Experiências novas exigem atividade nova do cérebro, e disponibilidade de recursos do córtex. Quanto mais ocupado nosso cérebro está em determinado momento, menor a nossa disponibilidade de espaço para novas experiências. A nova experiência precisa "abrir caminho", e, se a mente já está ocupada, os recursos restantes só permitirão uma experiência parcial e superficial, se tanto. Com a mente ocupada, evocam-se menos sensações, associações e emoções; o vermelho fica menos vermelho, e a flor fica menos bonita. (De fato, a carga cognitiva também diminui nossa capacidade de apreciar a beleza estética, assim como nossa capacidade de sentir prazer. Já dá para perceber o elo que estou fazendo entre a carga cognitiva da ruminação constante sobre a mente depressiva e a redução da capacidade de sentir prazer na depressão, chamada de *anedonia*.) Portanto, está claro que, para uma experiência de qualidade, precisamos de menos pensamentos em andamento e de mais espaço para que as experiências futuras se desenrolem em todo o seu esplendor dentro do cérebro. Com seu jeito eficaz de lidar com os pensamentos atuais e com os que surgem, a meditação abre espaço para experiências inéditas. Os pensamentos vêm e vão, e gradualmente temos cada vez menos entulho dentro da mente, o que permite que nossa atenção à próxima experiência seja muito mais vívida. Uma mente cheia é inimiga da atenção.

Mas é aí que vem o dilema da atenção. Quanto maior o seu controle sobre seus próprios pensamentos e quanto mais focado você consegue se manter no momento presente, com maior intensidade uma coisa curiosa — ou melhor, inusitada — acontece. Você começa a observar sua própria vivência. Não fica mais atento apenas à própria experiência, mas também a si mesmo enquanto a vivencia. Você se surpreende pensando: "Estou ouvindo o que ele está dizendo, mas será que ele acha que não estou prestando atenção?", "Todo mundo reage de forma tão automática, mas eu não", "Estou com tanta fome. Espero que ninguém perceba que estou comendo feito um ogro", "Sinto-me tão feliz por estar rindo com meus filhos, todos juntos à mesa". Você fica tão maravilhosamente atento que consegue apreciar o momento, prestando atenção ao centro e à periferia do seu campo de visão, ao primeiro e ao segundo plano da sua experiência presente. Pode observar sua reação exagerada à piada do chefe, e dizer a si mesmo para não ser tão escancaradamente bajulador. Pode observar e neutralizar sua irritação, que começa a aflorar quando alguém é grosseiro com você. Isso é bom sob vários aspectos; é possível colher enormes benefícios de um monitoramento melhor do que acontece dentro de nós. Mas a atenção plena vai mudando aos poucos nossa perspectiva em relação a nossas experiências. Vamos virando curiosas testemunhas, e não os protagonistas dos episódios de nossa própria vida.

Digamos que eu tenha desembolsado uma enorme quantia pela oportunidade de dar algumas voltas num carro de Fórmula 1. Eu não quero me observar dirigindo. Quero estar completamente imerso na experiência: a adrenalina da velocidade, o barulho, o perigo, o cheiro de gasolina e borracha queimada; quero estar *dentro* da minha experiência de Fórmula 1. Isso, sim, é divertido. Um dos maiores prazeres da vida é estar profundamente imerso em uma experiência, de modo que todos os sentidos estejam aguçados e todas as preocupações se esvaiam, deixando em segundo plano até o senso do eu. Por isso, apesar de treinamento em mindfulness ser de grande valor, e embora eu recomende com veemência dedicar-se regularmente a ele na busca do aproveitamento máximo do presente, é preciso ter em mente o lado ruim de ficar apenas atento e estar aberto e pronto a abrir mão dessa perspectiva para imergir nas próprias experiências. Não seja o dançarino; seja a dança.

11. Viver em imersão

Não muito tempo atrás, saindo certo dia para trabalhar, fui falar com minha caçula Nili, que estava tomando o café da manhã. Ela estava olhando pela janela panorâmica, que dá para uma bela paisagem de árvores frondosas, e imaginei que estivesse sonhando acordada. Perguntei a ela: "Em que você está pensando, Nili?". "Nada", ela respondeu. "Estou só olhando lá para fora." Seu tom dava a entender que tinha achado a pergunta bizarra. Quase dava para ouvir sua cabeça pensando: "Por que eu teria que estar pensando em alguma coisa?!". Como é maravilhoso estar tão livre das incômodas preocupações da mente.

Qual foi a última vez que você simplesmente se sentou e ficou olhando pela janela, sem pensar em nada além daquilo que estava observando, como a sobrecarga de trabalho, o elogio do seu marido a seus sapatos novos, ou o dia em que você tinha dez anos e uns pirralhos roubaram seu revólver de brinquedo? Em um piscar de olhos, nossos pensamentos podem nos arrancar do agora para qualquer outro lugar. Fiquei encantado ao saber que Nili ainda conseguia estar tão inteiramente no agora, a ponto de pensar, como sempre, que o pai estava agindo de forma um pouco bizarra. Porém, também foi um momento comovente, porque eu sabia que a cada novo dia ela sentiria um pouco mais de dificuldade em continuar tão absorta no presente. Sua mente seria cada vez mais dominada por divagações, mergulhando-a em ruminações sobre o passado e levando-a a especular sobre o futuro, preocupando-a com o que os amigos pensam dela e refletindo sobre aquele gatinho na sua turma.

A MENTE EM ESTADO IMÓVEL

Não sou religioso, mas não costumo trabalhar no Yom Kippur. Às vésperas do mais recente, estava tentando terminar de escrever um parágrafo, mas, em vez disso, me vi contemplando uma lua brilhante e prateada pela janela. Então, disse a mim mesmo que terminaria rapidinho o parágrafo para passar a meia hora que restava antes do feriado fitando e desfrutando daquela linda lua. Assim, acabei de escrever, fechei o notebook, escancarei a janela, ajustei a cadeira e sentei-me para dedicar os minutos seguintes à adoração da lua. Percebi rapidamente algo que eu sempre soube, mas me recusava a admitir: não conseguia me concentrar na lua. Em pouco tempo, meus pensamentos divagavam.

Vamos nos ater a esse exemplo da lua para analisar os possíveis rumos que nosso pensamento pode tomar. Existem vários cenários possíveis. No primeiro deles, contemplamos a lua, ou qualquer outro alvo, por um ou dois segundos, e em seguida, sem que percebamos, voltamos a pensar naquilo que vinha ocupando nossa mente logo antes, e estava armazenado em nossa memória funcional — seja aquele parágrafo, os planos para o feriado ou simplesmente memórias de infância dos jejuns do Yom Kippur. No segundo cenário, o rumo deriva da lua à nossa frente para outros pensamentos de forma imperceptível, através de uma trilha de associações. Olhar para aquela lua maravilhosa → aquele filme, *O primeiro homem*, sobre Neil Armstrong, que assistimos algumas noites atrás, até que era bom → como alguém pode acreditar nas teorias da conspiração dizendo que o pouso na Lua não aconteceu → é que nem aquela teoria de que Paul McCartney morreu em 1966 → quantas vezes tentei tocar "Revolution 9" ao contrário em busca daquela mensagem oculta → como era difícil o acesso às músicas novas quando eu era jovem em Israel. Você começa com a lua, mas sua mente surfa uma onda de associações que parece ter vida própria. A terceira possibilidade é você estar verdadeiramente determinado a aferrar-se à lua, digamos assim, e, da mesma forma como fazemos com a respiração na meditação, ao perceber que está divagando, trazer sua mente de volta a ela. A fim de persistir nesse propósito, você começa a analisar detalhadamente os elementos desse corpo celeste: as crateras, o São Jorge imaginário, o limite da face visível, aquilo que falta para formar um círculo perfeito e assim por diante. É como o método de escaneamento do corpo mencionado antes, só que aplicado à lua. Assim, você consegue se manter focado nela. Mas não é o suficiente, porque basicamente fugimos do problema de nossa mente viajar para outros assuntos e passamos a viajar pelas características da lua. Na verdade, nem mesmo a meditação nos ensina a ficar totalmente imóveis, porque, se prestamos atenção na respiração, estamos monitorando continuamente seu efeito ao fluir pelas narinas e a sensação de entrada e saída do ar do corpo. Não deixa de ser um movimento mental. O quarto padrão de pensamento é o Santo Graal da fruição do momento, embora não esteja nem de longe claro se o cérebro é capaz de atingi-lo plenamente. Pense apenas "lua", sem ir a nenhum outro lugar. Atenha-se ao conceito de "lua", sem retornar ao que o incomodava logo antes de pousar os olhos na lua, sem pensar naquilo que está associado à lua em sua memória e sem desviar a atenção para seus elementos e propriedades. Esteja com a lua em toda a sua "lunitude". Por que nossa mente não consegue apenas dizer "lua" a si mesma e ficar imóvel, com ela, ainda que por um único minuto?

Isso parece praticamente impossível, e não apenas em relação a objetos. Somos incapazes de parar em um pensamento depois que ele ocorre, da mesma forma que somos incapazes de parar em um sentimento ou avaliação ("Ele me parece legal", e nossa mente segue adiante). Existe uma excelente razão para que isso seja tão difícil.

Nossa mente é associativa: nela, uma coisa leva a outra. Como detalhamos antes, todo o nosso conhecimento, nossas experiências, tudo em nossa memória está conectado em uma teia gigantesca. Nessa teia, ou rede semântica, cada conceito, fato ou representação está relacionado a todos os outros, a diferentes distâncias (você passa de gato para cachorro em uma etapa; de gato para avião em um número maior de etapas). Essa arquitetura de conectividade maciça confere enormes vantagens. Permite uma codificação mais fácil de memórias onde elas se encaixam melhor, em conexão com outros itens relevantes para elas, e também uma recuperação mais fácil de informações, uma vez que as coisas estão conectadas por assunto e por probabilidade de co-ocorrência. "Co-ocorrência" é um jargão que vale a pena abordar de novo. As coisas tendem a aparecer (ou ocorrer) juntas em nosso entorno, em arranjos característicos; fogões aparecem junto com refrigeradores na cozinha; guarda-sóis e cadeiras de praia tendem a aparecer juntos na praia, e assim por diante. Essa co-ocorrência proporciona ao cérebro um pouco de estatística informativa, como a probabilidade maior de uma girafa aparecer em um safári do que na praia. Assim, quando precisamos recuperar algum verbete na memória, a busca fica muito mais fácil com os itens organizados dessa forma. Esse arranjo da memória também serve de base para a maior de todas as vantagens: a capacidade de fazer previsões. Se somos proativos e (quase) sempre tentamos antecipar o que está por vir, isso só é possível graças às associações e à ativação associativa. Quando você sabe que está para entrar em uma cozinha, sabe que objetos esperar, e mais ou menos em que organização espacial. Da mesma forma, quando você vai a uma entrevista de emprego, sabe como se vestir e como se preparar, porque conhecimentos como esse foram armazenados de maneira associativa em sua mente, por conta de experiências anteriores. A estatística daquilo que tende a acontecer em nosso entorno nos ajuda a recordar e a antecipar.

Essa tendência a ativar uma associação atrás da outra é um trunfo em nossas vidas, mas também a razão pela qual não conseguimos simplesmente contemplar a lua e estar com ela e nada mais. O movimento associativo é compulsivo.

A QUALIDADE DA EXPERIÊNCIA

Caminhamos por este planeta como alienígenas. A maioria de nós, na maior parte do tempo, tem a sensação de pertencer, mas ao mesmo tempo se sente exterior, cada pessoa dentro da própria pele, tentando se encaixar, mas confinada ao próprio mundo. Entramos em grupos, congregações e clubes; torcemos por times e partidos; jogamos de acordo com as regras e agimos conforme as convenções, fazendo tudo aquilo que a sociedade e a cultura ditam, para nos sentirmos conectados — e mesmo assim nos sentimos à parte. Isso resulta, implícita ou explicitamente, em uma atitude do tipo "eu contra o mundo", que fomenta o isolamento e torna a vida uma luta constante. Hoje em dia, porém, compreendemos que, ao mesmo tempo que estamos no mundo, o mundo está em nós, em nossa mente. Como é esse mundo depende de como é nossa mente. Ela determina se nossa experiência é rica ou trivial. Como indivíduos, o único mundo que existe é o reflexo do mundo dentro da nossa mente. Não somos externos nem internos: somos vivenciadores.

A ideia de que aquilo que ocorre dentro da nossa cabeça afeta nossa experiência é, ao mesmo tempo, banal e impressionante. O padrão dos nossos pensamentos, o volume da nossa atividade mental e nosso estado de espírito influenciam diretamente nossa forma de interpretar e sentir o mundo à nossa volta, mental e fisicamente. Parece tão intuitivo que as sensações físicas sejam absolutas e objetivas que vivemos com a impressão de que elas nos são impostas, e que nos limitamos a percebê-las, sem poder opinar sobre nossa experiência. Mesmo quando nos damos conta de que nossas percepções são subjetivas e não a "coisa em si", para usar o termo de Kant, em geral nos esquecemos disso rapidamente, e voltamos ao papel passivo em nossas próprias vidas. Afinal de contas, os sensores (visuais, como o olho, táteis, como a pele, auditivos, como os ouvidos, gustativos, como a língua, ou olfativos, como o nariz) devem sempre reagir da mesma forma ao mesmo estímulo físico. Esperamos a mesma resposta à mesma experiência: estímulo → resposta, como um engenheiro que sabe que uma instrução a um circuito elétrico sempre resultará na mesma saída, o que quer que aconteça. Porém, nossa percepção desse estímulo, nossa experiência subjetiva dele, apresenta enormes diferenças conforme o estado do nosso mundo interior. Não somos apenas sujeitos passivos em nossa experiência de cada instante. Nossa sensação — se a pele se arrepia, se coramos, sentimos medo, gostamos de um quadro ou percebemos a beleza do orvalho sobre as folhas pela manhã, ou o gosto que vai mudando da laranja em nossa boca, ou nossa condição como um todo — depende de nosso estado. As experiências acontecem no cérebro.

Vamos decompor uma experiência em seus elementos. Por exemplo: observar a luz do luar refletida por um lago em sua direção. Essa imagem entra pelos seus olhos e aciona células da retina, de onde passa por estágios de transmissão até entrar no córtex visual primário (a primeira parte do córtex a receber informações visuais; existe um córtex primário similar para cada um dos demais sentidos). Até aqui, trata-se menos de uma experiência e mais de uma reação impensada. Note que uma reação similar ocorreria em seu córtex visual primário mesmo que você estivesse completamente anestesiado e eu abrisse suas pálpebras para que essa cena entrasse em seus olhos. Portanto, até aqui, zero experiência.

A partir daí, a informação, visual no nosso exemplo, continua a propagar-se pelo córtex visual, misturando influências de baixo para cima, de cima para baixo e até laterais entre os neurônios. Que estágio da reação do córtex passa a ser considerado parte da experiência subjetiva? Algumas regiões intermediárias ao longo do córtex visual, as regiões mais elevadas da hierarquia do córtex, no córtex pré-frontal, ou talvez alguma coordenação orquestrada entre regiões? Na filosofia e na ciência da consciência, a qualidade subjetiva de uma experiência é, às vezes, chamada de *qualia*. É aquela sensação de leve euforia quando você bebe uma cerveja gelada em um dia quente, ou ganha um abraço da sua filha pequena, além da resposta às meras características físicas do acontecimento. Além dos receptores que reagem ao som e ao cheiro da sua filha, da pressão mecânica do abraço, das cócegas do cabelo dela em seu rosto, existe um aspecto indefinido da experiência, o prazer, a sensação profunda de carinho bem distantes das reações sensoriais propriamente ditas. É a qualidade da experiência que distingue nossa vivência da vivência de um robô ou de um zumbi.

Uma experiência é um espectro: em uma ponta está o nível inferior, como a retina e o córtex visual primário, que ainda não dá para chamar de experiência subjetiva; na outra ponta, está esse *qualia* intangível, no nível mais alto da subjetividade. Não nos preocuparemos em definir o ponto exato em que a reação do córtex se transforma em experiência, se é que existe esse momento. Queremos apenas enfatizar que uma experiência tem aspectos tanto objetivos quanto subjetivos. Da mesma forma, possui aspectos tanto cognitivos quanto emocionais, e aspectos tanto conscientes quanto subconscientes.

Experiências vão além de compreender aquilo que percebemos. Aquele lago resplandecente também aciona memórias, associações, sentimentos e antecipações, entre outras coisas. Tudo isso é parte da experiência. Esses variados aspectos ativam as mesmas e também diferentes regiões do cérebro, fornecendo as diferentes facetas da experiência. Você ganha um beijo, um tapa no rosto, um aumento, uma ofensa, ou uma oferta inesperada; essas experiências humanas combinam aspectos cognitivos, emocionais e muitos outros que tornam a experiência rica.

Uma conclusão imediata dessa discussão é que uma experiência precisa de um "terreno do córtex" para se desdobrar adequadamente. Mas esse terreno nem sempre está disponível, considerando que a mente tende a se manter ocupada e barulhenta. Qualquer experiência, como o abraço da sua filha ou o brilho do luar refletido no lago, tem infinitos detalhes. Quanto mais recursos tivermos disponíveis no cérebro para refletir esses detalhes na mente, assim como para reagir em cadeia às memórias e emoções associadas a eles, mais rica a experiência se torna. Quando a maior parte da nossa mente está dominada pelo planejamento da apresentação de amanhã, ou por ruminações sobre um e-mail incômodo que você acabou de ler, mas ainda não respondeu, não resta muito para curtir aquele abraço ou o falafel que você está comendo. As experiências, e os pensamentos a elas relacionados, precisam de espaço para se desenvolver.

Quando seus pensamentos estão em outro lugar, sobra menos para você vivenciar. A mente distraída e ocupada esvazia a experiência, por usar exatamente o mesmo espaço funcional de que precisamos para vivenciá-la. Há uma sobreposição de espaço. Retire desse espaço o passado e o futuro, porque necessitamos deles para o presente. As lembranças, as emoções do passado, as preocupações com o futuro, tudo isso rouba o espaço da experiência presente e dos pensamentos presentes.

Quando você morde uma maçã enquanto pensa no quarto que precisa limpar, parte dos pensamentos e da atividade relacionados à maçã não ocorre, porque esses neurônios estão ocupados com seus pensamentos relacionados ao quarto. É como no episódio de James Bond que mencionei antes: não é que eu não tenha absorvido a perseguição e o estímulo físico que ela emitiu para minhas retinas e tímpanos porque eu tinha a mente longe. Sim, eu os absorvi no córtex sensorial, não há dúvida. Mas minha divagação exigia tanto que tomou conta de parte do córtex de que eu necessitava para uma experiência apropriada. Pense nos seguintes termos: sem espaço, sem experiência. Uma atenção dividida significa, simplesmente, recursos divididos, em um jogo de soma zero.

Ao estudar a possibilidade de realização simultânea de várias tarefas, percebemos que as pessoas têm muito mais dificuldade quando as tarefas simultâneas pertencem ao mesmo domínio. Por exemplo, ler um texto e ao mesmo tempo ouvir outro texto sendo lido para nós em voz alta é extremamente difícil, porque ambas as tarefas demandam regiões da linguagem, no cérebro, que praticamente se sobrepõem. Ler enquanto tamborilamos com os dedos é muito mais fácil, porque são duas tarefas que exigem diferentes partes do córtex. No entanto, todo processamento paralelo diminui a qualidade de qualquer processo individual. É assim que devemos pensar em relação à forma como os pensamentos existentes diminuem a qualidade da experiência presente: uma competição entre o agora e o alhures.

A INFLUÊNCIA DO ESTADO MENTAL DE MOMENTO SOBRE AS EXPERIÊNCIAS FUTURAS

Não é só de espaço que as novas experiências precisam para se desenrolar em toda a sua riqueza de detalhes. Quando elas encontram espaço no córtex, deparam-se com um determinado estado mental que já predomina sobre a atividade geral do córtex, e têm que se adequar a ele. As novas experiências, qualquer que seja a riqueza com que permitamos que se expressem, são influenciadas, para não dizer prejudicadas, pelo estado mental global do momento. Aquele lago resplandecente é vivenciado de forma diferente não apenas de acordo com a sua disponibilidade, em termos de espaço, mas também, por exemplo, de acordo com sua tristeza ou alegria no momento que ele adentra seu córtex.

É ao mesmo tempo uma boa e uma má notícia. Má porque acrescenta mais fatores para distorcer nossa experiência, tornando-a ainda mais subjetiva. Não bastassem a atenção seletiva, as expectativas de cima para baixo, o recurso à memória, os preconceitos, entre outros, que nos impedem de ver as coisas como elas são, além da disponibilidade limitada de espaço para os detalhes no córtex, a experiência ainda é revirada, torcida e distorcida para se adequar ao estado de espírito preexistente. Que chance nos resta de enxergar o mundo da mesma forma que o ser humano ao nosso lado, que absorveu o mesmo acontecimento da existência? Quase nenhuma. No entanto, também é uma boa notícia, porque agora temos consciência disso.

Tudo que nos sobrecarrega, nos consome, demanda nossa atenção, suga nossos recursos mentais, nos afasta dos momentos que se desenrolam diante de nós. O principal de todos esses processos paralelos que nos roubam do presente é a divagação, esse fluxo constante de pensamentos, planos, simulações e ruminações correntes que ocupa nossa mente a contragosto. A meditação mindfulness busca justamente minimizar a atividade em andamento, para gerar mais espaço para que novas experiências abram as asas em nosso córtex, neutralizando ao mesmo tempo o estado mental, para que a experiência seja a mais pura possível.

Como escreveu William Blake em *O casamento do céu e do inferno*, "se as portas da percepção estivessem limpas, tudo apareceria ao homem tal como é: Infinito. Pois o homem se fechou, de modo que vê todas as coisas através de fendas estreitas de sua caverna".[1] De fato, se essas portas da percepção (que deram nome ao belo livro de Aldous Huxley e à banda The Doors) não forem purgadas de vieses e predisposições, isso implicaria se apegar a rotinas e pensamentos estereotipados, ser exploratório em vez de investigativo, confiar no passado e não no presente, operar de cima para baixo e não de baixo para cima, recorrer à memória e não às sensações inéditas, estar ali em vez de aqui.

Quando meus filhos mais velhos eram mais jovens e eu fazia café da manhã e me sentava com eles para comer, era comum eles zombarem do meu jeito profundamente avoado, perdido em meus pensamentos. No começo, até se assustavam com a expressão do meu rosto, com um olhar intenso, porém distante. Esse é outro aspecto impressionante da divagação: estamos não apenas longe, mas nossa mente está fortemente comprometida com esse longe. Eu virava um pai-zumbi, um corpo físico no mesmo ambiente e na mesma mesa que meus filhos, mas sem estar verdadeiramente ali. Naquele estado, como eu vivenciava a conversa, os risos, o sabor do waffle com xarope de bordo na boca? Eu era um autômato, vivendo no piloto automático. Muitas vezes me espanto com minha própria capacidade de parecer estar prestando atenção em uma conversa sem realmente estar, dando respostas sensatas. E não sou o único. Tanta coisa da vida passa na nossa frente sem que participemos de verdade.

IMERSÃO É PARTICIPAÇÃO

Recentemente, passei alguns dias no sul da Itália com Naor, desfrutando da belíssima Costa Amalfitana com um delicioso Fiat Spider conversível. No fim das contas, a melhor parte foi pegar a estrada, muito por causa do câmbio manual do carro. Se você já esteve na Costa Amalfitana, sabe que não apenas as estradas são incrivelmente sinuosas, mas estão coladas a rochedos extremamente verticais. Os italianos não estão a fim de tirar o pé do acelerador por conta de um cinquentão estrangeiro roda-presa levando a filha adolescente a um cruzeiro de férias. Tive que dedicar cada faísca de minha energia mental, a cada milésimo de segundo, para não perder o controle do carro e cair no mar Tirreno. Mudar de marcha — primeira, segunda, terceira, quarta, quinta, sexta — me absorvia. Eu estava dirigindo. Eu era a direção. Foi de fato empolgante, a experiência mais plenamente divertida e emocionante que eu tive em muito tempo. Mas a vida, para a maioria de nós, na maior parte do tempo, se parece mais com dirigir no câmbio automático. Atingimos certa idade em que já sabemos como passar para o automático, colocando a vida na posição D. A vida quase se dirige sozinha, e nós viramos passageiros passivos.

Por que, exatamente, estar tão imerso nos faz sentir tão vivos? A resposta curta é que a imersão é um estado de baixo para cima, formado apenas por sensações e reações, sem comentários mentais. Quando estamos imersos em uma experiência, não pensamos nela. Não pensamos, ponto. O mundo transmite e nossa mente reage: sem divagações, sem expectativas, sem divisão de recursos, sem julgamentos, sem deliberações. Em vez de um foco restrito sobre determinado aspecto do entorno, externo ou interno, estamos amplamente abertos a tudo, sentindo tudo.

A imersão é um ingrediente crucial para aproveitar a vida e ter experiências satisfatórias, mas não é isso que a meditação mindfulness nos ensina. O que ela nos ensina é a estar atentos ao presente, observar e testemunhar, estar no aqui e agora. Isso é essencial, mas não suficiente. Cabe a nós participar de nossas vidas. Não somos espectadores de nossa experiência, tampouco coaches ou cientistas, observando com uma prancheta, comentando e interpretando. Queremos mergulhar e vivenciar as coisas em primeira mão. Quando imergimos verdadeiramente em uma atividade, nos envolvemos demais para observar a nós mesmos. Uma coisa ocorre em detrimento da outra: quando observamos mais, imergimos menos; e quando imergimos mais, observamos menos.

O dilema da atenção, mencionado antes, é que estar atentos faz de nós testemunhas e observadores, mas não necessariamente nos faz imergir. Nossa mente está no presente tanto quando estamos atentos como quando estamos imersos; porém, quando estamos imersos, não temos consciência disso. Na imersão, estamos perdidos na experiência, para o bem ou para o mal.

Quando digo "perdidos", não estou apenas sendo metafórico. Perdemos nosso senso do eu, o que pode representar uma limpeza da mente maravilhosamente sadia, forçando nossa RMP a parar de pensar em si mesma por algum tempo, interrompendo todo aquele diálogo interior. Esse é, em parte, o apelo viciante dos video games. Os designers de games buscam imergir os jogadores no jogo, e os jogadores relatam que, quando se envolvem intensamente com o jogo, têm a sensação de que passaram a fazer parte dele. É possível até encontrar na internet rankings de jogos por grau de imersão.

Outra coisa que perdemos quando estamos imersos é o senso de tempo. Na verdade, acredita-se que a percepção do tempo seja uma medida confiável do grau de imersão.[2] Esse efeito foi relatado por rebatedores da liga profissional de beisebol dos Estados Unidos. Eles dizem que percebem um arremesso em câmera lenta. De que outra forma conseguiriam acertar uma bolinha que viaja a mais de 150 quilômetros por hora? Não sabemos ao certo por que ocorre esse efeito de perda do senso de tempo; os estudos neurocientíficos da imersão ainda são incipientes. Um conceito relacionado, relativamente mais explorado, é o de *absorção*.

Enquanto a imersão é um estado, a absorção é uma característica.[3] Em outras palavras, a imersão é um estado temporário, fugaz, enquanto a absorção é um traço da personalidade, de uma tendência geral à imersão, embora, compreensivelmente, os dois termos sejam usados muitas vezes de forma indistinta. Pessoas com níveis elevados de absorção como característica ficam imersas com mais frequência. Dos cinco grandes fatores tradicionais de mensuração da personalidade, concluiu-se que a abertura a experiências e a extroversão têm uma correlação positiva com a tendência à imersão.[4] Curiosamente, a absorção também tem correlação positiva com as alucinações e as ilusões. É por isso que, nos estudos científicos, quem sofre de psicose apresenta níveis de absorção mais altos.[5] A absorção, como característica, também é um preditor confiável para experiências espirituais e religiosas. No geral, tanto a imersão quanto a absorção estão relacionadas à adesão a uma experiência.

Durante a imersão e a absorção, a RMP fica consideravelmente menos ativa.[6] Faz sentido que, se nos perdemos quando estamos imersos, haja menos atividade na rede relacionada ao pensamento sobre o eu. Ao que parece, nossa mente fica tão dedicada à experiência em andamento que praticamente nenhuma atividade dos neurônios é alocada para qualquer outra coisa, sobretudo para a divagação. É claro que, como vimos nos capítulos anteriores, outra condição crucial para uma experiência imersiva é desligar as influências de cima para baixo. Expectativas, desejos, planos, projeções da memória e rotulagem de coisas barram, todos, a rota da imersão. Para que ela ocorra, é crucial uma redução da divagação, da atividade da RMP e das instruções de cima para baixo.

Como já foi dito, a meditação mindfulness também reduz a atividade da RMP e a divagação sobre si mesmo. A diferença é que, na meditação, ambas diminuem, liberando espaço mental para experiências futuras. Na imersão, em compensação, a redução da atividade da RMP e da divagação contribui para a participação direta na experiência presente. Na imersão, a atividade-padrão é reduzida, de modo que recursos mentais sejam direcionados para a experiência estimulante, imersiva, abrangente. A imersão é emocionante. Na meditação, o eu e os outros pensamentos se esvaem (através da rotulagem, por exemplo), em favor de um vazio mais geral. Quando estamos meditando e pensamos sobre o eu, simplesmente deixamos esse pensamento vir e ir embora, enquanto na experiência imersiva, se de alguma forma tomamos ciência do eu, somos arrancados da imersão. Eis um exemplo bobo. Por algum motivo, tenho alguma tendência a ser sempre a pessoa mais velha nos lugares aonde vou. Boates, aulas de crossfit, ioga, restaurantes descolados de Tel Aviv: eu me jogo nessas oportunidades de imergir, seja na música, no esforço físico ou na conversa. Não penso na diferença de idade, ou se pareço deslocado. Mas quando alguém faz qualquer comentário que suscite o espectro da idade, pronto: eu me torno plenamente ciente do fato de ser a única pessoa grisalha, a menos elástica, ou a de mais alto grau de instrução dentre quase todos à minha volta. O problema, porém, é que essa consciência de si me deixa, em geral, a um pequeno passo de ficar incomodado comigo mesmo. Começo a ter a sensação de que todos estão olhando para mim. Aí me dou conta de que, na verdade, sou eu que estou olhando para mim mesmo. A imersão se transforma em observação, acabando com toda a alegria.

A perda do senso de si e do tempo também é relatada como parte da experiência do *fluxo*, que parece estar fortemente relacionada à imersão. Surpreendentemente, existem pouquíssimas pesquisas em neurociência sobre o fluxo, conceito introduzido por Mihaly Csikszentmihalyi nos anos 1970.[7] Csikszentmihalyi o descreve como um estado de profundo envolvimento em uma tarefa. O cérebro entra nesse estado quando existe um equilíbrio apropriado entre nossa habilidade para executá-la e o grau de desafio. Ele é considerado tão vantajoso para o desempenho esportivo que alguns atletas recebem treinamento de neurofeedback de fluxo. Uma grande diferença em relação à imersão é que esta não se limita a experiências positivas. Você fica imerso na experiência de pisar no freio do carro desesperadamente para evitar uma colisão. O fluxo também envolve a realização de uma determinada tarefa, e exige que nos sintamos desafiados, enquanto na imersão podemos ser simplesmente arrastados pela experiência a cada instante, como uma descida de tirolesa ou um beijo, sem estar em busca de um objetivo específico.

Mesmo correndo o risco de sobrecarregá-los de conceitos e fenômenos psicológicos, vou descrever um elo interessante entre a imersão e a *saciedade semântica*. Na saciedade semântica, a repetição de determinada palavra faz com que ela perca temporariamente o sentido. Tente falar "abacate" cinquenta vezes e perceberá que aos poucos ouvirá apenas sons "sem sentido". Conforme o enquadramento apresentado aqui, as influências de cima para baixo se enfraquecem com as repetições, e, com estas, as referências a lembranças daquilo que já conhecemos, restando-nos apenas o som que nos chega de baixo para cima, proveniente dos sentidos. Isso também faz lembrar a prática artística do "estranhamento", da desfamiliarização ou *ostranenie* (termo russo cunhado pelo formalista Viktor Chklovski em um ensaio de 1917 intitulado "A arte como técnica"), em que personagens, objetos ou conceitos conhecidos são apresentados de forma estranha, afastados de seu significado original, para criar uma perspectiva nova a partir da qual observá-los. Sem envolvimento de cima para baixo, ficamos imersos no estímulo físico. Com essa atenção total a nossos sentidos, não admira que a imersão e um "senso de presença" também promovam uma sensibilidade perceptiva superior a detalhes físicos minuciosos que, de outra forma, teríamos menos chance de perceber.[8]

Um estado oposto ao da imersão é o estado de tédio. Você ficaria surpreso com o número de pesquisas que existem sobre o tédio. O tédio costuma ser mencionado no contexto do TDAH, sobretudo porque indivíduos que sofrem desse transtorno têm menor tolerância a tarefas entediantes (isso é mesmo verdade!). O TDAH parece esvair-se em situações imersivas. Crianças com problemas de atenção parecem ficar completamente atentas quando a experiência as interessa o bastante para imergi-las.

É terrível desperdiçar o potencial das experiências imersivas. Nosso cérebro evoluiu de modo que a RMP limitasse sua amplitude de onda, e por bons motivos, mas também evoluiu de modo a nos proporcionar o extraordinário prazer de driblá-la.

PENSAR MENOS, VIVENCIAR MELHOR

Agora é um bom momento para revelar que um dos fatores que me levaram a escrever este livro foi um artigo que escrevi em junho de 2016 para o *New York Times*, intitulado "Think Less, Think Better". O interesse que ele gerou deixou claro que eram ideias que ressoavam em um número bem grande de leitores. É óbvio que nós nos importamos com a qualidade da nossa experiência, e que não estamos satisfeitos com o atual estado de coisas. Os pontos principais daquele artigo eram que a maioria de nós é espectador da própria vida; que, sem a imersão, as experiências são rasas; que uma mente ocupada, tomada por preocupações, ruminações ou simplesmente sobrecarregada com informações do presente, reduz a qualidade da experiência.

Por que "pensar menos"? Não apenas porque a qualidade da experiência melhora com uma maior disponibilidade de recursos mentais e espaço no córtex, mas também porque a capacidade de raciocínio criativo e original é perturbada pela presença de pensamentos em excesso e todo tipo de interferência mental. Somos uma espécie criativa e inovadora por padrão. Só que o lixo mental cotidiano nos tolhe essa incrível capacidade. Recentemente, recebi o chefe de cozinha mais criativo de Israel, Eyal Shani, que é também uma das pessoas mais criativas que conheço, para um debate noturno sobre criatividade no campus da Universidade Bar-Ilan. Os ingressos se esgotaram praticamente na mesma hora: nosso auditório nunca esteve tão cheio. Em meu comentário inicial, falei à plateia sobre o fascínio das pessoas com o tema da criatividade, que pude constatar ao longo dos anos. Não creio que a procura teria sido tão grande e entusiasmada ainda que o tema do evento fosse "Como acrescentar quinze anos à sua vida". É um assunto que desperta um sentimento de alegria e esperança: temos uma tendência natural a explorar e aprender. Nosso desejo é criar: não comer mais, nem dormir mais, nem assistir mais TV — preferimos criar a fazer qualquer uma dessas coisas.

A essa altura sabemos que existem múltiplas fontes de redução da qualidade da experiência, e que precisamos combater todas elas em nome de experiências melhores em nossas vidas. Em primeiro lugar, a qualidade da experiência é reduzida, e possivelmente desperdiçada, porque nossas portas da percepção não foram purgadas. Predisposições, vieses, preconceitos, convicções e expectativas em excesso: tudo isso afeta nossa forma de enxergar o mundo. Em segundo lugar, a profundidade e a riqueza de nossa existência são drasticamente reduzidas por nossa tendência a ocupar a mente com multitarefas, na crença equivocada de que conseguimos fazer várias coisas ao mesmo tempo. Na verdade, tentar fazer apenas uma coisa de cada vez (inclusive pensar) é um exercício sofrido. E as inúmeras demandas sobre nossa capacidade mental não são apenas uma questão de decisão consciente e voluntária. Em terceiro lugar, e talvez esse seja o fator mais profundo, está a falta de imersão. Não podemos estar sempre assistindo e narrando nossa própria vida; precisamos estar *dentro* dela.

Repitamos esses obstáculos cruciais para a vivência mais plena possível da vida: predisposições de cima para baixo, sobrecarga mental e falta de imersão. O melhor método que conheço para nos libertarmos desses obstáculos é a meditação mindfulness, mas tenho certeza de que existem outros. A meditação mindfulness unifica nossas respostas aos mundos exterior e interior; reduz as predisposições e outras influências de cima para baixo que nos tornam preconceituosos, julgadores e exigentes para com o mundo; e nos ajuda a focar no presente. No budismo, o termo "vazio" não significa uma mente vazia; significa uma mente vazia de distorções. Em relação à imersão, a história é outra.

No geral, compreender a atenção plena significa compreender como os pensamentos afetam a qualidade da experiência. Não é a atenção plena, em si, que nos torna felizes; ela apenas nos deixa conscientes do que está acontecendo, de bom ou de ruim, para que possamos vivenciar a vida como ela é.

FELICIDADE *REDUX*

Alguns anos atrás, fui convidado a dar uma palestra no Rio de Janeiro, em um encontro científico sobre visão computacional. Certa noite, nossos anfitriões nos levaram a um jogo de futebol no famoso estádio do Maracanã, entre Flamengo e Vasco. Não sou fã de futebol, mas era o Brasil, e o Maracanã — o que eu poderia dizer? O clima no estádio era eletrizante, para não dizer ameaçador. Na saída do jogo, vimos um torcedor sem camisa dançando e cantando com alegria excepcional. Seu semblante, obviamente embriagado, mostrava que ele estava em um universo diferente do nosso, de plena felicidade. Sven, meu colega canadense, virou-se para mim e perguntou: "Moshe, o que seria necessário para deixá-lo alegre desse jeito?". Tristemente, não consegui pensar em nada. À exceção da interceptação de Malcolm Butler no último segundo do Super Bowl XLIX, ou talvez um ou outro lance assim, não consegui pensar em nenhum momento específico que tenha me deixado tão extasiado. Alegre, com certeza, muitas vezes; mas a felicidade profunda, sem limites, sem freios, é algo que não vivenciamos com muita frequência depois que nos tornamos adultos.

No aniversário de quinze anos da minha filha, levei-a a outro encontro científico, dessa vez sobre a estética e o cérebro, em Frankfurt. Parte do presente de aniversário dela foi irmos a um show de Harry Styles. Lá estávamos eu e 15 mil adolescentes empolgadas. A multidão e o comportamento no entorno eram fascinantes. Para um neurocientista interessado na natureza humana, era uma amostra gigante do universo adolescente e da felicidade autêntica. Fiquei analisando aquelas jovens: suas expressões, a linguagem corporal, a conversa e a expectativa incansável pelo sr. Styles. Nunca me vi cercado de tanta alegria. Do período de espera até a hora do show e seu término, havia no ar uma felicidade e uma liberdade tão imensas que cheguei a pensar, de verdade, que megaestrelas como Harry Styles merecem um lugar de honra em nossa sociedade, pelo bem-estar e os benefícios à saúde que proporcionam. (Pelo que entendi, mais ou menos um mês antes, Styles assumira gostar tanto de mulheres quanto de homens, liberando milhares de adolescentes confusos, que passaram a se sentir mais livres e orgulhosos para ir a shows cobertos de bandeiras coloridas LGBT. Economizaram-se rios de sofrimento, dinheiro e tempo de terapia com um simples gesto humano de um ídolo talentoso.)

Mas eu gostaria de focar na alegria individual. Observei duas jovens no momento em que chegaram a seus assentos, e pude identificar o momento em que caiu a ficha delas, de que estavam mesmo prestes a ver Styles. Uma olhou para a outra com enorme felicidade. Faz milênios que não vejo em adultos uma expressão como aquela. Não há dinheiro ou realização capaz de trazer uma expressão tão intensa de felicidade ao semblante de meus amigos, nem mesmo uma ligação do comitê do Prêmio Nobel. Isso ficou na minha mente o show inteiro, e desde então. Aqueles dois rostos ingênuos, resplandecentes, genuinamente felizes.

E o problema mora na minha escolha da palavra "ingênuos". O que faz com que apenas os ingênuos e infantis possam sentir uma alegria tão intensa? Como foi que aceitamos a "subfelicidade" como destino? Querer repetir a felicidade extrema dos anos passados, todos os dias, não deveria ser desprezado como algo fora da realidade.

Já se demonstrou que a felicidade é um alvo que vai ficando cada vez mais fugidio. Na Universidade Harvard, e depois também em Yale, os cursos que atraíram o maior número de estudantes, por uma ampla margem, são dois sobre a felicidade. Somos ávidos por tudo que nos promete a felicidade. Trata-se, obviamente, de uma busca constante da raça humana. Somos uma raça infeliz, desesperada por algo que melhore as coisas. Por isso, é claro, pedir a felicidade extrema, como estou fazendo aqui, pode parecer ganancioso, para não dizer delirante. Mas acho que todos nós deveríamos nos perguntar onde a felicidade extrema foi parar, com o passar dos anos.

Por mais que a felicidade seja primordial para nossa existência, não existe uma definição científica desse conceito. Para o conceito de humor, mal existe definição. No contexto atual, o que vimos até agora é que nosso modo de pensar afeta nosso modo de sentir, e nosso modo de sentir afeta nosso modo de pensar. A atividade mental determina nosso estado de espírito. Para mim, é reconfortante saber que meu cérebro é responsável pela minha felicidade.

12. A mente ideal para cada ocasião

Você está sentado em uma sala de meditação, com trinta a quarenta outras pessoas, em silêncio, numa almofada ou num tapetinho. Passa 45 minutos focado na própria respiração, tudo extremamente relaxante. Você está mergulhado em pensamentos — ou, de preferência, observando seus pensamentos —, de olhos fechados. Ao longe, ouve pássaros, e a sensação geral é de estar em uma nuvem. Já é quase meio-dia, embora você não tenha ideia nenhuma da hora, e esteja desde as seis da manhã meditando, entre uma e outra pausa. De repente, você ouve o gongo tibetano. Não é alto, mas é firme. A sessão acabou. Na mesma hora, seu corpo e sua mente mudam. Seu cérebro é imediatamente preenchido pelo que vem em seguida: pegar os sapatos e a garrafa de água fora da sala e correr para o refeitório antes que a comida acabe (bom, dá para ver que ainda não atingi a iluminação...). Você sente os músculos se retesarem, e com certeza sua mente já não está em uma nuvem. Em apenas um segundo, seu ser transformou-se inteiramente, do interior para o exterior, do agora para o porvir, do passivo para o ativo, tudo de uma vez só, e de forma acachapante.

Certa vez, tarde da noite, durante uma viagem em família a Moscou (as ideias vêm quando menos se espera), refleti sobre todas as descobertas discutidas aqui — sobre as divagações, as previsões, as percepções, a atenção plena, o apelo da novidade, o pensamento associativo, o humor e a imersão — e de repente me dei conta de que todas essas diferentes dimensões estão conectadas e, juntas, compõem nosso estado mental. Elas fazem parte de um mesmo pacote e mudam em conjunto, ao longo de um espectro entre dois estados opostos da mente.

ESTADOS MENTAIS ABRANGENTES

Somos organismos dinâmicos e versáteis, feitos para se adaptar a inúmeros cenários e situações. Ao contrário do que a intuição nos faria crer, nossa mente não é imutável. Assim como nossa pupila pode se dilatar para se adaptar de maneira ideal a um nível de luminosidade específico, nossa mente inteira pode mudar conforme a tarefa e o contexto.

"Estado mental" não é apenas uma figura de linguagem: é algo abrangente e dinâmico. Pense nas seguintes dimensões dentro das quais nosso estado mental pode variar: podemos ora ser altamente criativos e pensar em associações amplas, ora pensar de forma restrita e ficar intensamente focados; podemos ora atentar, perceber e recordar as propriedades globais (a "floresta") e ora as propriedades locais (as "árvores") do mundo à nossa volta; nossa percepção pode ser influenciada ora de baixo para cima, por informações externas que recebemos, ora de cima para baixo, por predisposições e vieses; nosso estado mental pode ser ora positivo (chegando até a ser maníaco), ora negativo (chegando até a ser depressivo); podemos estar no agora (como na meditação mindfulness) ou viajar no tempo mentalmente, ao passado ou ao futuro; podemos ter pensamentos ora interiorizados, sobre temas relacionados ao eu, ora exteriorizados, sobre nosso entorno; e quando a questão é nossa motivação para aprender, vivenciar ou tolerar a incerteza, podemos investigar a novidade ou apelar ao conhecido. Trata-se de espectros contínuos, que vão do amplo ao restrito (ou do aberto ao fechado). É raro que nossa mente esteja em um desses extremos, mas eles precisam ser compreendidos e levados em conta quando tentamos explicar a mente humana.

A mensagem central desse novo enquadramento dos estados da mente, elaborado com Noa Herz, tem duas faces: nosso estado é dinâmico e é abrangente, no sentido de que todas essas facetas — a percepção, a atenção, o raciocínio, a abertura e o afeto — movem-se em compasso único com a alteração de estado.[1] Esses diversos estados mentais pressupõem diferentes conjuntos de vieses e predisposições, que podem exercer efeitos substanciais e onipresentes sobre nossa percepção, cognição, pensamento, humor e ação. Nosso estado mental pode, literalmente, mudar nossa experiência subjetiva do entorno e do nosso próprio ser. É ao mesmo tempo fascinante e importante compreender que o cérebro pode ter "estados", alinhando processos mentais distintos de acordo com as demandas de uma situação em andamento, como uma teia lançada sobre nossa mente inteira.

Quando se encontra em meio a um surto de pensamento criativo, por exemplo, uma pessoa é também amplamente associativa em seu raciocínio; suas divagações serão de amplo alcance; seu humor será positivo, atento e perceptivo em relação ao mundo à sua volta de uma maneira mais global, de baixo para cima e investigativa; e ela terá uma sensibilidade mais aguçada para o que é novo. É o que batizei de estado da mente amplo e aberto. Por outro lado, quando uma pessoa está focada, recorrendo à memória para realizar uma tarefa, em modo de cima para baixo, ela também está levando em conta um leque mais limitado de informações, dando preferência à rotina, pensando de forma mais estereotipada e fugindo da novidade e da incerteza. Quando sua mente estiver divagando, o fará de forma restrita. Esse é o estado da mente restrito e fechado.

Um aspecto menos intuitivo decorrente do conceito de estado da mente é que ele contém informações sobre o futuro. Em geral, quando se mede um fenômeno da natureza, com quaisquer instrumentos sofisticados de medida de que se disponha, é possível analisar o estado atual do sistema que está sendo estudado: como ele se encontra no momento, como, por exemplo, a temperatura atual de uma sala, a magnitude da luz emitida por uma lâmpada, ou a quantidade exata de açúcar no café que você está tomando. Isso é informativo. Em alguns casos, as medições também trazem informações sobre o estado anterior de um sistema; um eletrocardiograma pode dar a um cardiologista informações sobre a dinâmica passada do coração, e da mesma forma sabemos que a luz proveniente de uma estrela distante foi emitida muitos anos-luz atrás, e que às vezes ela nem existe mais no momento em que sua luz nos alcança. Na verdade, até no simples desfrutar de um pôr do sol os olhos realizam uma medição, da luz e da cor, de um pôr do sol ocorrido alguns minutos antes. O estado da mente, porém, também contém informações a seu respeito no futuro, informando de que maneira você provavelmente reagirá, se sentirá ou comportará diante de diferentes gatilhos e estímulos. É como se você pudesse prever o desempenho futuro da bolsa de valores com base na situação atual. Caso dispuséssemos de instrumentos perfeitos de medição da mente, seu estado neste exato momento (aberto e amplo, por exemplo) poderia ajudar a antecipar a originalidade com que você resolverá um problema futuro, ou sua probabilidade maior ou menor de assumir riscos. Seu estado atual prediz seu futuro "eu".

O estado mental é diferente dos traços de personalidade, que obviamente também afetam predisposições, atitudes, comportamentos e desempenho. Uma pessoa impaciente tem menor probabilidade de permanecer focada por longos períodos, e é mais provável que uma pessoa mais aberta a experiências apresente um comportamento investigativo, em vez de agir de forma segura, exploratória. Podemos pensar na personalidade como o envelope e no estado da mente como as flutuações do indivíduo dentro desse envelope. Os estados da mente são mais transitórios e, como tal, menos contínuos, mas muito influentes. Tomemos o humor, por exemplo. Estar feliz ou triste em determinado momento afeta diretamente faculdades como o escopo da atenção, da memória e assim por diante. Da mesma forma, estar com a memória funcional carregada, como quando você precisa memorizar uma série comprida de algarismos enquanto procura lápis e papel, ou simplesmente quando tem coisas demais na cabeça, afeta diretamente a criatividade e o grau investigativo ou exploratório. Isso, por sua vez, afeta sua prontidão para detectar novidades no entorno, e até que ponto você assumirá riscos ao tomar decisões.

William Hutchison Murray, inspirado pela tradução livre do *Fausto* de Goethe feita por John Anster, escreveu: "O que quer que você possa fazer, ou sonhe que pode fazer, comece a fazer. A ousadia possui genialidade, potência e magia. Comece agora".[2] Adoro essa citação. Essas palavras poderosas podem levar as pessoas a agir, incutindo determinação e mudando radicalmente um estado mental: são palavras que levam você do estado A para o estado B. Na verdade, os estados da mente podem ser alterados por diversos gatilhos, o que faz de nós criaturas bastante adaptáveis e dinâmicas.

Digamos que você seja o gestor de uma equipe e tenha decidido realizar uma sessão de brainstorming com o seu grupo. Existe um grande problema, para o qual é necessária uma solução verdadeiramente criativa; faz semanas que esse problema paira sobre você, e uma discussão coletiva pode trazer a solução. A pergunta é: como fazer para levar as pessoas a empregarem de verdade a criatividade e encontrar essa solução?

Bem, você levaria em conta o tipo de estado da mente ideal que os membros de sua equipe deveriam ter no momento em que chegam para a sessão? Certamente deveria. Você pensaria que o ideal seria eles estarem bem concentrados, prontos para focar de verdade? Sem conversinhas, biscoitinhos nem pizza: você quer que eles estejam no modo sério, de resolução de problemas. Bem, pense de novo. Acabamos de ver que as pessoas com bom humor tendem a ser mais criativas, melhores na resolução de problemas que exijam sacadas inéditas, porque quando estamos felizes nossa mente entra em modo amplamente associativo. Portanto, o ideal é que eles estejam para cima, achando que a sessão vai ser divertida. Você pode dar o tom exibindo um trecho de um filme do Monty Python, ou talvez um vídeo hilariante de gatinhos. Que coisa inesperada! Faça-os rir, e em seguida jogue na cara deles o problema. Esse é apenas um pequeno exemplo de um processo que todos nós podemos incorporar em nossas vidas cotidianas — orquestrar nosso estado da mente, buscando afiná-lo de acordo com as exigências do momento.

Vamos refletir de novo sobre a imersão, dessa vez no contexto do enquadramento dos estados da mente abrangentes. A imersão é o extremo do estado investigativo, totalmente receptivo de baixo para cima, sem imposição de cima para baixo de lembranças, associações familiares ou expectativas. Na outra ponta, a da exploração total, se é que ela é possível, nem um único neurônio estaria reagindo aos estímulos externos do entorno. Todo o processamento seria de informações e sensações de dentro. Eu gostaria de saber se esse estado pode ser induzido, para podermos estudá-lo, e por esse motivo meu laboratório está adquirindo tanques de privação sensorial, em que pessoas boiam na escuridão, em água à temperatura da pele, sem qualquer som, luz ou outro estímulo físico.

Quando tive o insight das interconexões de nossa experiência mental em cada estado, foi como se isso sempre tivesse sido evidente. No entanto, teve que vir à tona dessa forma, devido à compartimentalização das pesquisas sobre o cérebro. Quando estamos na faculdade, aprendemos que a percepção é um campo de pesquisa, a atenção é outro, assim como a memória e o humor. Como pesquisador, a tendência é se especializar em um desses campos, o que torna mais difícil enxergar a conexão entre eles. Porém, como diversas descobertas em áreas alheias à minha especialidade inicial me levaram a transitar entre essas fronteiras em meu laboratório, os pontinhos acabaram se ligando.

Perceber, por fim, como todos se encaixam em um quadro claro foi minha descoberta mais empolgante até hoje: não apenas pelo puro contentamento científico de resolver um quebra-cabeças enlouquecedor, mas porque ficou evidente de cara, para mim, que essa constatação pode vir a ser útil em nossas vidas cotidianas. Compreender esse espectro pode nos ajudar a mover nossa mente, conscientemente, em outra direção.

INVESTIGAÇÃO VERSUS EXPLORAÇÃO

Quando eu levava meus filhos ao Museu da Ciência de Boston, e íamos almoçar na lanchonete do museu, eu gostava de me sentar com eles perto da entrada e mostrar-lhes uma coisa peculiar sobre a mente humana. As pessoas que entravam reparavam nos nossos pratos, enquanto as pessoas que saíam olhavam para nossas caras. Era uma diferença marcante entre estados: a fome de informação alimentar e a fome de informação social. Tirando a sobrevivência, o ser humano anseia por maximizar recompensas. Quanto mais recompensas, melhor. Aquilo que consideramos uma recompensa depende do nosso estado: às vezes é comida, às vezes é sexo, às vezes é aprendizado, às vezes é uma rotina que nos agrada. Curiosamente, até a percepção mais básica depende desses estados da mente. Tendemos a ter a impressão subjetiva de que percebemos nosso entorno sempre da mesma maneira, por inteiro, de forma contínua e homogênea. Mas a verdade é que nossa percepção é guiada, restringida e distorcida por mais influências do que somos capazes de apreciar.

Nossas necessidades, metas e intenções são impulsos poderosos, que ditam aquilo que recolhemos através dos sentidos do cenário à nossa volta. Caso você esteja correndo para pegar um ônibus prestes a sair, é menos provável que repare na arquitetura do prédio em seu caminho; caso esteja focado na beleza do rosto de alguém, dificilmente lembrará depois a cor da camisa daquela pessoa; e caso esteja desfrutando do panorama de uma floresta, terá dificuldade em perceber mudanças em árvores específicas. Na verdade, demonstrou-se que o escopo com que examinamos nosso entorno varia em função de fatores como a tarefa, o contexto e até nosso humor.

Se nossos estados da mente afetam nosso comportamento e nossas próprias percepções de forma tão direta e poderosa, valeria a pena saber o que os determina. Além das metas e intenções, uma força que os dita é a interessante tensão dentro do cérebro entre a "investigação" e a "exploração". Em muitos aspectos, esses dois extremos diferem em relação ao nosso grau de tolerância à incerteza.

Na vida cotidiana, existe um equilíbrio sadio entre esses dois extremos. Temos necessidade de ambos: se não fôssemos de algum modo investigativos, não teríamos como aprender e crescer, e, se não apelássemos à certeza do conhecido quando necessário, teríamos dificuldade em sobreviver. Os fundamentos neurais por trás da investigação e da exploração, assim como os neurotransmissores e os mecanismos relacionados que nos permitem passar de um para o outro, estão sendo ativamente estudados e gradualmente revelados. A evolução desses conhecimentos terá, em algum momento, impactos significativos sobre nossa vida cotidiana. Além da compreensão básica do córtex, é importante para todos nós reconhecer onde nos encontramos no espectro investigação-exploração e, de vez em quando, adaptar nossas atitudes de acordo com isso. Quando é preciso realizar um balanço contábil detalhado, é melhor fazê-lo estando em modo exploratório. Mas a busca de um nome criativo para a sua empresa tirará melhor proveito do modo investigativo.

Esses estados, assim como a tensão entre eles, não apenas orientam nossa interação com o mundo exterior, mas também pertencem a nossas vidas mentais interiores. Em linha com as pesquisas científicas, que demonstram a existência de paralelos entre o interior e o exterior de nossas vidas mentais, e em linha também com o ensinamento budista de que não existe verdadeira distinção entre o interior e o exterior, essa fronteira parece ser arbitrária. Como afirma Shunryu Suzuki em seu excelente livro *Mente zen, mente de principiante*, ela se assemelha mais a uma porta giratória do que a um muro. De um ponto de vista mais científico, ela não é impermeável, porque o mundo exterior existe e é percebido e representado dentro do nosso mundo interior. Da mesma forma que nossa predisposição em relação ao mundo externo à nossa volta, nosso padrão de pensamento interno também pode variar entre o aberto e amplo, no estado investigativo, para o fechado e restrito, no modo exploratório. Podemos focar em um certo pensamento ou problema, ou vagar associativamente entre um assunto e outro. Grande parte daquilo que o cérebro faz quando não estamos ocupados com uma tarefa complicada, quando divagamos, é planejar e gerar situações hipotéticas. Isso costuma redundar em roteiros que nos ajudam a lidar com situações futuras. Quanto mais investigativo é nosso padrão de pensamento, mais amplas e intensas são nossas simulações. Uma mente investigativa é uma mente criativa, mas não é só dessa mente que precisamos. Quando estamos focados, precisamos proteger nossa mente de distrações, mas também precisamos estar abertos a novas ocorrências, que não antecipamos. Estar ao mesmo tempo focado e de mente aberta é um equilíbrio delicado. Louis Pasteur afirmou que o acaso favorece a mente preparada. A mente mais preparada para perceber casualidades é a mente investigativa, mas a mente exigida para tornar essa casualidade produtiva é a mente exploratória.

São necessárias mais pesquisas antes de descobrirmos a melhor forma de utilizar essa importante tensão para otimizar o desempenho e o bem-estar. Porém, mais do que aprimorar as atividades cotidianas, existem repercussões mais comuns em relação aos transtornos mentais. Quero citar duas.

Como mencionei antes, a característica mais marcante da maioria dos transtornos do humor, como a depressão e a ansiedade, é o padrão de pensamento ruminativo. As ruminações são cíclicas, limitadas a temas restritos e difíceis de interromper. Para ser criativa e produtiva, a mente precisa estar amplamente associativa, mas nos depressivos e ansiosos costuma ocorrer o oposto. Por conta disso, indivíduos com depressão e transtornos de ansiedade severos costumam gastar a maior parte de sua atividade mental no modo exploratório. Ruminar é como uma tarefa que consome recursos, e como tal sobrecarrega e monopoliza nossa mente.

Na outra ponta do espectro estão os indivíduos com TDAH, investigativos por excelência do ambiente, atentos a quase tudo, mas comprometidos com quase nada. Pessoas assim poderiam se beneficiar de uma capacidade relativamente superior de se concentrar, enquanto pessoas com mente ruminativa poderiam se beneficiar de uma mente mais associativa. Em meu laboratório, esse é um tema atual de pesquisa, a modulação do equilíbrio entre investigação e exploração, em nome de uma melhora do humor e de uma compreensão mais precisa dessa tensão fundamental dentro do cérebro. No entanto, já podemos afirmar que viveremos melhor nossas vidas se compreendermos as respectivas vantagens e predisposições de estados da mente tão diversos.

DO QUE SÃO FEITOS OS ESTADOS DA MENTE

Ainda não é de todo possível explicar como se formam os estados da mente, mas é importante considerar que existem diferentes níveis de explicação. Na ponta de baixo dessa hierarquia, podemos olhar para o nível molecular, sobretudo os neurotransmissores mensageiros, enquanto na ponta de cima podemos olhar para o comportamento e os eventos mentais. Entre um e outro, podemos analisar as pesquisas neurocientíficas intermediárias que tratam dos neurônios, circuitos e ativações psicológicas.

O que determina nosso estado da mente? Existem vários fatores, entre eles o contexto, as metas e o histórico. O estado da mente pode ser determinado por um gatilho externo, como testemunhar um trágico acidente de trânsito ou receber uma notícia maravilhosa; ou por eventos interiores, como um pensamento que aflora ou uma sensação do corpo. Existe uma hipótese abrangente que permite explicar a maior parte, se não todos os estados mentais: eles seriam determinados pelo equilíbrio, no cérebro, entre os processos de cima para baixo e os de baixo para cima.

O significado dos processos de cima para baixo e de baixo para cima no córtex foi explicado em mais detalhes anteriormente, mas vamos recordá-lo aqui em termos intuitivos. Os processos de cima para baixo são aqueles que recorrem às experiências passadas, à memória, ao contexto, às metas e previsões, que precedem e moldam nossa percepção ao fluir dos níveis mais altos do córtex, que armazenam todo o conhecimento acumulado. Os processos de baixo para cima, por sua vez, representam as informações diretamente provenientes dos sentidos, sem interpretação (e possível distorção) de regiões superiores na hierarquia do córtex; são simplesmente as reações do córtex aos estímulos físicos percebidos a partir do entorno. Na maioria das percepções, cognições, emoções e ações, o cérebro opera combinando tanto as influências de cima para baixo quanto as de baixo para cima, em graus variados, com ênfases relativas variadas atribuídas às influências do fluxo para baixo e do fluxo para cima, a depender de uma série de fatores.

Apesar disso, vale a pena analisar os extremos. Em que situações o processamento do cérebro é completamente de cima para baixo, sem peso nenhum atribuído aos sinais de baixo para cima? Os sonhos são um exemplo: neles, não há nenhum dado sensorial que gere influências de baixo para cima (sempre existem exceções, é claro). Os devaneios também são processos quase totalmente de cima para baixo. Outro exemplo desse tipo são as imagens mentais. Se lhe pedirem para fechar os olhos e imaginar a disposição da mobília em seu apartamento, ou imaginar como seria um amigo se usasse cabelo azul e roupas amarelo-ovo, você faria isso com base apenas em processamento de cima para baixo, sem informações de baixo para cima (curiosamente, pessoas com *afantasia*, a incapacidade de produzir imagens mentais, que costumam nos fazer derivar, relatam se sentir mais no presente e vivenciar menos episódios de divagação).[3]

O melhor exemplo do outro extremo, apenas de baixo para cima, sem peso nenhum atribuído aos sinais de cima para baixo, é a mindfulness autêntica. Em teoria, na meditação "bem-sucedida", com bastante prática, e o mais alto padrão desejado de atenção plena, os processos de cima para baixo são interrompidos. De fato, é assim que eu considero que a meditação funciona, quando nos ajuda a apreciar o instante presente, reduzindo a participação dos processos de cima para baixo, que nos levam para outro lugar no tempo e no espaço, permitindo-nos apreciar aquele passarinho na árvore à nossa frente, sem que receios, metas, juízos e expectativas nos interrompam e atrapalhem.

O que determina seu estado da mente a cada momento é até que ponto as informações de cima para baixo ou de baixo para cima são levadas em conta. Se você vai desfrutar do entorno com um holofote amplo e aberto de atenção ou focar apenas através de um buraquinho; se você vai assumir riscos ou ater-se ao conhecido; se você vai pensar de forma criativa, com associações amplas, ou ficar ruminando o mesmo assunto; se você vai estar alegre ou triste, tudo depende do equilíbrio entre os processos de cima para baixo ou de baixo para cima no cérebro, ou seja, você atribui mais peso àquilo que chega através dos sentidos ou àquilo que flui internamente. Sua posição nesse espectro determina sua forma de perceber, processar e sentir todas essas dimensões ao mesmo tempo. Porém, não vamos deixar que o jargão usado aqui nos confunda e leve a pensar que estamos em perfeito controle do nosso estado mental. A maior parte dele é automática e ocorre fora dos domínios da consciência ou do controle voluntário, sendo desencadeada por pistas exteriores, do nosso entorno, e por sinais e pensamentos internos. Apesar disso, porém, dispomos de certa influência sobre nosso estado mental, e ao compreender isso podemos aumentar nossa voz sobre ele.

ESTADOS CAMBIANTES

Os estados da mente não são uma fatalidade. Podemos alterá-los, de forma deliberada ou não. Em muitos aspectos, mudar o estado da mente se assemelha ao conceito psicológico de *reenquadramento*. Podemos enxergar uma mesma situação de diferentes maneiras, e o jeito que escolhemos (ou aceitamos) para encará-la pode afetar totalmente nossa atitude em relação a ela. A título de exercício, imagine como seu sentimento e seu comportamento podem variar ao conhecer uma pessoa se ela for entrevistar você para um emprego; se você for entrevistá-la para um emprego; ou se você for sair com ela pela primeira vez. O estado da mente pode afetar não apenas nossos atos, mas também nossas percepções. Até mesmo uma percepção básica, como a noção de tempo, pode ser lenta, se você estiver entediado ou sofrendo, ou rápida, se você estiver empolgado, embora saibamos que o tempo é o mesmo.

Às vezes é possível alterar de maneira voluntária um estado da mente, como fazemos no laboratório, com "induções de estados mentais". Podemos mudar o humor, a amplitude do pensamento, o escopo da atenção, a percepção global versus local, as atitudes investigativas ou exploratórias, e assim por diante. O mais importante é que, como todas essas variadas dimensões estão interligadas, mexer com uma interfere nas demais da mesma maneira. Uma pessoa que tornamos mais feliz também pensará de forma mais ampla e associativa, perceberá o entorno de modo mais global, com uma atenção de escopo mais largo, e terá maior tolerância à incerteza. E quando fazemos alguém pensar de maneira mais amplamente associativa, também melhoramos seu humor, e assim por diante. Tudo está amarrado, algo de que podemos tirar proveito quando parece difícil alterar determinada propriedade: podemos ter acesso indireto a ela por meio de uma propriedade correlata. É como dispor de diversas portas de entrada para o mesmo estado. Não temos como forçar uma pessoa a ser criativa, mas podemos melhorar seu humor e, com isso, estimular seu pensamento associativo e criatividade.

Adquirir familiaridade com as maneiras de avaliar o próprio estado da mente pode ajudá-lo a otimizar atividades conforme esse estado. Um exemplo de outra área: sei que, quando durmo muito pouco, me irrito com facilidade (e fico chato) durante o dia. Quando reconheço esse estado, ordeno a mim mesmo, explicitamente, minimizar as interações com os outros e evitar ao máximo escrever e-mails. É como quando estamos em uma loja e não queremos que a música alegre do ambiente nos induza a gastar mais apenas porque estamos de bom humor e menos reprimidos. A manipulação dos estados da mente também pode ser aproveitada para melhorar o desempenho. Quando se está de bom humor, é difícil parar quieto, não sendo, portanto, a melhor hora para preencher o imposto de renda (se é que existe hora boa para isso). Também é útil saber que, uma vez nesse estado, a tendência será tomar decisões mais arriscadas. Esse é o melhor estado para bolar uma solução pouco convencional para um problema. Assim como você sabe que a melhor hora do dia para se concentrar é pela manhã, saiba que o estado ideal para explorar um território novo é o estado de pensamento amplamente associativo.

Outro aspecto interessante em relação aos estados da mente tem a ver com a memória e o limite das simulações mentais. Em alguns estados, nossa capacidade de imaginar um estado alternativo é incrivelmente limitada. Pessoas em meio a episódios depressivos sentem-se tristes e é comum que sequer consigam visualizar-se sentindo-se melhor. Se pedirmos a uma pessoa nessa situação para lembrar como estava se sentindo na véspera, veremos que ela não tem uma noção real. O estado da mente depressivo é tão acachapante que toma conta da memória de outros estados. Da mesma forma, ele torna impossível imaginar sentir-se melhor no futuro. Isso também ocorre no sentido oposto: você acorda em um dia ensolarado, e quando de repente lembra que passou uma hora acordado no meio da noite, preocupado com probleminhas, simplesmente não consegue compreender como algo tão irrelevante o atormentou tanto. Naquela hora, porém, tudo parecia bem real, concreto e preocupante. Quando passa, você não consegue mais reviver a força daquela sensação.

A questão da nossa incapacidade de reviver, ou simplesmente ressentir, pode explicar algo mais profundo em relação à nossa experiência cotidiana e nosso bem-estar. Nos preceitos budistas que nos incentivam a estar no momento e vivenciar o presente, somos sempre lembrados de que viver no passado não faz bem. Nós nos baseamos na lembrança de experiências passadas, mas a memória não é uma experiência. Quando reativamos a memória de uma experiência, o que é reativado é a memória, não a experiência propriamente dita, com todas as verdadeiras sensações e emoções que despertou ao ocorrer. Trata-se de uma representação superficial da experiência, sem a maior parte das cores, sabores e sons, e sem a profundidade emocional vivenciada quando o passado era presente. O que se conclui dessa discussão é que ao menos uma parte do motivo para não conseguirmos reviver a sensação que tivemos quando a experiência relembrada ocorreu é porque há um conflito entre como nos sentimos agora e como nos sentimos então, entre o estado relembrado e nosso estado atual. Somos simplesmente incapazes de abrigar os dois ao mesmo tempo, porque eles competem pelo mesmo território no córtex. No estudo da percepção, existem os conceitos das figuras biestáveis e da percepção biestável, parecidos com a famosa ilusão mostrada na figura da mulher jovem/idosa, em que só conseguimos reter na mente uma percepção de cada vez: ou vemos a mulher idosa ou a mulher jovem, e, embora possamos alternar entre essas interpretações, não conseguimos reter ambas simultaneamente. Acontece o mesmo com os estados da mente. Ou você está em um ou em outro: não é possível vivenciar ambos ao mesmo tempo. O estado e as emoções atuais predominam, e os estados reativados pela memória limitam-se a uma versão reduzida, menos palpável, como uma imagem em uma tela.

Existem outros exemplos da nossa necessidade e (in)capacidade de abrigar duas visões opostas em uma só mente. Em seus *Pensamentos*, Blaise Pascal postulou que o ser humano é ao mesmo tempo incapaz de enxergar o nada de onde ele veio e o infinito que o engole. Fui criado por pais muito jovens, o que foi uma bênção cheia de contradições. Às vezes eles me faziam sentir que eu podia realizar qualquer coisa e atingir tudo aquilo que almejasse no mundo, e às vezes me faziam sentir como um fracassado que precisava aprender o significado do termo "humildade". Isso me deixava confuso, mas acabou sendo uma ferramenta útil pelo resto da minha vida. E, por acaso, sem que meus pais soubessem, esse preceito já tinha sido ensinado pelos judeus hassídicos. Conta-se que o rabino Bunam disse a seus pupilos que cada pessoa deveria carregar consigo dois papéis. Em um estaria escrito "O mundo foi criado para mim", e no outro "Nada sou além de terra e pó".

Está claro que nem um nem outro funciona isoladamente; não podemos atravessar a vida sempre achando que o mundo foi criado para nós, e tampouco podemos achar o tempo todo que somos "pó". Por isso, vivemos com essas duas formas de pensar sobre nós mesmos, alternando entre elas. A depender do contexto, de nossas necessidades, de nossas predisposições específicas do momento, podemos nos sentir mais de um jeito ou de outro. Mas carregamos os dois conosco, revezando entre estados da mente, como naquelas ilusões visuais biestáveis alternadas.

ESTADO DA MENTE AMPLO E ABERTO VERSUS RESTRITO E FECHADO

Torna-se evidente que os estados da mente vêm num pacote, um conjunto de tendências e predisposições amarradas. Estar criativo, amplamente associativo, de bom humor, atento e perceptivo ao mundo de forma global, mais investigativo, mais curioso, em busca de emoções e menos influenciado por processos de cima para baixo: tudo isso vem junto, e é chamado de estado da mente amplo (ou aberto). Na outra ponta, no estado da mente restrito (ou fechado), estamos mais focados, menos associativos, atentos aos componentes locais do mundo de forma mais analítica, exploratórios, dando preferência à rotina, confiando na memória e evitando novidades e incertezas.

(Certa vez ouvi o saudoso Francis Crick — ganhador do Nobel, junto com James Watson, pela descoberta em comum da estrutura do DNA — dizer que ler estraga a mente. Muitas pessoas à mesa do jantar ficaram perplexas com a afirmação, mas eu a entendi de imediato. Quando inicio um novo projeto de pesquisa em um domínio que me é estranho, prefiro não ler a literatura existente sobre o assunto, a fim de manter o raciocínio fresco e sem influências. Leio depois, é claro, mas não quero que nada dito antes por outras pessoas molde meu pensamento em padrões antigos que já dominam o campo específico que estou adentrando, antes que meus pensamentos estejam formados. Em geral, dá certo. Numa ocasião, acabei descobrindo posteriormente que ideias parecidas com as minhas já tinham sido de alguma forma levantadas: foi em relação aos estados da mente aberto e fechado. E isso veio de uma fonte inesperada: John Cleese, o líder do grupo de humoristas britânico Monty Python, e uma mente brilhante na origem de muitas obras-primas da comédia, assim como do espírito. Sempre recordarei com carinho os momentos em que chorei de rir com meu avô assistindo *Fawlty Towers*, e para mim é uma honra ter sido precedido por meu ídolo de infância, que, embora não seja cientista, até nisso acertou incrivelmente no alvo.)

Estados mentais tão radicalmente diferentes resultam em perspectivas também radicalmente diferentes. Tomemos como exemplo a incerteza. A mesmíssima incerteza pode gerar ansiedade, quando estamos no estado da mente restrito, porque preferiríamos o que já é conhecido nesse estado exploratório, ou empolgação, quando estamos no estado da mente amplo, investigando. Em Varanasi, fiquei animado ao experimentar comida de rua com nomes irreconhecíveis, enquanto em Tel Aviv ou Boston reluto em pedir um prato se não reconhecer todos ou pelo menos quase todos os ingredientes que o compõem. A experiência é totalmente diferente conforme seu estado mental.

Não existe estado da mente bom ou ruim. Os estados amplo e restrito implicam diferentes ênfases mentais, e cada qual é mais adequado a determinadas circunstâncias. Quando se quer aprender, ser curioso, investigar, criar, é melhor estar no estado amplo. Mas quando se quer atingir uma meta, executar uma ideia elaborada durante o estado amplo com foco, certeza e segurança, é necessário recorrer ao estado restrito. Por sorte, raramente estamos em um desses extremos, se é que isso alguma vez chega a acontecer.

Ao longo dos dias, nossa mente se desloca o tempo todo dentro desse espectro, entre esses dois estados extremos, e o ponto dele em que queremos estar depende da situação. Uma boa notícia em relação a esse dinamismo é a fluidez com que a mente costuma se deslocar nessa linha contínua, e o fato de existirem vários jeitos de empurrá-la na direção desejada. Na verdade, quando melhoramos nosso humor de forma consciente — por exemplo, pondo para tocar uma música de que gostamos —, nos aproximamos do estado investigativo. Em meu laboratório, descobrimos que o simples fato de apresentar às pessoas as figuras a seguir (chamadas de "Figuras de Navon", em homenagem ao psicólogo David Navon, o primeiro a criá-las) e pedir que foquem ou nas letrinhas locais (H e T) ou nas letras maiores globais que elas formam (F e L), podemos restringir ou expandir seu estado mental, que é logo acompanhado pelo humor. Da mesma forma, como já foi dito, podemos alterar a amplitude do pensamento, e assim o humor, com listas de palavras que vão se expandindo ou restringindo (como você pode imaginar, em breve haverá um aplicativo para isso).

```
HHHHH          T
H              T
HHHHH          T
H              T
H              TTTTT
```

Todos nós sabemos por experiência própria a rapidez com que nosso estado mental pode mudar. Essa foi uma das experiências mais profundas que tive no retiro de meditação, porque mesmo depois de me esforçar ao máximo para levar minha mente a um modo de atenção profunda ela saía dele numa fração de segundo. Mudanças rápidas como essa podem acontecer a qualquer instante. Você pode estar curtindo adoidado, dando risadas com um amigo, e subitamente se dar conta de que esqueceu de enviar um relatório a seu chefe mais cedo. Em um lampejo, a lembrança de uma experiência desagradável, na hora em que você está assistindo ao seu programa preferido, pode desencadear ruminações. Assim como um gongo, o "plim" de um e-mail pode nos tirar de um estado de concentração, gerando em nossa mente uma teia de associações tangenciais. Tanta fluidez pode ser incômoda. Mas também é um grande dom.

Pelos próximos anos, continuarei a explorar as consequências da descoberta desses estados mentais abrangentes. Espero que aumente o número de colegas em meu campo que se juntem a mim nessa busca. Por enquanto, venho compartilhando aquilo que já encontramos, para que as pessoas possam tirar proveito dessas descobertas na solução de seus desafios cotidianos. Para mim, tem sido útil, como quando separo um tempo para divagações amplamente associativas ou quando saio para correr, atividade que pode ser um excelente modo de mudar o estado da mente. Talvez mais inesperada seja a ideia de que adentrar um terreno desconhecido para resolver um problema seja um jeito bom de estimular o raciocínio criativo e investigativo. Muitas vezes, o que eu sugiro é tirar partido de seu estado mental, em vez de tentar alterá-lo. Quando se está desanimado, por exemplo, é um bom momento para focar na realização de uma tarefa banal que se vem adiando. Quando me encontro no estado amplo e aberto, permito-me continuar animado e busco alguma atividade investigativa, para tirar proveito desse estado, ou deixo a mente divagar, na esperança de que surjam algumas ideias boas. Também comecei a respeitar meus surtos espontâneos de divagação, sem me sentir culpado por eles. Quando minha divagação vai ficando ruminativa, porém, em geral consigo fazer alguma coisa para quebrar o feitiço. Com o passar do tempo, essa verificação do estado da mente se torna natural. Hoje em dia, quando me lembro, faço observações conscientes do meu estado mental durante qualquer experiência, e decido se quero ficar observando a mim mesmo vivenciando aquela experiência ou se, em vez disso, quero imergir nela ao máximo.

Bem que eu queria poder dizer que sabemos quais são as condições que levam à imersão espontânea, mas os estudos psicológicos e neurocientíficos a respeito ainda estão no começo. Aquilo que posso afirmar, porém, é que é possível imergir voluntariamente, em alto grau, "sob demanda". Minhas experiências imersivas conscientes favoritas são as que tenho com meus filhos. É claro que não podemos passar o dia inteiro diagnosticando nosso estado mental, mas podemos aprender a lembrar a nós mesmos de fazer isso com mais frequência: já é meio caminho andado para a melhoria de nossas vidas.

MENTES SOBRECARREGADAS NÃO CONSEGUEM SER CRIATIVAS

Naturalmente, a capacidade da mente de fazer várias coisas ao mesmo tempo é finita (assim como é limitada pela quantidade de informação que pode ser armazenada na memória e a velocidade com que cada informação será processada, entre outras dimensões). Embora a realização simultânea de várias tarefas seja em grande parte um mito, fontes múltiplas podem desgastar ao mesmo tempo os processos mentais e nossa disponibilidade mental. Quando precisamos reter na memória, por exemplo, uma lista de palavras, passamos a dispor de pouquíssimos recursos para absorver informações novas nesse período; quando atravessamos os corredores do supermercado com dois bebês chorando, somos incapazes de explorar ou até mesmo perceber os produtos novos nas prateleiras; e quando estamos na presença de um perfume insuportável no museu, temos dificuldade em apreciar de verdade as obras de arte diante de nós.

Não temos como evitar: nossa mente está a todo momento ocupada com alguma coisa, e nos acostumamos a trabalhar com os recursos que sobram. Assim como quando fazemos uma trilha carregando uma mochila, seguimos em frente sem que essa carga nos impeça, embora por vezes nos atrapalhe. Ela pode ser leve ou pesada, e afetará nosso avanço, mas seguimos mesmo assim. Os processos mentais de segundo plano, dos quais podemos ou não ter consciência, ocupam uma parte relevante da nossa capacidade mental. Em geral, só nos damos conta da presença dessa carga e desses processos quando eles terminam ou desaparecem; é como o alívio que sentimos quando o ar-condicionado é desligado: alívio por algo que nem tínhamos notado que estava nos incomodando.

Os processos em segundo plano são, portanto, mais que um incômodo. Embora atendam a um objetivo, essas tentativas de resolver "nos bastidores" quebra-cabeças que nos perturbam, mas dos quais desistimos, esses eventos desgastantes e pesados podem influenciar fortemente nosso estado mental e desempenho cognitivo, nossa criatividade e capacidade de resolver problemas, nossa apreciação do entorno e até nosso humor.

É importante relembrar aqui uma experiência já mencionada. Quando pedimos aos participantes de um estudo que retivessem na mente ora uma sequência longa de algarismos, ora uma sequência curta, realizando ao mesmo tempo uma tarefa de livre associação, as respostas foram significativamente mais criativas e originais quando a carga foi mais leve (uma sequência curta, como "26"), se comparadas àquelas em que a carga foi mais pesada (uma sequência mais longa, como "4782941"). Por exemplo, quando demos aos participantes a palavra "sola" para fazer associações livres, aqueles na condição de "carga pesada" geralmente respondiam "sapato", enquanto aqueles com "carga leve" podiam dizer algo como "chiclete". Fora do ambiente experimental, esse resultado dá a entender que somos mais criativos com uma mente mais livre.

Curiosamente, nossa capacidade de apreciar a beleza também é prejudicada quando a mente está sobrecarregada. Apreciar a beleza exige atenção, e quanto mais atenção, mais beleza vemos. (Pode-se argumentar que, da mesma forma, precisamos de atenção para sentir dor; uma mente distraída, portanto, torna-se uma bênção quando precisamos lidar com a dor. Isso pode até ser verdade, embora eu desconheça conclusões científicas nesse sentido, e suspeite que a dor, ao contrário da beleza e do prazer, assuma a prioridade por questões de sobrevivência e, por isso, chame a atenção de forma muito mais impositiva; é mais difícil manter a mente vazia com dor do que apreciando a beleza, infelizmente.) Uma mesma escultura pode parecer mais ou menos bonita com base naquilo que já vem acontecendo dentro de nós. Deixamos de notar muita coisa bonita quando estamos ocupados.

Que tipo de carga mental está presente na vida cotidiana, além da lista de compras ou números de telefone? Algumas são relevantes, mais do que a maioria de nós percebe. Uma delas é a divagação, que ocorre de forma quase permanente. Não apenas nossa mente divaga quando não temos nada melhor para fazer, mas até se esforça para usar quaisquer recursos disponíveis mesmo quando estamos ocupados na realização de uma tarefa específica. Tudo que você faz, pensa ou percebe é compartilhado, e recebe atenção e apreciação apenas parciais, porque um bom pedaço da sua mente costuma estar em outro lugar. A divagação, como vimos, realiza grande parte de nosso planejamento e tomada de decisões com base em simulações, mas nesse processo suga recursos daquilo que está acontecendo a nós e à nossa volta.

Da mesma forma, existem as ruminações, tanto nas condições clínicas (depressão e ansiedade) quanto em boas condições de saúde. Esses pensamentos cíclicos e repetitivos são intensos e constantes, e não utilizam recursos separados, dedicados somente a ruminar: utilizam os mesmíssimos recursos de que necessitamos para vivenciar a vida. Assim como a divagação, as ruminações representam um desgaste para a nossa experiência.

Vimos que, além do efeito que têm sobre nossa experiência presente, esses processos intensivos de segundo plano também prejudicam nossa criatividade. Como todas essas dimensões estão integradas em um estado mental abrangente, podemos levar essa conclusão um passo adiante e pensar na carga cognitiva como uma maneira a mais de manipular nossa posição no espectro dos estados mentais. Estar mentalmente sobrecarregado reduz a criatividade, acarretando um estado da mente fechado, restrito, com percepção e atenção restritas (locais), pensamento restrito e humor menos positivo, em um estado geral exploratório. Com a carga pesada das ruminações persistentes, fica mais difícil para o indivíduo depressivo ser criativo. Por outro lado, reduzir a carga cognitiva, ao aumentar a criatividade, torna as pessoas mais investigativas, expande o escopo perceptivo e mental e melhora o humor.

O ideal é "pensar menos" para reduzir o ruído mental de segundo plano, mas parece que nossa mente não para de criar pensamentos novos para nós. Isso faz lembrar como sempre desejamos estar ocupados com alguma coisa. Em seu magnífico e atemporal *O elogio ao ócio*, Bertrand Russell detalha a história e os benefícios da ociosidade. Mas a maioria dos seres humanos trabalha pesado para estar constantemente ocupada. Não conseguimos parar quietos; temos uma necessidade absoluta de estar ocupados, cortando a grama, lavando o carro ou inventando atividades que nos mantenham ocupados e produtivos. Em 1930, no ensaio "Possibilidades econômicas para os nossos netos", o economista John Maynard Keynes previu que hoje estaríamos trabalhando apenas três horas por dia para satisfazer todas as nossas necessidades. Nós, e a tecnologia, estaríamos tão avançados e eficientes que teríamos muito mais tempo livre para as outras coisas de que gostamos. Mas aqui estamos nós, trabalhando mais do que nunca. Estamos ocupados, por dentro e por fora — pensamentos preenchem nossa mente tanto quanto atividades preenchem nossos dias.

Ontem à noite levei minha pequena Nili à praia. Foi uma hora antes de anoitecer, no fim de temporada, por isso havia pouquíssima gente na praia. O mar estava sereno, e uma brisa agradável trazia o aroma fresco do Mediterrâneo. Só havia eu e minha filha, brincando e rindo. Sinceramente, não consigo imaginar nada mais próximo do paraíso do que isso. Só que eu tinha que transformar aquilo em uma sessão fotográfica, pedindo a Nili para posar, tirando dezenas de fotos e enviando-as à família quase em tempo real. Como se isso não bastasse para estragar aquela sensação de paraíso, com a qual nada deveria se misturar em nenhuma circunstância, começamos a colher conchinhas na praia. E não podiam ser duas ou três; fomos procurar uma caixa. Àquela altura já era um projeto, quase um trabalho: nossa missão passou a ser encher a caixa. Esquecemos o mar, o sol, o paraíso. O que havia de errado com aquela perfeição inicial, para nos levar a preencher nosso prazer descontraído com uma atividade?

Nosso cérebro, de forma semelhante, tem uma capacidade infinita de pensar bobagens. Porém, quando falamos em "pensar menos", não queremos dizer "não pensar em nada". A criatividade é um negócio complicado. Por um lado, precisamos aquietar o ruído, a fim de dispor de todos os recursos possíveis para a criação de algo novo e útil. Por outro lado, precisamos de certa ativação associativa para cobrir mentalmente diversos ramos semânticos na memória, a fim de explorar e descobrir. Um mito em relação à criatividade é que você ou a tem ou não tem, como um dom de nascença. No entanto, constatamos o tempo todo evidências de que a criatividade pode ser aprendida, treinada e maximizada. É claro que não dá para virar um Leonardo da Vinci praticando o raciocínio criativo ou silenciando o ruído mental. Mas a criatividade pode ser aprimorada de forma significativa em uma pessoa, mexendo com o estado da mente.

O que aprendemos, até aqui, é que reduzir a carga mental, o estresse e as ruminações é um método poderoso para amplificar a capacidade criativa. Mas uma questão de igual importância, nesse contexto, é que ser criativo é nosso estado-padrão, assim como ser investigativo e curioso; foi assim que nascemos.

Divagações podem ser uma perda de tempo ou uma fonte de criatividade e exploração. Tudo depende do nosso estado mental.

CRIATIVIDADE E CURIOSIDADE

A criatividade e a curiosidade podem ser vistas como dois lados da mesma moeda. Na criatividade, geramos algo inédito e, de alguma forma, útil. Na curiosidade, voltamos nossa atenção com o objetivo de reunir informações — não definições formais, porque não existe nenhuma que seja universalmente aceita, e não estamos precisando de nenhuma. A criatividade é como um processo de transmissão por meio do qual geramos ideias, soluções e pensamentos para comunicar ao mundo, e que não se dá necessariamente de forma verbal, nem sequer explícita, mas é gerada por nós com algum grau de interesse "exterior" — para agir, por exemplo. A curiosidade, no outro extremo, é um ato de recebimento: consumimos o mundo, absorvendo informações com objetivo interno. Mas enquanto uma é voltada para dentro e a outra é voltada para fora, ambas estão em sincronia, por serem mediadas por mecanismos que se sobrepõem. Quem é altamente criativo é altamente curioso, e vice-versa. Ambas se baseiam na motivação para a busca de informações: na curiosidade, a motivação é clara; na criatividade, é mais metafórica, no sentido de que os neurônios vão longe em busca de uma solução original. A criatividade e a curiosidade são afetadas de jeito parecido pela sobrecarga e pela liberdade de pensamento: para ambas, a disponibilidade mental é crucial, e um escopo amplo de raciocínio e percepção ajuda a conduzi-las. A boa notícia é que nossa mente deseja, por padrão, esse estado de criatividade e curiosidade. A notícia não tão boa é que o cotidiano interfere sobre essas características-padrão o tempo todo, com nosso próprio consentimento, tácito, mas nem por isso menos eficaz.

A questão da eliminação do entulho mental, do silenciamento dos pensamentos de segundo plano e do foco naquilo que é importante traz de volta o tema da observação de pensamentos, dessa vez no contexto da criatividade e da curiosidade. Ao contrário dos pensamentos do tipo fluxo de consciência — dos quais estamos plenamente cientes, e que às vezes conseguimos controlar, até certo ponto —, não temos acesso àquilo que acontece em nossa mente seja durante o processo criativo ou o estado de curiosidade em relação a alguma coisa. Ambos estão, primordialmente, abaixo do nível da consciência. Antes que uma ideia nos ocorra, um momento de epifania, não temos muito acesso ao que está acontecendo. Por mais que queiramos observar essa incubação subjacente, isso não é possível, porque ela foi projetada para ocorrer sem o conhecimento da mente consciente. Portanto, nem todo pensamento é observável. Temos inclusive dificuldade para falar sobre nossos processos criativos a posteriori. E isso é verdade não apenas para nós. Recentemente, assisti a uma entrevista com um dos mais criativos diretores de cinema do mundo, do qual sou grande fã. Pediram-lhe que contasse como ele chegava a todas aquelas ideias bizarras e originais tão características de seus filmes. Foi triste ver a resposta: era evidente o esforço dele para dizer algo original sobre o que ocorria em sua mente antes do surgimento de uma ideia criativa. Não admira, esse processo não é visível, e só nos resta o heroico desejo de explicá-lo.

INIBIÇÃO E PROGRESSÃO MENTAL

A divagação construtiva, a mente criativa e o estado mental positivo dependem, todos, de uma única e mesma característica: a *facilidade de progressão mental*. Nossos pensamentos precisam ser amplos, de longo alcance e velozes; juntas, essas características maximizam o terreno semântico coberto pela mente. É o contrário do pensamento ruminativo. Queremos que o movimento mental seja eficiente. Quanto mais suave, melhor, mas não demais; nosso processo de pensamento continua precisando ser contido. É aí que entra a inibição.

Para a maioria de nós, neurocientistas cognitivos, é mais intuitivo pensar sobre a excitação que sobre a inibição no cérebro; que a operação do cérebro é realizada através da excitação dos neurônios, circuitos, representações, conceitos, palavras, números, emoções, movimentos e pensamentos. "Excitação" soa como equivalente a "ativação", enquanto "inibição" dá a impressão de resistência, esfriamento, diminuição — algo bem menos emocionante. Mas a verdade é que a inibição é tão importante e construtiva quanto a excitação; é uma força para podar, refrear e regular. O que conta é o equilíbrio entre excitação e inibição. Eis um exemplo.

Ao longo da vida aprendemos muitas associações em relação ao mundo: que travesseiros geralmente são encontrados na cama, que fumar faz mal à saúde, que cobras são perigosas, que uvas servem para fabricar vinho, que o café costuma ser servido com leite e que onde há uma cadeira geralmente há uma mesa. O cérebro vai anotando essas regularidades estatísticas e as representa como tal. Assim, cadeiras são associadas a mesas, travesseiros a camas, fones de ouvido a cabeças, em conexões que são probabilísticas. Nem toda cama tem um travesseiro, talvez apenas 85% daquelas que encontramos; da mesma forma, nem todo fone de ouvido que vimos estava em uma cabeça, talvez apenas 40%. A probabilidade dessas co-ocorrências determina a força da conexão no cérebro, e a força da conexão determina a probabilidade de sua coativação; quando uma é ativada, a outra também é. Essas coativações são as previsões daquilo que se espera encontrar em tal cena. Quando você entra em uma cozinha, espera ver uma pia e um fogão, com altíssima probabilidade, uma cafeteira, com menor probabilidade, e uma máquina de waffle, com uma probabilidade ainda menor (mas ainda possível). Coisas que você não espera com base na sua experiência, como uma espada de samurai, causariam surpresa, para não dizer espanto, e o deixariam confuso. Confusões e, de forma mais genérica, surpresas levam ao aprendizado e à atualização de nossas representações sobre aquilo que é possível em contextos específicos. Da próxima vez que você vir uma espada de samurai em uma cozinha, será muito menos surpreendente...

Agora vamos analisar as associações dos associados. Um travesseiro o leva a pensar em uma cama, e uma cama, por sua vez, está associada a lençóis, lençóis a algodão, algodão a campos de algodão, e para você campos de algodão estão associados à canção "Cotton Fields" [Campos de algodão], do Creedence Clearwater Revival. Não é do seu interesse pensar no Creedence Clearwater Revival sempre que vir um travesseiro; não é relevante no contexto específico, despende energia neural desnecessária que será exigida por essa ativação supérflua e o levará a buscar equivocadamente relevância onde não há nenhuma. É preciso que algo mande seu cérebro não ativar associações demasiadamente remotas e irrelevantes, e esse algo é a inibição. O ideal é que nosso cérebro seja associativo, mas não demais; excitado, mas só na medida em que isso for útil. Portanto, quando você vê um objeto em seu entorno, ocorre um certo cabo de guerra no cérebro entre as associações excitantes e inibitórias; o resultado, em geral, é a ativação apenas daquelas que são relevantes, que atuam como suas previsões.

Existem algumas exceções curiosas. Vejamos, por exemplo, palavras como "golpe", "pau", "tiro", "amasso", "banco", "fera" e "corte". Todas têm homônimos com múltiplos sentidos ("corte" tem dezenove significados diferentes, em certos dicionários). Esses homônimos não ajudam o cérebro a ativar outras associações, porque elas dependem do significado da palavra na situação em que é usada, ambiguidade que costuma ser desfeita pelas informações do contexto. Até que não haja ambiguidade no sentido, associações irrelevantes serão ativadas, e só depois inibidas.

Também é interessante analisar casos em que uma inibição forte é desejável, e casos em que uma inibição menor é ideal. Guardar segredos depende da inibição, assim como o autocontrole para evitar dizer coisas impróprias ou sem querer. É como naquelas cenas de filmes de tribunal, em que a testemunha é atacada pelo promotor, sucumbe e acaba confessando, ou como aquele pobre professor iniciante do nosso centro de pesquisa que, em sua primeira conferência diante de uma grande plateia, claramente nervoso, disse algo tão impróprio que teve que se desculpar com todos, levando-nos a organizar uma oficina sobre ética no local de trabalho. O estresse, bem como a carga cognitiva, consome os recursos necessários para a inibição. Na verdade, aplicar uma pressão mental, como um limite de tempo para responder a uma pergunta (no laboratório, chamamos isso de "prazo de resposta"), assemelha-se ao acréscimo de uma carga cognitiva que retira recursos globais. Em situações de nervosismo e estresse, a inibição se esvazia, porque os recursos exigidos para sustentá-la são desviados, passando a ser consumidos pelo estresse e pela sobrecarga; tanto a recuperação pela memória quanto a nossa escolha de comportamento ficam menos protegidas pelos pesos e contrapesos de praxe, tornando-se mais vulneráveis a desvios indesejados.

Na outra ponta desse espectro, existem casos em que desejamos a menor inibição possível, sobretudo ao promover a criatividade e a curiosidade; nesse caso, a ativação desinibida de associações e conexões remotas é bem mais desejável. O cérebro possui mecanismos apropriados para regular os níveis de inibição e seu equilíbrio com a excitação, ou seja, o quanto de cada um aplicar. No entanto, esse equilíbrio pode ser rompido em diversas condições. A depressão, o comportamento maníaco, a privação de sono e a euforia acarretam, todos, alterações dos níveis de inibição. A inibição também pode ser reduzida com o consumo de álcool e outras drogas, embora a dosagem seja delicada e essa mudança tenha curta duração.

No fim de semana passado fui buscar meu filho, Naor, em uma festa. Ele é um sujeito sério, um soldado, e costuma ter mais compostura e autocontrole que o pai. Quando entrou no carro, era evidente que tinha bebido demais. Enquanto eu me preparava para lhe dar um sermão sobre álcool e comportamento imprudente, percebi o quanto ele estava tonto e engraçado, fazendo as irmãs rirem tanto no banco de trás que resolvi não interromper. Menos inibição — com moderação — leva a um humor melhor.

Uma teoria altamente intuitiva postula que, à medida que crescemos, a sociedade vai impondo cada vez mais inibições sobre nosso comportamento, tornando-nos não apenas civilizados, mas também menos criativos e, muitas vezes, menos felizes — nas palavras de Ernest Schachtel, "o vitoriano exclui o boêmio".[4]

A inibição vem de todo tipo de lugar e processo no cérebro, mas uma região primordial associada a ela é o córtex pré-frontal. A inibição é essencial para o controle e para outras decisões executivas que o cérebro precisa tomar, assim como para a calibragem do humor. O córtex pré-frontal é, de longe, a área do cérebro humano de maturação mais tardia, por volta dos 25 anos. Não é preciso bolar um experimento nem ser neurocientista para perceber que as crianças, cujo córtex pré-frontal ainda não está desenvolvido, costumam ser mais criativas, mais curiosas, menos inibidas (quando lhe dizem a verdade na cara ou fazem novos amigos com grande rapidez), mais impulsivas, mais investigativas e mais bem-humoradas. Como afirma o saudoso e talentoso Vic Chesnutt em "Parade": "Everybody over ten years old is frowning" [Todo mundo com mais de dez anos está sempre franzindo a testa].

O TDAH, nesse aspecto, também é relevante. A atenção é orientada, limitada e mantida por meio de sinais de controle. Esses sinais são compostos de um misto de excitação e inibição: atente para estas áreas de uma cena, mas não para aquelas. Se pensarmos no escopo da atenção como um holofote, aquilo que está debaixo dele é reforçado pela excitação, enquanto aquilo que está fora dele é suprimido pela inibição. No TDAH, por conta da redução da inibição, as fronteiras desse holofote não são tão rígidas: estão mais próximas da "atenção difusa" que sempre tentam me ensinar a alcançar nos retiros de meditação. O resultado é uma faca de dois gumes. Indivíduos com TDAH são mais suscetíveis à distração, mas também mais criativos, mais bem-humorados e mais curiosos.

O mesmo recurso exigido para controlar e orientar a atenção e gerar previsões devidamente podadas é o recurso que nos torna menos criativos, menos curiosos e menos investigativos.

O TÉDIO, A MENTE OCIOSA E A MENTE DIVAGADORA

Um dos maiores privilégios de já ter vivido algum tempo, e de ter adquirido confiança o bastante com o passar dos anos, é que raramente me permito sofrer de tédio. Em qualquer reunião, encontro social ou outra situação em que sinta aquele cansaço generalizado, provocado pelo tédio, eu me levanto e vou embora. E, quando não dá para fazer isso, faço experiências com minha própria mente.

O tédio é uma emoção incômoda, porém altamente enigmática. Estar entediado parece sempre uma experiência interminável, mal aproveitada e inútil. É fascinante que seja tão insuportável. Comecei a pensar seriamente no tédio logo depois de meu primeiro retiro silencioso de uma semana. Percebi que não suporto ficar preso em um engarrafamento ou ter que esperar em uma fila que não anda; porém, posso ficar longos minutos sentado em um banco, sem fazer nada, enquanto espero a hora do jantar. Será que o tempo ocioso pode parecer a morte ou o êxtase apenas pela diferença de contexto ou estado da mente? Não pode ser só isso. Nos retiros de meditação silenciosa de uma semana, conseguimos passar uma eternidade contemplando as formigas no chão, em razão da abertura dos sentidos. Contemplar proporciona estímulo suficiente; quando seus sentidos estão aguçados dessa maneira, você não precisa sair de onde está, e de repente tudo passa a parecer interessante.

Afora as comparações entre retiros e o mundo real, é curioso que por vezes um intervalo de vazio possa ser a plataforma de lançamento de grandes ideias criativas, e que por vezes a mente pareça ser apenas um vazio com um único pensamento: "Quando isso vai acabar, para que eu possa dar um grito?". Existem várias explicações possíveis para que o tédio provoque essas sensações, desde uma personalidade impaciente até relatos existenciais relacionando o sentimento de tédio ao fato de que as pessoas, em geral, não queiram encarar seus pensamentos, e façam de tudo para fugir de si mesmas. Em algumas experiências relatou-se até haver quem prefira pequenos choques elétricos a ficar sentado em silêncio diante de uma parede branca.[5] O tédio é uma sensação de dor mental.

Quando estamos entediados, temos a sensação de que o tempo mal está passando, o que também ocorre quando estamos sofrendo. É um estado estranho: não estamos fazendo nada, porém nossa mente parece cheia; ficamos ruminando o nada. Além disso, o tédio puro mata a curiosidade e a criatividade. Isso é motivo de perplexidade, porque sabemos ser necessária uma mente vazia e disponível para que sejamos criativos e tenhamos espaço para a curiosidade. Esse é um dos mistérios que os cientistas gostam de enfrentar, porque abrem espaço para novos entendimentos. Assim, um pouco de vazio na mente pode alimentar a criatividade e a curiosidade, ou ser insuportavelmente chato; distinguir a diferença entre os dois há de gerar alguma coisa interessante. O ócio louvado por Bertrand Russell não pode ser o mesmo que nos entedia.

Distinguir entre os tipos de vazio tem relação direta com nosso impulso de compreender o efeito do pensamento e do nosso mundo interior sobre a qualidade das experiências.[6] Grosso modo, existem três estados possíveis de ociosidade: não fazer nada e estar entediado (com variados graus individuais de tolerância a esse estado); não fazer nada mas estar calmo e relaxado em relação a isso, como em um retiro de meditação ou de férias na praia; ou não fazer nada mas divagar extensamente e produzir pensamentos criativos e construtivos. O que interessa de fato é que certas situações de ócio permitem e são até conducentes à divagação, mas, em outros estados, a mente não é tão habilidosa, e não adianta dizer a si mesmo "Tudo bem, estou travado, então talvez possa aproveitar para devanear ou fantasiar com algo engraçado".

À primeira vista, pode parecer preferível divagar apenas se for em detrimento de outra coisa que precisamos fazer, uma espécie de escapismo do momento. Mas a verdadeira explicação é que o controle das divagações está além do nosso alcance consciente. Portanto, o que quer que façamos, a mente divagará por necessidade, supondo que haja disponibilidade de recursos. Isso dá respaldo à ideia de que as divagações atendem a uma função e não estão sujeitas ao controle voluntário do momento ou lugar em que ocorrerão. Também por conta do fato de não podermos divagar por decisão consciente seja tão difícil parar de divagar por vontade própria. Não temos como começar e não temos como parar de divagar voluntariamente.

O que podemos fazer, em vez disso, é compreender como o subconsciente decide por nós divagar ou não, por que e quando. Na meditação mindfulness, na verdade, tentamos assumir indiretamente o controle da operação do subconsciente. Ela faz o subconsciente parar de nos levar a divagar. Fazemos isso de um jeito que não é forçado, mas suave. O subconsciente nos envia divagações, por meio da consciência, sobre determinado pensamento; aceitamos esse pensamento consciente e seguimos em frente. Em vez de enfrentá-lo, o aceitamos e observamos. Depois de deixá-lo passar, seja por meio da rotulagem ou de outro método, o subconsciente envia o pensamento seguinte, e a mesma coisa acontece. Portanto, a fim de esvaziar a mente, o que fazemos na verdade é esvaziar nosso subconsciente, até que não reste nada que ele possa nos enviar para divagar. O contrário — fazer a mente divagar quando se deseja, na busca de novas ideias ou simplesmente para entreter a mente no lugar de uma situação entediante —, agora você já sabe, exige a ausência de tarefas e um estado mental positivo.

OS HÁBITOS DA MENTE

Assim como os hábitos do comportamento, os hábitos da mente também são "duros de matar". Esses hábitos são uma faca de dois gumes. Por um lado, são um mecanismo engenhoso que a evolução incutiu em nós para automatizar nossas interações, poupando nosso tempo e nos ajudando a sobreviver. Você aprende a fazer uma coisa, e depois vai fazê-la de novo, de novo, e de novo, aprendendo com os erros, descobrindo o que funciona melhor, até chegar ao ponto da perfeição. Nessa hora o cérebro começa a delegar essa habilidade, ou hábito, que inicialmente exigia muito propósito e atenção a cada etapa, do consciente para o subconsciente, mais automático, capaz de fazer exatamente a mesma coisa sem incomodar seu "eu" consciente. Diz-se, então, que aquela habilidade se automatizou, que virou um hábito, como um piloto automático mental, liberando sua mente para outras coisas, como a aquisição de novas experiências.

Essas coisas que você aprende, treina e depois terceiriza podem ser, por exemplo, como fazer uma omelete ou guiar um automóvel, reconhecer uma situação de risco ou planejar um jeito de fugir de uma reunião chata. Também podem ajudá-lo a "queimar etapas" para as conclusões. Dirigir no piloto automático significa não refletir sobre as operações físicas e de atenção exigidas para guiar com segurança. Você só dirige, o que explica nossa tendência a esquecer grande parte do nosso ir e vir diário, porque nossa mente não participou do processo e, por isso, divagou e não prestou atenção àquilo de que o subconsciente tomou conta em segundo plano. O piloto automático mental, da mesma forma, significa realizar operações mentais sem refletir muito sobre elas conscientemente. Uma boa analogia é a solução de multiplicações simples da tabuada. Quando você era criança, precisava se esforçar muito para responder quando seu professor perguntava quanto é oito vezes nove, porque você de fato tinha que calcular. Aos poucos, a resposta se torna automática. Você diz apenas 72, sem pensar. Nem é tanto uma delegação do subconsciente, e sim um atalho mental associativo que o leva à resposta final com base na experiência. A via neural usada para levá-lo à resposta, quando criança, foi substituída por uma conexão direta.

Desafios mais complexos para a mente também podem ser resolvidos sem pensar, com base em operações feitas em segundo plano por terem se tornado automáticas graças à experiência, aquilo que às vezes chamamos de "intuição". Na verdade, para uma criança com talento para a matemática, pode ser verdadeiramente frustrante quando o professor lhe pergunta como chegou à resposta certa e ela simplesmente não consegue reconstituir sua intuição correta. Seria preciso fazer uma engenharia reversa da solução para atender o professor. Mas talvez o mais notório dos hábitos da mente sejam os juízos rápidos e superficiais.

Quando se diz que a primeira impressão é a que fica, há um motivo para isso; é simplesmente difícil demais alterá-la. Se essa primeira impressão fosse precisa e verídica, tudo bem, mas não é. Elaboramos impressões sobre as pessoas na velocidade de um raio, com base em informações superficiais, e depois nos apegamos por muito tempo a elas, mesmo quando confrontados com evidências contrárias. O cérebro evoluiu de modo a tirar partido de regularidades estatísticas, os aspectos do nosso entorno que tendem a se repetir de forma similar. Sabemos que uma sala de reunião terá cadeiras, que uma festa provavelmente terá bebidas, como nos vestir elegantemente para ir à ópera, o sabor de geleia de morango e as diversas utilidades de uma faca. Isso é bom. Imagine se você tivesse que reaprender o conceito de cadeira toda vez que visse uma cadeira nova. O cotidiano levaria uma eternidade. Em vez disso, ao se deparar com uma cadeira que nunca viu antes, o cérebro pergunta: "Com o que isso se parece?". Você conecta aquela cadeira nova à categoria de cadeiras que você já possui na memória, acessando assim instantaneamente uma vastidão de associações e conhecimentos. Você sabe qual é a função dela e qual a sensação de usá-la, é capaz de imaginá-la em diversas situações, de prever outros objetos que tendem a parecer com ela e assim por diante. Isso é maravilhoso, poderoso e muito útil. Mas está longe de ser desejável quando a questão são nossas interações com as pessoas. Quando uma pessoa que você acabou de conhecer o faz lembrar alguém, mesmo que não queira, você projeta nessa pessoa todas as características, lembranças e atitudes relacionadas à pessoa que já conhece. Somos todos diferentes como indivíduos, e já foi demonstrado o quanto somos ruins em adivinhar o tipo de pessoa que um desconhecido na realidade é. Mas continuamos a fazer isso, por força do hábito. Aquilo que é um bom costume em se tratando de objetos e situações não é bom quando se trata de julgar nossos pares.

Para trabalhar neste livro, aluguei um chalé no esplêndido norte de Israel (Clil, na Galileia) por alguns meses — só havia natureza, galinhas e nenhum sinal de celular. Para pagar o primeiro mês, quase tive que forçar o proprietário, um bicho-grilo, a aceitar meu cheque. Minha impressão era de que ele era um cara tranquilão, que certamente não ligava para dinheiro. Por ter introjetado essa ideia até certo ponto, relaxei e acabei esquecendo de pagar o aluguel no mês seguinte... a ponto de não dar importância a suas cobranças, o que exigiu diversos lembretes até eu entender que ele queria mesmo que eu pagasse. Minha impressão inicial sobre a atitude dele em relação ao dinheiro foi imediata e se cristalizou. Eu criei um padrão, como todos criamos, a partir de um único encontro, e essa rápida impressão inicial não foi fácil de desfazer, mesmo diante de seguidos exemplos em contrário.

Nosso hábito de formar impressões rápidas não apenas é injusto e nocivo para as interações, mas também nos rouba o prazer singular de desfrutar de coisas novas. Walter Pater, na incrível conclusão de seu livro *The Renaissance: Studies in Art and Poetry*, afirma:

> O serviço que a filosofia, a cultura especulativa, presta ao espírito humano é despertá-la, surpreendê-la com uma vida de constante e ávida observação. A todo

instante a forma de uma mão ou de um rosto assume a perfeição; alguma coloração do mar ou das montanhas é mais especial que as outras; alguma sensação, de paixão, criatividade ou empolgação intelectual, é irresistivelmente real e atraente para nós — mas só naquele instante. Não é o fruto da experiência, mas a experiência em si, que é o fim. É dado a nós um número contado de batimentos de uma vida variada e dramática. Como enxergar, nesse tempo, tudo que há para ser visto nela pelos sentidos mais aguçados? Como passar mais velozmente de um ponto a outro, e sempre estar presente no foco onde o maior número de forças vitais se une em sua mais pura energia?

Arder permanentemente com essa chama poderosa, preciosa como uma joia, manter esse êxtase, é ter êxito na vida. Em certo sentido, pode-se até dizer que formar hábitos é nossa perdição: pois, afinal de contas, os hábitos estão relacionados a um mundo estereotipado, enquanto é só a crueza do olhar que faz duas pessoas, coisas, situações quaisquer se parecerem.

Nossa perdição, diz ele, é formar hábitos.

Nenhum momento na vida é igual a outro, nenhuma pessoa é igual a outra, nenhuma flor é igual a outra, e todo pôr do sol é único. O mesmo maravilhoso mecanismo do cérebro e da mente que nos poupa o processamento de recursos ao encontrar analogias do tipo "com o que isso se parece" para os objetos é o mecanismo que nos faz enquadrar os indivíduos em categorias e nos impede de desfrutar de um ecler ao máximo toda vez que comemos um.

Os cientistas sabem que as descobertas revolucionárias exigem o descarte de preconceitos e antigos pressupostos. É o mesmo que enxergar o mundo com frescor, deixando de lado as expectativas e as instruções de cima para baixo. É por isso que se deve incentivar os recém-chegados a dizerem o que pensam; eles são uma excelente fonte de desmonte das ideias fixas dos especialistas. Recobrar nosso antigo "eu" é a coisa mais fácil de fazer. É por isso que pessoas como Shunryu Suzuki, autoridade em zen, pregam que todos nós deveríamos buscar estimular uma *mente de principiante*. A mente do especialista é fixa e rígida (porém, especialista, mesmo assim...), mas a mente do principiante deixa muitas possibilidades em aberto.

Os traços de personalidade também são hábitos, numa definição ampla. Podemos pensar na personalidade como uma imensa sacola de hábitos (e predisposições), como estados da mente, mas muito mais firmes e permanentes.

Esses traços são os hábitos mais arraigados de todos: quem conseguiria com facilidade deixar de ser introvertido, ou de ser aberto a novas experiências? Os desejos e obsessões também podem ser encarados como hábitos do pensamento, e sabemos como pode ser difícil se livrar deles. Um tipo de hábito mental mais interessante são as crenças supersticiosas e o pensamento mágico, a tendência a enxergar relações, causalidade e efeitos onde não há nada. Assim como é difícil iniciar uma dieta, ir à academia com regularidade, parar de fumar ou largar o telefone, é difícil abandonar esses hábitos incutidos na mente.

As divagações também são um hábito da mente. Ao que tudo indica, nossa propensão ao movimento mental é imparável. A dificuldade encontrada tanto pelos meditadores novos quanto pelos experientes em romper esse movimento é uma clara manifestação dessa dificuldade. A mente quer estar ocupada. Mesmo quando você se livra daquilo que a ocupa, esse impulso de ocupação mental o preenche com assuntos novos e mundanos, como detalhes irrelevantes sobre pessoas estranhas à sua volta. Nos retiros, dá para sentir isso. Quando somem as toneladas de pensamentos com que chego lá, minha mente logo se enche de pequenos pensamentos locais sobre o novo contexto — a bolsa da moça à minha frente, a tatuagem do cara à minha direita. Sente-se e não pense em nada — até que ponto isso é difícil? Imagine pedir a uma criança hiperativa para ficar parada quieta, quando não apenas sua hiperatividade a impele a se mexer, mas todo o seu entorno está repleto de objetos estimulantes, docinhos e brinquedos chamando-a para a farra.

Resumindo: Cinco pontos para guardar na memória

O primeiro ponto é: se sua mente divagar — e quando é que ela não divaga? —, preste atenção na facilidade da progressão mental. Para melhorar o humor e as ideias, o melhor é divagar de forma ampla, extensa e rápida.

O segundo é que nossas divagações têm outro aspecto fantástico: são uma ferramenta que nos permite aprender com experiências imaginadas. Podemos tornar decisões e possíveis experiências futuras mais fáceis imaginando-as antecipadamente.

O terceiro é que nossa mente tem diferentes estados. Esses estados são dinâmicos e agregam os vários aspectos da nossa existência mental: a percepção, a atenção, o pensamento, a abertura e o humor. Existe uma mente "certa" para cada ocasião, e nossa missão é maximizar esse casamento e minimizar os atritos.

O quarto é que precisamos meditar, nem que seja para compreender melhor nossos pensamentos e as diferentes qualidades da nossa experiência.

O quinto é a imersão. Voltando a citar Walter Pater, "o objetivo não é o fruto da experiência, mas a experiência em si".

Apêndice: Do laboratório para o cotidiano

A maioria das minhas ideias, descobertas e teorias ao longo de tantos anos como cientista foi desencadeada por detalhes pequenos da vida que atraíram minha curiosidade, me pareceram estranhos ou simplesmente imploravam uma explicação e uma generalização. É um enorme prazer para mim completar o ciclo desses frutos, tornando-os relevantes e aplicáveis fora do laboratório. Alguns deles estão relacionados aqui com exemplos, a maioria da minha própria experiência, e alguns são trechos destacados do texto. Apresento-os agora para que você reflita a respeito ao seguir em frente. Aproveite.

DIVAGAÇÃO INTENCIONAL

A divagação é uma atividade importante no cérebro. Embora nem sempre seja bem-vinda — por exemplo, quando precisamos executar outra tarefa, ou ela nos faz ruminar e prejudica nosso humor —, no contexto devido é um recurso precioso. Não precisamos nos sentir culpados sempre que nos surpreendemos divagando; a divagação pode ser um hábito inventivo, para o qual vale a pena reservar algum tempo. Ao fazermos isso, precisamos extrair o máximo dela.

Aprender com experiências simuladas. Grande parte do que temos na memória é resultado de experiências reais, mas parte também é o desfecho de experiências imaginadas e cenários simulados. É extraordinário que não tenhamos necessidade de vivenciar para aprender. Eu recomendaria guardar na memória esses cenários imaginados, mas isso acontece de qualquer forma. Minhas pesquisas sobre a possibilidade de que o cérebro armazene memórias de experiências imaginadas, sem que elas jamais tenham ocorrido, começaram algum tempo atrás, durante um voo. Eu estava revisando um artigo e minha mente divagou, até que foi parar na saída de emergência, o que desencadeou a seguinte simulação: e se a porta se abrisse subitamente, enquanto estávamos no ar? Eu iria precisar de um paraquedas; talvez pudesse usar o cobertor do avião, no meu colo; mas eu não conseguiria segurá-lo com o vento forte — ele precisaria de buracos; eu poderia usar minha caneta para furá-lo; e assim por diante. Por mais que fosse delirante e engraçado, o fato é que agora eu tinha armazenado na memória o roteiro de uma experiência imaginada, que seria útil caso aquele evento improvável viesse a ocorrer. Fazemos isso o tempo todo, em situações bem mais prováveis.

Divagação semiorientada. Embora não seja realmente possível dizer à mente sobre o que ela deve divagar, podemos fazer um esforço para preencher o espaço mental de possibilidades com conteúdos sobre os quais gostaríamos de estar divagando, seja porque buscamos novas ideias, seja porque isso nos satisfaz, ou ambos. Antes de sair para uma caminhada mais longa, ou qualquer outra atividade que não exija demais, pergunto a mim mesmo o que está em minha mente. Quando é algo como as contas que acabei de pagar ou um e-mail que me incomodou, tento trocar por algo com que preferiria gastar meus exercícios divagatórios, como reler um parágrafo que atraiu recentemente minha atenção. Ou posso repensar um problema que me ocupou e do qual desisti, ou dedicar mais reflexão a uma viagem futura, para refinar os detalhes, simulando mentalmente o futuro.

As condições convidativas para a divagação construtiva. As divagações mais criativas e animadoras demandam que não tenhamos nenhuma tarefa exigente a cumprir, além de um estado mental positivo.

DIVAGAR AMPLA, VASTA E RAPIDAMENTE PARA MELHORAR O HUMOR E A CRIATIVIDADE

Facilidade de progressão mental. A divagação construtiva, a mente criativa e o estado da mente feliz se baseiam, todos, em uma mesma e única característica: a *facilidade de progressão mental*. Nossos pensamentos precisam ser amplos, ir longe e avançar com rapidez. No conjunto, isso maximiza o espaço semântico que eles cobrem. É o oposto do pensamento ruminativo. O ideal é que o movimento mental seja eficiente: quanto mais suave, melhor, mas não em excesso; nosso processo de pensamento continua precisando ser contido. Como estou ciente disso, faço um esforço constante para identificar meus obstáculos pessoais.

Pensamento amplo. O padrão de pensamento, qualquer que seja o conteúdo envolvido — positivo, neutro ou negativo —, pode influenciar diretamente nosso humor. Já se sabe há algum tempo que essa influência também ocorre no sentido inverso: a maneira como nos sentimos afeta a forma como pensamos. Pessoas com bom humor tendem a ser mais criativas, a resolver melhor os problemas que exigem ideias e soluções fora da caixa e a acessar informações menos comuns na memória do que gente com humor negativo. Mais importante para nosso bem-estar, no entanto, é a direção oposta, o potencial para melhorar o humor pela transformação dos padrões de pensamento. Não é fácil reduzir as ruminações crônicas, mesmo sabendo, como sabemos agora, como elas funcionam. Para ruminações menos intensas, porém, precisamos lembrar que o pensamento associativo que progride de forma ampla conduz a melhorias do humor. Alguns exemplos de sequências associativas que expandiram o raciocínio dos participantes de nossos estudos, melhorando seu humor:

> toalha-nu-rei-rainha-Inglaterra-Big Ben-sino-igreja-cruz-cemitério-túmulo-flores
> tomate-vermelho-sangue-faca-garfo-colher-prata-dinheiro-pagar-estacionamento-multa-guarda
> tenda-circo-elefante-amendoim-manteiga-geleia-rosca-buraco-cavar-pá-mato-galho

TV-livro-estante-closet-casaco-luva-chapéu-boné-beisebol-taco-México-mariachi

dente-língua-músculo-halteres-tênis-pé-dedo-unha-esmalte-algodão-nuvem-pássaro-avião

Embora não seja possível forçar muito conteúdo em nosso pensamento, podemos mudar sua forma de fluir. Podemos observar nosso padrão de pensamento e, antes de tudo, verificar se é ruminativo. Caso seja, alguma distração sadia pode funcionar, assim como a rotulagem. Mesmo quando não estamos ruminando, o ideal é pensar de forma mais ampla, para ter ideias melhores e mais originais. Comece elaborando listas amplas de sua própria autoria, e isso já vai ajudá-lo a expandir seu pensamento.

Humor melhor com um jeito de pensar "maníaco". Outro método surpreendentemente simples de melhorar o humor é ler textos com excepcional rapidez. Leia um texto de sua escolha o mais depressa que puder. É preciso que continue a ser compreensível, e ao mesmo tempo agradável. A leitura rápida induz um estado semelhante ao maníaco, que, como sabemos, é acompanhado de euforia. De fato, depois de uma leitura rápida, os participantes de nossos estudos apresentaram outras características maníacas, como uma sensação subjetiva de poder, criatividade e mais energia. Quem sabe você tenha essa sorte.

Inibição minimizada. A inibição é o mecanismo que limita a velocidade, o escopo e o alcance dos nossos pensamentos. Em termos simplistas, as pessoas mais inibidas têm maior probabilidade de sofrer de transtornos do humor, enquanto as menos inibidas serão mais criativas. Quando há menos inibição, há menos estagnação. Está demonstrado que a meditação é útil para algumas pessoas, por interromper influências inibidoras de cima para baixo. O mesmo vale para a imersão. De resto, a busca por entornos e contextos favoráveis à libertação das inibições é pessoal, e é possível empreender a sua.

Redução da carga cognitiva. Fontes variadas podem desgastar ao mesmo tempo os processos cerebrais e nossa disponibilidade mental. Quando caminhamos pelos corredores do supermercado com dois bebês chorando, não temos como explorar nem perceber produtos novos nas prateleiras. A sobrecarga mental reduz a criatividade, acarretando um estado da mente fechado e restrito, com percepção e atenção restritas (locais), raciocínio limitado e estado mental menos positivo, além de um estado geral exploratório. A redução da carga cognitiva amplia a criatividade e nos torna mais investigativos, expande nosso escopo mental e perceptivo e melhora o humor. É claro que nem sempre podemos nos dar ao luxo de escapar da carga cognitiva, em função das demandas práticas do dia a dia, mas, mesmo em momentos assim, reconhecer nosso estado limitado já ajuda a nos direcionar para atividades mais apropriadas a ele.

ESTADOS DA MENTE

Nosso estado da mente é abrangente, no sentido de que abarca os pilares da nossa vida mental: a percepção, a atenção, o raciocínio, a abertura e o humor. Assim, dispomos de diversos "pontos de entrada", através dos quais podemos manipulá-lo, otimizando-o para cada contexto específico. Em diversas situações, cada um deles pode ser mais ou menos acessível a mudanças.

Existem certos recursos que descobri serem úteis na calibragem do meu estado mental. Usamos alguns deles em meu laboratório; outros, que considerei bastante enriquecedores, incluí no meu cotidiano. Estados mentais mais amplos e abertos ou mais restritos e fechados podem ser alcançados pela manipulação de vários "pontos de entrada", a depender do que estiver disponível no contexto específico. Tanto a percepção quanto a atenção podem ser ao mesmo tempo mais globais (enxergar e atentar para a "floresta") ou mais locais (enxergar e atentar para as "árvores"). Você pode começar analisando os aspectos globais do entorno, para tornar seu estado mental mais amplo, ou, em vez disso, esmiuçar os detalhezinhos, para torná-lo gradualmente mais restrito. O pensamento também pode ajudar nosso estado mental a ser mais amplo ou restrito, através dos métodos já sugeridos acima. A abertura, a tolerância à incerteza e uma atitude mais investigativa ou mais exploratória podem ser alteradas da mesma forma, e em consequência mudar nosso estado mental. Buscar novos ambientes para explorar, provar um prato novo ou ir atrás de outras coisas que nos deixam fora da zona de conforto podem ajudar a mudar nossa atitude em relação à incerteza e à novidade temporárias. Por fim, o estado de espírito também pode ser manipulado em certos contextos, ainda que de forma apenas superficial e por curtos períodos; às vezes, para isso, basta um simples sorvete ou um filme divertido. Alterar qualquer desses estados alterará os outros em paralelo. No conjunto, isso pode nos ajudar a aproximar nosso estado mental abrangente do lugar onde queremos que ele esteja.

O momento do dia é outro fator determinante de nossa posição no espectro investigativo-exploratório. Por mais que odiemos mudar a rotina do café da manhã, somos, na maioria, abertos a um prato-surpresa na hora do almoço. Claro que isso varia de pessoa para pessoa, o que nos permite fazer experiências e compreender nossa correlação pessoal entre o estado mental e a hora do dia.

Familiarizar-se com as formas de medir seu estado mental pode ajudá-lo a otimizar as atividades conforme seu estado. A meditação mindfulness, por exemplo, é de grande valia para estarmos cientes de que precisamos monitorar nosso estado mental. É possível tirar proveito dos estados da mente, e de sua manipulação, para um desempenho superior. Quando seu estado mental é de alegria, fica difícil parar quieto, não sendo, portanto, o melhor estado para tarefas entediantes. Também é bom saber que, quando se está nesse estado, a tendência é tomar decisões mais arriscadas. Trata-se, porém, do melhor estado para bolar soluções menos convencionais para os problemas. Seu melhor estado para explorar novos territórios sem ansiedade é o estado de pensamento amplamente associativo, porque todas essas codependências dentro do nosso estado da mente são recíprocas.

Quando me encontro no estado da mente amplo e aberto, permito-me ficar animado e buscar alguma atividade investigativa, que tire partido desse estado, ou deixo a mente divagar na esperança de que bole algumas boas ideias novas para o trabalho. No começo, respeito meus surtos espontâneos de divagação. Quando ela começa a ficar ruminativa, porém, em geral consigo fazer alguma coisa para quebrar o feitiço. Com o passar do tempo, essa verificação do estado da mente se torna natural. Hoje em dia, quando me lembro, faço observações conscientes do meu estado mental durante qualquer experiência, e decido se quero me observar durante essa vivência, por exemplo, na aula de ioga nível iniciante, para me aprimorar, ou se quero imergir ao máximo.

De cima para baixo ou de baixo para cima? O estado da mente é moldado pela relação entre as influências de cima para baixo ou de baixo para cima. Agora que sabemos que as influências de cima para baixo vêm da memória e das experiências anteriores, enquanto as influências de baixo para cima vêm do nosso entorno, conforme apreendido pelos sentidos, podemos tirar proveito disso. Não que tenhamos controle absoluto daquilo que nos influencia, mas podemos lutar para continuar cientes dessas diferenças. Assim, ao sair de férias com nossos filhos ou com a pessoa amada, ao comer uma manga ou contemplar uma obra de arte, tentaremos estar mais sintonizados com os sinais de baixo para cima, buscando ao mesmo tempo silenciar os sinais antigos que vêm de dentro. Por outro lado, quando quisermos nos apoiar no conhecido, em nome da eficiência e da segurança, devemos tentar dar mais ênfase a nosso conhecimento interior. E quando estivermos em busca de uma ideia nova — por exemplo, para criar um produto —, o ideal será estar no modo de divagação amplamente associativa. Isso me tornou muito mais apto a imergir na experiência de passar o tempo com Nili e meus dois filhos mais velhos, Nadia e Naor, embora nunca seja o bastante.

Tolerância à incerteza. Para dar sentido às coisas, nós as categorizamos, sentindo assim uma certa segurança subjetiva, por saber o que está acontecendo e por estar no controle. Para não sentirmos a pressão de encaixar as coisas novas nos padrões antigos, é preciso que sejamos capazes de tolerar a incerteza. A tolerância à incerteza vem no estado da mente investigativo, em que se está aberto, curioso, amplo, criativo e de bom humor, como são as crianças, que, felizmente, não se importam tanto com limites. Fronteiras, regras e categorias vêm do córtex pré-frontal, que elas ainda não desenvolveram. Para copiar esse estado, precisamos encontrar uma forma de ceder aos nossos sentidos.

Uma janela de mudança. A janela de oportunidade para influenciar nossas primeiras impressões é extremamente breve. Em situações novas, primeiro abrimos ligeiramente a janela investigativa, a fim de aprender e criar um novo padrão, que se torna, então, estável e rígido. Muito rapidamente, retornamos ao estado-padrão exploratório, confiando naquilo que aquela breve janela de exploração imprimiu em nós. Ter ciência desse fato um tanto frustrante é crucial. Enfrentar esses vieses, quando infundados, está longe de ser simples, mas perceber que fazemos julgamentos amplos com base em pouquíssima informação é algo que não podemos esquecer.

FAÇA SUA IMERSÃO

A imersão é um jeito diferente de vivenciar as coisas, que exige uma mudança radical de perspectiva: nada de pensar, nada de divagar, nada de nos observar, nada de nutrir qualquer expectativa, apenas sentir.

Eu não poderia recomendar com ênfase suficiente o quanto devemos abrir espaço em nossas vidas, com regularidade, para experiências imersivas. Pergunte a si mesmo qual foi a última vez que você esteve tão engajado em uma atividade a ponto de se perder totalmente nela. Agende um horário para se dar ao luxo de vivenciar, de novo ou pela primeira vez, alguma experiência profundamente envolvente. Saia em busca de novidades. Já parou para pensar por que tem gente que paga caro para fazer tirolesa em abismos? Bem, tente. Já experimentou a louca montanha-russa de Las Vegas, preso em um capacete de realidade aumentada que simula um ataque alienígena à cidade? É claro que a forma mais produtiva de imersão é estar engajado no trabalho, mas essas outras experiências estão longe de ser frivolidades. Depois de praticar a imersão em aventuras intensas, aos poucos você conseguirá aplicar essa habilidade imersiva em situações menos emocionantes, tornando-as, assim, mais empolgantes do que pareciam ser.

Eu gostaria de poder dizer que já sabemos quais são as condições que despertam imersões espontâneas, mas os estudos psicológicos e neurocientíficos nessa área estão apenas no começo. O que consigo afirmar é que temos como imergir voluntariamente, "sob demanda", em um grau elevado. Minhas experiências imersivas conscientes favoritas são as que tenho com meus filhos. Escondo o celular, chego mais perto, fico de olhos e ouvidos bem abertos e pulo de cabeça. É uma espécie de minimeditação que aperfeiçoei para mim mesmo, na qual, em vez de focar na respiração e retornar a ela sempre que minha mente divaga, foco nos meus filhos. Nunca pensei que sentiria tanto êxtase em brincar de Barbie ou fazer sanduíches com eles. Infelizmente, isso não acontece com a frequência que eu gostaria. É claro que não podemos passar o dia inteiro diagnosticando nosso estado mental, mas podemos aprender a lembrar a nós mesmos de fazer isso com mais frequência.

MEDITE SOBRE SEUS PENSAMENTOS

Este não é um chamado à meditação; comigo funciona, e é possível que funcione com você também, mas não se trata de uma obrigação. Aqui, e ao longo de todo este livro, a meditação é citada pelos princípios que oferece, que podem ser implementados em nossas vidas de forma intuitiva, ainda que não necessariamente fácil.

Existem três elementos que ajudam a explicar o poder da meditação na promoção de uma vida atenta. O primeiro é a *atenção difusa*: a capacidade de estar atento ao entorno dando o mesmo peso a todos os locais e a todos os objetos à sua volta, sem viés e sem privilegiar este ou aquele. Certamente isso nem sempre é desejável. Quando estamos procurando a chave do carro, um amigo na multidão ou uma bolinha de pingue-pongue, precisamos de um holofote de atenção bem específico, com informações tanto sobre as localizações possíveis quanto sobre as características possíveis. Pense em "Onde está Wally?". Mas quando não estamos precisando encontrar nada específico, e podemos nos dar ao luxo de analisar o cenário à nossa volta, nessa hora não só é bom expandir o foco da atenção, como é ótimo não ter foco algum. Todas as zonas do nosso entorno podem ser interessantes, e sempre que possível convém estar aberto e receptivo a elas.

A segunda coisa que a meditação faz ao cérebro, para torná-lo atento, é *interromper as expectativas*. O estado-padrão do cérebro é de expectativa: de que algo aconteça; de que algo seja bom ou ruim; desejo de alguma coisa no futuro; juízo em relação às coisas, comparado àquilo que antecipamos. Observar a própria respiração em tempo real é um truque para nos trazer ao aqui e agora, ao reduzir gradativamente o envolvimento das informações que vêm de cima para baixo. E, estando no aqui e agora, interrompemos o pensamento sobre o futuro, que é exatamente do que tratam as expectativas. Quando não esperamos nada, estamos abertos ao que vier.

O terceiro elemento que torna a meditação tão eficaz para a qualidade da experiência presente é a *redução do apego* a pensamentos, desejos e receios. Em minha experiência, a melhor forma de enfrentar isso é pela rotulagem. Embora seja um tema de pesquisa ainda em desenvolvimento no meu laboratório, já há como adotar esse método. Você analisa um pensamento específico, que está ocupando sua cabeça, e o rotula sob uma série de critérios: ele é positivo, negativo ou neutro em relação às emoções que gera? É sobre o passado, o presente ou o futuro? É sobre você, outras pessoas ou ambos? Assim, caso você esteja pensando no final infeliz do filme que assistiu ontem à noite, esse pensamento será rotulado como "negativo", "passado", "outros". Caso esteja pensando na viagem de dois meses que sua filha está fazendo, será rotulado como "negativo", "futuro", "eu" (você pode pensar em outros critérios também). Ao praticar esse exercício, os pensamentos começam a desaparecer tão logo você termina de rotulá-los. E daí, se as preocupações estão vagando pela sua mente? Reconheça-as, atribua-lhes um rótulo e siga em frente.

Uma mente de principiante. Os cientistas sabem que as descobertas revolucionárias exigem o descarte de preconceitos e antigos pressupostos. É o mesmo que enxergar o mundo com frescor, deixando de lado as expectativas e as instruções de cima para baixo. É por isso que se deve incentivar os recém-chegados a dizerem o que pensam; eles são uma excelente fonte de desmonte das ideias fixas dos especialistas. A mente de principiante deixa muitas possibilidades abertas.

ASSUNTOS GERAIS

Salivação mental. Torne as coisas mais plausíveis fazendo-as *parecer* mais plausíveis, por meio das simulações que chamo de *salivações mentais*. Você está deitado no sofá, incapaz de reunir energia para voltar para o computador, sair para fazer compras ou ir à academia. Comece a imaginar a atividade futura em detalhes. Por exemplo, o supermercado: a lista que você fez, as sacolas reutilizáveis que precisa levar, onde vai estacionar, os corredores que vai atravessar e sua lembrança deles, as flores que vai comprar na saída e a sensação de missão cumprida que sentirá ao voltar para casa. De repente, a experiência como um todo parece mais próxima, sem obstáculos e intromissões entre você e o efetivo levantar-se do sofá. (Não encare isto como um conselho mais genérico para enfrentar a procrastinação. Acredito que a procrastinação muitas vezes atende a um propósito, em especial a incubação criativa; portanto, nem sempre deve ser combatida.)

Abolição de convenções e fronteiras. Contei o caso do amigo que foi comprar flores e, ao ouvir da vendedora que aquelas flores não combinavam, respondeu:

"Faça o buquê e elas vão combinar". Gosto de brincar com as fronteiras em meu cotidiano, pesando os prós e contras das "cercas categóricas" do estrito versus flexível, em diversas encruzilhadas que me obrigam a optar entre o que eu desejo e o que é esperado. Uma boa lição da história das flores do meu amigo é que aquilo que nos parece impossível antes que nos defrontemos com ele — isto é, antes que possamos prevê-lo como possibilidade — torna-se possível quando acontece. O "esquisito" vira "normal" quando se torna conhecido.

Alívio de compartilhar. O simples fato de compartilhar um pensamento doloroso ou um receio amedrontador é suficiente para aliviar grande parte do sofrimento causado por ele. Falar com alguém, ou consigo mesmo, assim como simplesmente colocar o pensamento no papel, resolve de forma surpreendente a maioria das pequenas preocupações do cotidiano.

Affordance, **ou "possibilidade de uso".** Até que ponto aquilo que está diante de você tem uma possibilidade de uso específica? Esse é um princípio que pode orientar o design, e é aplicável na arquitetura, na publicidade e no design de produtos, entre outros. Quando dou consultoria a empresas, ressalto que o design de seus produtos precisa ajudar o cliente potencial a visualizar a si mesmo usando aquele item. Por isso, a empresa precisa deixar evidente como o design possibilita o uso pretendido. No caso de um detergente, o design precisa ajudar as pessoas a se enxergarem segurando o frasco e jogando o líquido no prato. O ideal, para tornar as coisas mais convincentes, é imaginar o máximo de detalhes possível, a fim de facilitar a salivação mental. É a mesma técnica que utilizo com meus filhos e outros, ao tentar convencê-los a fazer algo de determinada maneira: apresento etapas bem concretas, tornando-as simuláveis. Quanto mais conseguimos nos visualizar executando a atividade cogitada, mais seguros e mais bem posicionados nos sentimos para tomar uma decisão. Quem dera pudéssemos levar a paz ao Oriente Médio com as simulações apropriadas para todas as partes.

Juntando tudo, os obstáculos principais a uma vivência mais plena da vida são as predisposições de cima para baixo, a sobrecarga mental e a falta de imersão. Agora, você dispõe de ferramentas melhores.

Agradecimentos

Diga àqueles que você ama, àqueles que se importam com você, àqueles que o inspiram, desafiam, admiram, menosprezam, que você os ama e que nenhum de nós estaria onde está sem as almas que nos cercam, muito menos eu. Eu sou um conduto para aqueles que põem os olhos em mim.

Vou começar pelo topo, nossos três filhos: Naor, Nadia e Nili. Saberei que sou um bom escritor quando descobrir um jeito de descrever em palavras meu amor por vocês, ou o que vocês me fazem sentir, ou o que me fazem ser. Nada é complicado com vocês como minha base. Seu amor, sua sensibilidade, sua conduta, sua criatividade, sua abertura, sua compreensão, seus beijos e abraços são o que me ajuda a encontrar sentido na vida.

Maria (*pici*), minha companheira de vida há mais de duas décadas, e mãe dos meus filhos: você me proporcionou forma, conteúdo e a suprema felicidade. Desde que nos conhecemos, no Departamento de Matemática do Instituto Weizmann, e na nossa conquista do universo afora, você tem sido e sempre será um anjo em minha vida.

Noa, nossa conexão era tão profunda e natural. Você me levava mais longe, me empolgava e me acalmava. Foi o amor entre nós que me fez querer escrever o melhor livro possível. Como eu queria que pudéssemos sorrir para sempre. Eu serei Ganesh, e você será a mais bela *chuldonet*.

No âmbito profissional, tive montanhas de inspirações, de mestres generosos. Os principais dentre eles são Irving Biederman e Shimon Ullman. Ambos me colocaram debaixo de suas asas, em momentos distintos, e a sensação é que uma parte de mim nunca saiu de lá. No judaísmo — e, estou certo, em outras religiões também —, o professor é como um pai ou mãe. Tanto Shimon quanto Irving me deram tudo de que eu precisava, sem vacilar e incondicionalmente. Shimon me trouxe para o mundo da ciência e ainda hoje se ergue como uma torre dominante. Irving permitiu que eu me conectasse com a criança dentro de mim, e que continuasse conectado ao longo de toda a minha pesquisa. Ele é o modelo da curiosidade insaciável e da criatividade (e, portanto, do estado de espírito positivo também). Tive a tremenda sorte de trabalhar, por um período mais curto, com Daniel Schacter, ao chegar a Harvard para meu pós-doutorado. Dan é o mestre da pesquisa sobre a memória e da capacidade de realizar as coisas.

Dentre meus colegas, gostaria em primeiro lugar de destacar Dan Gilbert. Desde a época em que eu sonhava em publicar artigos na imprensa, Dan foi generoso, paciente e brilhante. Se consegui publicar no *New York Times*, no *Boston Globe* e no *Los Angeles Times*, foi em grande parte graças à sua amizade, personalidade e talento. Sempre que estou penando com uma frase, até hoje, pergunto a Dan o que ele acha. Obrigado, Dan, não faltarei à sua próxima premiação.

Por me propiciarem um entorno de constantes ideias, criatividade, generosidade, abertura de espírito e oportunidades ilimitadas, Irving, Shimon, Daniel e Dan me ajudaram a perceber o felizardo que sou por ter escolhido a investigação científica como caminho. Se tenho a audácia de acreditar que tudo pode ser estudado e respondido, é em grande parte graças a vocês.

Aquilo que não aprendi com meus mentores aprendi com meus alunos. Tenho a sorte incrível de acreditar que devo estar sempre cercado de mentes jovens e ambiciosas, e de que devo escutá-las. Elissa Aminoff, Vadim Axelrod, Shira Baror, Jasmine Boshyan, Helen Feigin, Mark Fenske, Kestas Kveraga, Malia Mason, Maital Neta, Matt Panichello, Amitai Shenhav, Katherine Shepherd, Amir Tal, Cibu Thomas e Sabrina Trapp, para citar alguns cujo trabalho foi mais relevante na escritura deste livro: obrigado! Sua colaboração e contribuição significativa fizeram do meu corpo de pesquisa o que ele é. Seu otimismo, abertura e originalidade me deram ânimo dia após dia. Nunca deixem de ser estudantes; mas, se não for possível, nunca deixem de estar com estudantes.

Também tenho uma dívida para com meus vários colaboradores, que me complementaram ou aprimoraram em cada conversa, experiência ou artigo escrito em conjunto: Lisa Feldman Barrett, por seu discernimento, ambição e emoção; Maurizio Fava, por me ciceronear no mundo mágico da psiquiatria; e Noa Herz, pela mente aguçada, texto refinado e caráter autêntico.

Você não teria este livro em mãos não fosse por minha agente, Katinka Matson, da Brockman, Inc. Katinka é única e muito mais do que uma agente, capaz de pegar pela mão um autor de primeira viagem do outro lado do oceano, mesclando realismo profissional com incentivo caloroso e conselhos produtivos, e conduzi-lo da ideia ao livro. Diz o ditado que amigo é aquele que o ajuda a mover o corpo; mas que amigo mesmo é o que o ajuda a esconder um corpo. Olha eu aqui, Katinka...

Agradeço a meu jovem e furioso editor, Dan Ambrosio, pelo processo de edição mais produtivo e eficaz, com os empurrõezinhos certos na hora certa, com a atitude certa: sorte minha tê-lo tido como editor, e que venham muitos outros livros.

Emily Loose, cercada de gatos, chá e boas risadas, obrigado pela ajuda magistral e enriquecedora na proposta do livro, e por seu imenso talento. Decolamos com muita rapidez, e gostaria que todos pudessem aprender com você o que eu aprendi.

James Ryerson (Jamie), do *New York Times*: você escolheu publicar meu texto como artigo de opinião, gerando uma feliz reação em cadeia. Suas edições afiadíssimas, antes da publicação, me fizeram parecer alguém que sabe escrever.

A Oren Harman, irmão, colega superastro em Bar-Ilan, e melhor amigo do mundo: obrigado pela graça da sua experiência e pelas lições aprendidas em tantos livros luminosos que escreveu. Sou muito feliz por poder continuar a rejuvenescer com você.

A Adi Pundak-Mintz, meu amigo querido, pela conexão indescritível em palavras, infinita sabedoria, carinho sem fim e complexidade estimulante. Eu te adoro, irmão; sinto-me um privilegiado por tê-lo ao meu lado.

A Nava Levit-Binnun, cara amiga e brilhante colega, por me apresentar à vipassana e concordar em conversar comigo às escondidas durante os retiros silenciosos.

Ao pessoal da Tovana, a organização vipassana de Israel, que me acolheu de braços, mentes e corações abertos, em especial Lila Kimhi, Christopher Titmuss e Stephen Fulder: aonde quer que eu vá, vocês estão comigo.

A Froggy, por estimular as partes adormecidas do meu córtex e do meu coração. Sua beleza é eterna.

A Cactus, meu lembrete constante. Obrigado por me ajudar a encontrar um outro ritmo.

A Ami, por me fazer correr na praia entre um e outro parágrafo, e provar que se pode encontrar um amigo para a vida toda indo buscar os filhos no jardim de infância.

Obrigado, Sasha, pelo espaço sempre surpreendente entre pensamentos. Você é a estrela de Jaffa e arredores.

A Sami Sagol, com sua contribuição e história de vida digna de Hollywood, por me incentivar e inspirar de tantas formas: obrigado, Sami e família.

À Universidade Harvard, ao Hospital Geral de Massachusetts e à Universidade Bar-Ilan, obrigado por me darem um lar e o clima ideal para correr atrás de minhas ideias e paixões.

Um agradecimento especial a Einav Sudai e a Tsafrir Greenberg, por administrarem meu laboratório. Vocês são preciosidades.

A Craig Wynett, o diretor criativo ideal.

Josh Wachman, obrigado pela fantástica citação de Pater.

Minha família estendida deveria aparecer no dicionário, ao lado da definição de "família": amorosa, unida, desafiadora e capaz de suportar qualquer coisa. Hila, minha mãe: será que daria para descrever em apenas um livro meu amor por você? Beijo, mãe. Avi, meu pai, é um exemplo para mim sob muitos aspectos e uma ilha de estabilidade para todos nós. Efrat e Inbal, minhas irmãs, obrigado por me mostrarem como o transtorno de atenção pode ser fofo, e pelos abraços intermináveis. Navot, meu irmão caçula, você é o Everest. Clã Ben-Hamo, sempre os amarei. Também amo e agradeço a Michael e Anna Lando, meus sogros eternos, por serem exatamente quem são.

Meus saudosos avós, Itzhak e Michal, obrigado por me mostrarem quão longe os raios quentes do amor podem chegar.

Pop Smoke (bem-vindo à festa!), Lil Peep (aquela do sorriso tímido) e Mac Miller (gosto da minha música bem alta): vocês foram a trilha sonora mais revigorante que este livro poderia ter tido, e é uma pena que não puderam ficar por mais tempo.

E, finalmente, obrigado à Mãe Natureza, por me fazer feliz.

Notas

INTRODUÇÃO [pp. 9-15]

1. Ver Matthew A. Killinsgworth e Daniel T. Gilbert, "A Wandering Mind Is an Unhappy Mind". *Science*, p. 932, 12 nov. 2010.
2. Moshe Bar, "Visual Objects in Context". *Nature Reviews Neuroscience*, n. 5, pp. 617-29, 2004. Disponível em: <doi.org/10.1038/nrn1476>.

1. SEMPRE "LIGADO" [pp. 17-22]

1. Marcus E. Raichle, "The Brain's Default Mode Network". *Annual Review of Neuroscience*, v. 38, n. 1, pp. 433-47, 2015.
2. Rotem Botvinik-Nezer et al., "Variability in the Analysis of a Single Neuroimaging Dataset by Many Teams". *Nature*, n. 582, pp. 84-8, 2020. Disponível em: <doi.org/10.1038/s41586-020-2314-9>.

2. A CONEXÃO COM NOSSOS PENSAMENTOS [pp. 23-45]

1. Marion Milner, *A Life of One's Own*. Londres: Routledge, 2011.
2. Ulric Neisser e Robert Becklen, "Selective Looking: Attending to Visually Specified Events". *Cognitive Psychology*, v. 7, n. 4, pp. 480-94, 1975.
3. Sarah N. Garfinkel e Hugo D. Critchley, "Threat and the Body: How the Heart Supports Fear Processing". *Trends in Cognitive Sciences*, v. 20, n. 1, pp. 34-46, 2016.
4. Walter A. Brown, "Placebo as a Treatment for Depression". *Neuropsychopharmacology*, n. 10, pp. 265-9, 1994. Disponível em: <doi.org/10.1038/npp.1994.53>.

5. Slavenka Kam-Hansen et al., "Altered Placebo and Drug Labeling Changes the Outcome of Episodic Migraine Attacks". *Science Translational Medicine*, v. 6, n. 218, p. 218ra5, 2014.

6. Wen Ten et al., "Creativity in Children with ADHD: Effects of Medication and Comparisons with Normal Peers". *Psychiatry Research*, n. 284, fev. 2020. Disponível em: <doi.org/10.1016/j.psychres.2019.112680>.

3. A JORNADA A PARTIR DO AGORA [pp. 46-51]

1. Ver, por exemplo, como interferir na operação normal do córtex pré-frontal suscita resultados bizarros, como tornar-se indevidamente generoso: Leonardo Christov-Moore et al., "Increasing Generosity by Disrupting Prefrontal Cortex". *Social Neuroscience*, v. 12, n. 2, pp. 174-81, 2017. Disponível em: <doi.org/10.1080/17470919.2016.1154105>.

2. Esther H. H. Keulers e Lisa M. Jonkman, "Mind Wandering in Children: Examining Task-Unrelated Thoughts in Computerized Tasks and a Classroom Lesson, and the Association with Different Executive Functions". *Journal of Experimental Child Psychology*, n. 179, pp. 276-90, 2019. Disponível em: <doi.org/10.1016/j.jecp.2018.11.013>.

3. Jerome L. Singer, *The Inner World of Daydreaming*. Nova York: Harper & Row, 1975.

4. Erin C. Westgate et al., "What Makes Thinking for Pleasure Pleasurable? Emotion". Publicação on-line antecipada, 2021. Disponível em: <doi.org/10.1037/emo0000941>.

5. Benjamin Baird et al., "Inspired by Distraction: Mind Wandering Facilitates Creative Incubation". *Psychological Science*, v. 23, n. 10, pp. 1117-22, 2012. Disponível em: <doi.org/10.1177/0956797612446024>.

6. Malia F. Mason et al., "Wandering Minds: The Default Network and Stimulus-Independent Thought". *Science*, v. 315, n. 5810, pp. 393-5, 2007. Disponível em: <doi.org/10.1126/science.1131295>.

4. SOBRE O QUE DIVAGAMOS? ANTES DE TUDO, SOBRE NÓS MESMOS [pp. 52-60]

1. Plutarch, *Theseus* (23.1). Internet Classics Archive. Disponível em: <classics.mit.edu/Plutarch/theseus.html>.

2. Christopher G. Davey, Jesus Pujol e Ben J. Harrison, "Mapping the Self in the Brain's Default Mode Network". *NeuroImage*, n. 132, pp. 390-7, 2016. Disponível em: <doi.org/10.1016/j.neuroimage.2016.02.022>.

3. Silvio Ionta et al., "The Brain Network Reflecting Bodily Self-Consciousness: A Functional Connectivity Study". *Social Cognitive and Affective Neuroscience*, v. 9, n. 12, pp. 1904-13, 2014. Disponível em: <doi.org/10.1093/scan/nst185>.

4. Aviva Berkovich-Ohana, Joseph Glicksohn e Abraham Goldstein, "Mindfulness-Induced Changes in Gamma Band Activity: Implications for the Default Mode Network, Self-Reference and Attention". *Clinical Neurophysiology*, v. 123, n. 4, pp. 700-10, 2012. Disponível em: <doi.org/10.1016/j.clinph.2011.07.048>.

5. Ethan Kross, *Chatter: The Voice in Our Head, Why It Matters, and How to Harness It*. Nova York: Crown, 2021; Charles Fernyhough, *The Voices Within: The History and Science of How We Talk to Ourselves*. Nova York: Basic Books, 2016; Michael S. Gazzaniga. *Who's in Charge? Free Will and the Science of the Brain*. Nova York: HarperCollins, 2011.

6. Ben Alderson-Day e Charles Fernyhough, "Inner Speech: Development, Cognitive Functions, Phenomenology, and Neurobiology". *Psychological Bulletin*, v. 141, n. 5, pp. 931-65, 2015. Disponível em: <dx.doi.org/10.1037/bul0000021>.

5. É ASSIM QUE ACABA DANDO RUIM [pp. 61-70]

1. Chet C. Sherwood, Francys Subiaul e Tadeusz W. Zawidzki, "A Natural History of the Human Mind: Tracing Evolutionary Changes in Brain and Cognition". *Journal of Anatomy*, v. 212, n. 4, pp. 426-54, 2008. Disponível em: <doi.org/10.1111/j.1469-7580.2008.00868.x>; Louise Barrett, Peter Henzi e Drew Rendall, "Social Brains, Simple Minds: Does Social Complexity Really Require Cognitive Complexity?". *Philosophical Transactions of the Royal Society B — Biological Sciences*, v. 362, n. 1480, pp. 561-75, 2007. Disponível em: <doi.org/10.1098/rstb.2006.1995>.

2. Benjamin Baird et al., "Inspired by Distraction: Mind Wandering Facilitates Creative Incubation". *Psychological Science*, v. 23, n. 10, pp. 1117-22, 2012. Disponível em: <doi.org/10.1177/0956797612446024>.

3. R. Nathan Spreng e Cheryl L. Grady, "Patterns of Brain Activity Supporting Autobiographical Memory, Prospection, and Theory of Mind, and Their Relationship to the Default Mode Network". *Journal of Cognitive Neuroscience*, v. 22, n. 6, pp. 1112-23, 2010. Disponível em: <doi.org/10.1162/jocn.2009.21282>.

4. Verónica V. Galván, Rosa S. Vessal e Matthew T. Golley, "The Effects of Cell Phone Conversations on the Attention and Memory of By-standers". *PLoS One*, v. 8, n. 3, 2013. Disponível em: <doi.org/10.1371/journal.pone.0058579>.

5. Moshe Bar, Maital Neta e Heather Linz, "Very First Impressions". *Emotion*, v. 6, n. 2, pp. 269-78, 2006. Disponível em: <doi.org/10.1037/1528-3542.6.2.269>.

6. Charles C. Ballew e Alexander Todorov, "Predicting Political Elections from Rapid and Unreflective Face Judgments". *Proceedings of the National Academy of Sciences*, v. 104, n. 46, pp. 17948-53, 2007. Disponível em: <doi.org/10.1073/pnas.0705435104>.

6. MEMÓRIAS DO FUTURO: COMO APRENDER COM EXPERIÊNCIAS IMAGINÁRIAS [pp. 71-84]

1. Moshe Bar e Shimon Ullman, "Spatial Context in Recognition". *Perception*, v. 25, n. 3, pp. 343-52, 1996. Disponível em: <doi.org/10.1068/p250343>.

2. Moshe Bar et al., "The Units of Thought". *Hippocampus*, v. 17, n. 6, pp. 420-8, 2007.

3. Lien B. Pham e Shelley E. Taylor, "From Thought to Action: Effects of Process-Versus Outcome-Based Mental Simulations on Performance". *Personality and Social Psychology Bulletin*, v. 25, n. 2, pp. 250-60, 1999. Disponível em: <doi.org/10.1177/0146167299025002010>.

4. Sonal Arora et al., "Mental Practice: Effective Stress Management Training for Novice Surgeons". *Journal of the American College of Surgeons*, v. 212, n. 2, pp. 225-33, 2011. Disponível em: <doi.org/10.1016/j.jamcollsurg.2010.09.025>.

5. A. M. Pedersen et al., "Saliva and Gastrointestinal Functions of Taste, Mastication, Swallowing and Digestion". *Oral Diseases*, v. 8, n. 3, pp. 117-29, 2002. Disponível em: <doi.org/10.10 34/j.1601-0825.2002.02851.x>.

7. QUANDO NÃO HÁ MAIS NADA DE NOVO [pp. 85-93]

1. Moshe Bar, "The Proactive Brain: Using Analogies and Associations to Generate Predictions". *Trends in Cognitive Sciences*, v. 11, n. 7, pp. 280-9, 2007.

2. David Marr, *Vision: A Computational Investigation into the Human Representation and Processing of Visual Information*. San Francisco: W. H. Freeman, 1982.

3. Moshe Bar, "Visual Objects in Context". *Nature Reviews Neuroscience*, n. 5, pp. 617-29, 2004. Disponível em: <doi.org/10.1038/nrn1476>.

4. R. Schvaneveldt, D. Meyer e C. Becker, "Lexical Ambiguity, Semantic Context, and Visual Word Recognition". *Journal of Experimental Psychology: Human Perception and Performance*, v. 2, n. 2, pp. 243-56, 1976. Disponível em: <doi.org/10.1037/0096-1523.2.2.243>.

5. Maital Neta e Paul J. Whalen, "The Primacy of Negative Interpretations When Resolving the Valence of Ambiguous Facial Expressions". *Psychological Science*, v. 21, n. 7, pp. 901-7, 2010. Disponível em: <doi.org/10.1177/0956797610373934>.

6. Immanuel Kant, *Prolegomena to Any Future Metaphysics*. 2. ed. Indianápolis: Hackett, 2001, §32. [Ed. bras.: *Prolegômenos a qualquer metafísica futura que possa apresentar-se como ciência*. São Paulo: Estação Liberdade, 2014.]

7. R. von der Heydt, E. Peterhans e G. Baumgartner, "Illusory Contours and Cortical Neuron Responses". *Science*, v. 224, n. 4654, pp. 1260-2, 1984. Disponível em: <doi.org/10.1126/science.6539501>; Benjamin de Haas e Dietrich Samuel Schwarzkopf, "Spatially Selective Responses to Kanizsa and Occlusion Stimuli in Human Visual Cortex". *Scientific Reports*, v. 8, n. 611, 2018. Disponível em: <doi.org/10.1038/s41598-017-19121-z>.

8. PADRÕES DA MENTE E AS LIMITAÇÕES DAS FRONTEIRAS [pp. 94-104]

1. Andrea J. Stone, *Images from the Underworld: Naj Tunich and the Tradition of Maya Cave Painting*. Austin: University of Texas Press, 1995, pp. 10-1.

2. Alan W. Watts, *The Wisdom of Insecurity: A Message for an Age of Anxiety*. Nova York: Pantheon Books, 1951, p. 102. [Ed. bras.: *A sabedoria da insegurança*. Rio de Janeiro: Record, 1951.]

3. Yael Afiki e Moshe Bar, "Our Need for Associative Coherence". *Humanities and Social Sciences Communications*, n. 80, p. 7, 2020. Disponível em: <doi.org/10.1057/s41599-020-00577-w>.

4. Moshe Bar e Maital Neta, "Humans Prefer Curved Visual Objects". *Psychological Science*, v. 17, n. 8, pp. 645-8, 2006. Disponível em: <doi.org/10.1111/j.1467-9280.2006.01759.x>.

5. Avishag Shemesh et al., "Affective Response to Architecture: Investigating Human Reaction to Spaces with Different Geometry". *Architectural Science Review*, v. 60, n. 2, pp. 116-25, 2017. Disponível em: <doi.org/10.1080/00038628.2016.1266597>.

9. ABERTURA DE ESPÍRITO, CRIATIVIDADE E HUMOR [pp. 105-19]

1. Moshe Bar et al., "The Units of Thought". *Hippocampus*, v. 17, n. 6, pp. 420-8, 2007.
2. Eiran Vadim Harel et al. "Linking Major Depression and the Neural Substrates of Associative Processing". *Cognitive, Affective & Behavioral Neuroscience*, v. 16, n. 6, pp. 1017-26, 2016.
3. Wendy Treynor, Richard Gonzalez e Susan Nolen-Hoeksema, "Rumination Reconsidered: A Psychometric Analysis". *Cognitive Therapy and Research*, n. 27, pp. 247-59, 2003. Disponível em: <doi.org/10.1023/A:1023910315561>.
4. Shira Baror e Moshe Bar, "Associative Activation and Its Relation to Exploration and Exploitation in the Brain". *Psychological Science*, v. 27, n. 6, pp. 776-89, 2016. Disponível em: <doi.org/10.1177/0956797616634487>.
5. Vadim Axelrod et al., "Increasing Propensity to Mind-Wander with Transcranial Direct Current Stimulation". *Proceedings of the National Academy of Sciences of the United States of America*, v. 112, n. 11, pp. 3314-9, 2015. Disponível em: <doi.org/10.1073/pnas.1421435112>.
6. Malia F. Mason e Moshe Bar, "The Effect of Mental Progression on Mood". *Journal of Experimental Psychology: General*, v. 141, n. 2, p. 217, 2012.
7. Emily Pronin e Daniel M. Wegner, "Manic Thinking: Independent Effects of Thought Speed and Thought Content on Mood". *Psychological Science*, v. 17, n. 9, pp. 807-13, 2006. Disponível em: <doi.org/10.1111/j.1467-9280.2006.01786.x>.
8. P. S. Eriksson et al. "Neurogenesis in the Adult Human Hippocampus". *Nature Medicine*, n. 4, pp. 1313-7, 1998. Disponível em: <doi.org/10.1038/3305>.
9. Luca Santarelli et al., "Requirement of Hippocampal Neurogenesis for the Behavioral Effects of Antidepressants". *Science*, v. 301, n. 5634, pp. 805-9, 2003; Alexis S. Hill, Amar Sahay e René Hen, "Increasing Adult Hippocampal Neurogenesis Is Sufficient to Reduce Anxiety and Depression-Like Behaviors". *Neuropsychopharmacology*, v. 40, n. 10, pp. 2368-78, 2015. Disponível em: <doi.org/10.1038/npp.2015.85>.
10. Laura Micheli et al., "Depression and Adult Neurogenesis: Positive Effects of the Antidepressant Fluoxetine and of Physical Exercise". *Brain Research Bulletin*, n. 143, pp. 181-93, 2018. Disponível em: <doi.org/10.1016/j.brainresbull.2018.09.002>; Savita Malhotra e Swapnajeet Sahoo, "Rebuilding the Brain with Psychotherapy". *Indian Journal of Psychiatry*, v. 59, n. 4, pp. 411-9, 2017. Disponível em: <doi.org/10.4103/0019-5545.217299>.
11. Thomas Berger et al., "Adult Hippocampal Neurogenesis in Major Depressive Disorder and Alzheimer's Disease". *Trends in Molecular Medicine*, v. 26, n. 9, pp. 803-18, 2020. Disponível em: <doi.org/10.1016/j.molmed.2020.03.010>.
12. Disponível em: <jeanlouisnortier.wordpress.com/2020/05/18/word-phrase-of-the-day-with-its-origin-monday-18th-may>.

10. A MEDITAÇÃO, O PADRÃO CEREBRAL E A QUALIDADE DA EXPERIÊNCIA [pp. 120-35]

1. Britta K. Hölzel et al., "Mindfulness Practice Leads to Increases in Regional Brain Gray Matter Density". *Psychiatry Research*, v. 191, n. 1, pp. 36-43, 2011. Disponível em: <doi.org/10.1016/j.pscychresns.2010.08.006>.
2. Sharon Jones, *Burn After Writing*. Nova York: Perigree, 2014. [Ed. bras.: *Queime depois de escrever*. Rio de Janeiro: Sextante, 2020.]
3. Verónica Pérez-Rosas et al., "Deception Detection Using Real-Life Trial Data". *ICMI'15: Proceedings of the 2015 ACM on International Conference on Multimodal Interaction*, pp. 59-66, nov. 2015.
4. Michael L. Slepian, Jinseok S. Chun e Malia F. Mason, "The Experience of Secrecy". *Journal of Personality and Social Psychology*, v. 113, n. 1, pp. 1-33, 2017. Disponível em: <doi.org/10.1037/pspa0000085>.
5. Judson A. Brewer et al., "Meditation Experience Is Associated with Differences in Default Mode Network Activity and Connectivity". *Proceedings of the National Academy of Sciences*, v. 108, n. 50, pp. 20254-9, 2011. Disponível em: <doi.org/10.1073/pnas.1112029108>.
6. Antoine Lutz et al., "Regulation of the Neural Circuitry of Emotion by Compassion Meditation: Effects of Meditative Expertise". *PLoS One*, v. 3, n. 3, 2008. Disponível em: <doi.org/10.1371/journal.pone.0001897>.
7. Richard J. Davidson et al., "Alterations in Brain and Immune Function Produced by Mindfulness Meditation". *Psychosomatic Medicine*, v. 65, n. 4, pp. 564-70, 2003. Disponível em: <doi.org/10.1097/01.PSY.0000077505.67574.E3>.

11. VIVER EM IMERSÃO [pp. 136-52]

1. William Blake, *The Marriage of Heaven and Hell*. Nova York: Dover, 1994, p. 42. [Ed. bras.: *O casamento do céu e do inferno e outros escritos*. Porto Alegre: L&PM, 2007.]
2. Joseph Glicksohn e Aviva Berkovich-Ohana, "Absorption, Immersion, and Consciousness". In: Jayne Gackenbach (Org.). *Video Game Play and Consciousness*. Hauppauge, Nova Science, 2012, pp. 83-99.
3. A. Tellegen e G. Atkinson, "Openness to Absorbing and Self-Altering Experiences ('Absorption'), a Trait Related to Hypnotic Susceptibility". *Journal of Abnormal Psychology*, v. 83, n. 3, pp. 268-77, 1974. Disponível em: <doi.org/10.1037/h0036681>.
4. David Weibel, Bartholomäus Wissmath e Fred W. Mast, "Immersion in Mediated Environments: The Role of Personality Traits". *Cyberpsychology, Behavior and Social Networking*, v. 13, n. 3, pp. 251-6, 2010. Disponível em: <doi.org/10.1089/cyber.2009.0171>.
5. Joseph Glicksohn, "Absorption, Hallucinations, and the Continuum Hypothesis". *Behavioral and Brain Sciences*, v. 27, n. 6, pp. 793-4, 2004. Disponível em: <doi.org/10.1017/S0140525X04280189>; Cherise Rosen et al., "Immersion in Altered Experience: An Investigation of the Relationship Between Absorption and Psychopathology". *Consciousness and Cognition*, v. 49, pp. 215-26, mar. 2017. Disponível em: <doi.org/10.1016/j.concog.2017.01.015>.

6. Michiel van Elk et al., "The Neural Correlates of the Awe Experience: Reduced Default Mode Network Activity During Feelings of Awe". *Human Brain Mapping*, v. 40, n. 12, pp. 3561-74, 2019. Disponível em: <doi.org/10.1002/hbm.24616>.

7. Mihaly Csikszentmihalyi, *Flow: The Psychology of Optimal Experience*. 6. ed. Nova York: Harper & Row, 1990. [Ed. bras.: *Flow: A psicologia do alto desempenho e da felicidade*. Rio de Janeiro: Objetiva, 2021.]

8. M. F. Kaplan e E. Singer, "Dogmatism and Sensory Alienation: An Empirical Investigation". *Journal of Consulting Psychology*, v. 27, n. 6, pp. 486-91, 1963. Disponível em: <doi.org/10.1037/h0042057>; Haylie Miller e Nicoleta L. Bugnariu, "Level of Immersion in Virtual Environments Impacts the Ability to Assess and Teach Social Skills in Autism Spectrum Disorder". *Cyberpsychology, Behavior and Social Networking*, v. 19, n. 4, pp. 246-56, 2016. Disponível em: <doi.org/10.1089/cyber.2014.0682>.

12. A MENTE IDEAL PARA CADA OCASIÃO [pp. 153-84]

1. Noa Herz, Shira Baror e Moshe Bar, "Overarching States of Mind". *Trends in Cognitive Sciences*, v. 24, n. 3, 2020, pp. 184-99. Disponível em: <doi.org/10.1016/j.tics.2019.12.015>.

2. W. H. Murray, *The Scottish Himalayan Expedition*. Londres: J. M. Dent & Sons, 1951, pp. 6-7.

3. Alexei J. Dawes et al., "A Cognitive Profile of Multi-sensory Imagery, Memory and Dreaming in Aphantasia". *Scientific Reports*, v. 10, n. 10022, 2020. Disponível em: <doi.org/10.1038/s41598-020-65705-7>.

4. Ernest G. Schachtel, *Metamorphosis: On the Conflict of Human Development and the Development of Creativity*. Nova York: Routledge, 2001.

5. Timothy D. Wilson et al., "Social Psychology. Just Think: The Challenges of the Disengaged Mind". *Science*, v. 345, n. 6192, pp. 75-7, 2014. Disponível em: <doi.org/10.1126/science.1250830>.

6. Não confundir com o conceito budista de Vazio, que se relaciona mais ao distanciamento de si e dos preconceitos e outras distorções de cima para baixo da percepção.

Índice remissivo

#MeToo, movimento, 92

absorção, 146
ação física, atividade mental e, 79
adaptação seletiva, 92
adaptação, resistência à, 92
afantasia, 162
affordance (possibilidade de uso), 79
Afiki, Yael, 98
alegria individual, 151
alucinações, 44; absorção e, 146
ambiente: físico consumido pelo filtro da atenção, 30; pensamento investigativo e criativo em ambiente desconhecido, 168
amígdala e Teoria da Mente, 67
amostragem de pensamentos, 50-1, 113
amplitude de pensamento, criatividade e humor, 105-9; criatividade e divagação ampla, 112-3; curiosa necessidade de criar, 113-4; humor para pensar, 106-12; melhora do humor pelo raciocínio associativo e criativo, 114-9
anatta ("não eu" ou "não alma"), 54
anedonia, 134
anicca (impermanência), 54
ansiedade: aumento da neurogênese para aliviar a, 117; humor e, 106; incerteza no estado da mente restrito e, 167; pensamento ruminativo e, 39-40, 107
Anster, John, 156
Arendt, Hannah, 96
Aristóteles, 53
Armstrong, Neil, 137
"arte como técnica, A" (Chklovski), 148
árvore de decisões, 76
assistentes programados por IA, compreensão do sarcasmo e, 62
Associação de Ciências Psicológicas, 69
associações: amplas, lista de, 115; *clang*, 44; codificando com, 68; divagações e, 74; estreitas, lista de, 116; geração de previsões e, 72-5, 108; memória e, 68; relacionadas ao humor, 108-10; simulações mentais a partir de, 76-80; uso de conhecimentos prévios a fim de preparar para o futuro, 68
associações visuais, previsões baseadas em experiências passadas e, 67
ataques de pânico, pensamentos obsessivos e, 40
atenção: ao ambiente físico, 30; aplicável internamente, 30-1; dividida, 142; meditação e atenção difusa, 129-31; meditação e atenção focada, 33

atenção plena, processo apenas de baixo para cima e, 162
atenção seletiva, 126, 143
atento, estar presente na vida e estar, 132-3
ativação dos pensamentos, 26
atividade mental, ação física e, 79
autocontrole, inibição e, 176
automutilação, 121

bate-papo interior, 57-60
beleza, mente sobrecarregada e apreciação da, 170
Berkovich-Ohana, Aviva, 57
Biederman, Irv, 18
Blake, William, 143
bloqueio, 43
budismo: eu permanente como ilusão no, 54-5; sobre estar no momento, 164; sobre a falta de expectativas, 79; sobre olhar objetos sem lhes dar nome, 99; sobre ouvir sons sem lhes dar nome, 97; sobre o "vazio", 150
Bunam, rabino, 165
Butler, Malcolm, 151

Caeiro, Alberto (Fernando Pessoa), 82
caminhada como forma de meditação, 33
característica, bate-papo interior como, 57; *ver também* traços de personalidade
carga cognitiva, 112, 171, 176; meditação mindfulness e, 134
casamento do céu e do inferno, O (Blake), 143
catarata, cirurgia e melhora da visão, 96-7
catarse, 125
categorias fechadas, 100-1
cenários hipotéticos de tipo "se-então", 75
cérebro: cada aspecto tem uma razão e uma função, 21; capacidade limitada do, 46; descoberta da rede de modo padrão, 19-22; dilemas no comportamento e no, 102; efeito de guardar segredos no, 128; experiências no interior do, 140; como órgão preditivo, 108; preferência pelo modo exploratório, 104; sempre diz a verdade, 22; senso do eu e, 56-7; vivência das experiências, 140-2; *ver também regiões específicas do cérebro*
cérebro proativo, 86
certeza, por curiosidade e sentido, 104
Charles Bonnet, síndrome de, 95
Chesnutt, Vic, 177
Chklovski, Viktor, 148
"cinema do prisioneiro", 94
circunstancialidade, 43
clang, associações, 44
clareza: necessidade de, 100; obstáculos à clareza na comunicação, 62-3
Cleese, John, 166
coisa em si, como verdade, 88
coletora de impostos, A (filme), 127
Como pensamos (Dewey), 37
comportamento exploratório/investigativo, 102
comunicação, interna e com os outros, 61-6
conceitos, pensamentos formados por, 38
conclusão de padrões, 103
conexão mente-corpo, 35
conexões entre neurônios, 26
conflito entre os comportamentos investigativo e exploratório, 102
conhecimento baseado na experiência e divagação, 48
consciência de si, formação da, 147
contexto e percepção, 71-2
co-ocorrências, 138, 175
córtex pré-frontal: decisões impulsivas e subdesenvolvimento do, 77; divagação e devaneios e, 47-8; efeitos do treinamento em mindfulness, 120; fronteiras, regras e categorias do, 102; imposições de cima para baixo do, 103; inibição e, 177; meditação e redução de influências de cima para baixo, 131-2; níveis maiores de divagação usando estimulação transcraniana por corrente direta, 113; provendo informações de cima para baixo sobre um objeto, 90
córtex temporal, 90
córtex visual primário, 140-1
córtex, corrente de influências, 110; *ver também* córtex primário; córtex visual

crianças e divagações, 48
criatividade: aprender, treinar e maximizar, 172; curiosidade e, 105, 173-4; descarrilamento do pensamento e, 43; divagação ampla e, 105, 112-3; estado mental e, 163; gatilho em ambientes novos, 168; inibição e, 176; mente investigativa e, 160; necessidade humana de criar, 113-4; pensamento associativo e, 39; tédio e, 179; tendência natural à, 149; *ver também* amplitude de pensamento, criatividade e humor
criativo: processos em segundo plano e incapacidade de ser, 171; sobrecarga mental e incapacidade de ser, 169-73
Crick, Francis, 166
crítico interno, 57, 59
Csikszentmihalyi, Mihaly, 147
curiosidade: como impulso para obter sentido, 104; criatividade e, 105, 173-4; divagações e, 105; inibição e, 176; tédio e, 179
Curran, John Philpot, 82
Curtindo a noite (filme), 68

Da Vinci, Leonardo, 172
Daily Mail, 71
Darwin, Charles, 76
Davidson, Richard, 134
decisões: automáticas, 77; impulsivas, 77; orientadas por recompensa ou punição, 76; simulações e deliberações, 76-8
deixas de recuperação, 41
delírios, 39, 44; absorção e, 146
Dennett, Daniel, 54
depressão: aumento da neurogênese para aliviar a, 117-8; desequilíbrio de pensamento e, 110; dificuldade em levar em conta o contexto e, 105-6; dissolução do ego como terapia para a, 55; efeito de guardar segredos sobre a, 128; humor e, 106; inibição excessiva e, 111; pensamento ruminativo e, 39-40, 105; uso de exercícios cognitivos para ampliar o pensamento associativo na, 117; volume do hipocampo e, 110

descarrilamento, 42-3
Descartes, René, 53
desejos, 88, 184
desempenho cognitivo, melhoria com o aumento das divagações, 113
desenhos, tendência a incluir objetos completos, não parciais, 98
desfamiliarização, 148
"Despertando a mente" (Watts), 97
devaneios, 136, 162; conteúdo dos, 83; enquadramento associativo e, 118; como ferramenta de construção mental, 48; propensão a, 47-9; viagem mental e, 84
Dewey, John, 37
diálogo interno, 59-60; manifestado como pensamento, 23; *ver também* voz interior
dilema da atenção, 145; mudança de perspectiva sobre nossa experiência e, 134-5
divagações/divagar: aprendizado com experiências imaginárias e, 185; como base da criatividade, 173; aos cinco anos, 48; compromisso da mente de estar em outro lugar, 144; conteúdo das, 83-4; criatividade e amplitude das, 112-3; criatividade e curiosidade e, 105; efeito da meditação mindfulness sobre as, 133-4; e o eu, 52-60; como hábito da mente, 184; imersão e, 146; incapacidade de controlar a direção das, 118; incubação criativa e, 63; mediação da rede cerebral, 17; dos nove aos onze anos, 48; ócio e, 180; ocupação da mente com as, 144; pesquisa sobre o conteúdo das, 49; prevalência na vida cotidiana, 19; previsões associativas nas, 72-5; processos formadores das, 51; propensão a, 47-9; RMP como local das, 50-1; ruminativas, 105; como sobrecarga mental, 170-1; Teoria da Mente e, 66-70; vivência das, 46-7
DMT (droga), 55
Donnie Brasco (filme), 62
Doors, The (banda), 144
dopamina, 91
dor, experiência da, 170
Dostoiévski, Fiódor, 122

drogas psicodélicas, morte do ego e, 55
dukkha (sofrimento), 54

ego, 54
elogio ao ócio, O (Russell), 171
emoções: geradas por simulações, 78; meditação e, 31, 134; provenientes do corpo, 35-6; rotulagem de, 127
empolgação, incerteza no estado da mente amplo e, 167
Escala de Respostas Ruminativas, 109
escaneamento corporal, 32, 137-8
"escritoterapia", 125
esquizofrenia, 39, 43, 111
estado da mente amplo e aberto, 155, 166-9
estado da mente estreito e fechado, 155, 166-8
estado de baixo para cima, imersão como, 145
estados da mente, 185; abrangente, 154-8; amplo e aberto *versus* estreito e fechado, 166-8; criatividade e curiosidade e, 173-4; criatividade e, 169-73; hábitos da mente e, 180-4; influência sobre experiências futuras, 143-4; inibição e progressão mental e, 174-8; investigativo *versus* exploratório, 158-60; o que determina os, 161-2; percepção de estímulos e, 140; tédio, mentes ociosas, mentes divagantes e, 178-80; em transformação, 163-6
estilo de pensamento, humor e, 107, 110
estimulação transcraniana por corrente direta, 113
estímulos, estado da mente e percepção de, 140
estranhamento, 148
estresse, inibição e, 176
eu, 52-60; bate-papo interior, 57-60; cérebro e, 56-7; "Eu" e "Mim" (eu como agente e como objeto), 53, 56, 59-60; filosofia cognitiva sobre o, 56; filosofias que tratam de questões sobre o, 53-5; fluxo e senso do, 147; imersão e perda do senso do, 145; memória e senso do, 48; na meditação e na imersão, 147; psicologia sobre o, 55-6; relacionamento de uma pessoa com seu próprio, 52; *ver também* outros, divagação e compreensão

eu falso, 55-6
eu mínimo, 56; RMP e, 57
eu narrativo, 56; RMP e, 57
eu original, 55
eu verdadeiro, 55-6
euforia, 117
"evolução não erra, a", 21
excitação, equilíbrio com inibição, 174-8
existência, marcas budistas da, 54
expectativas, meditação e desligar, 130-1
experiência: como algo contínuo, 141; aspectos subjetivos e objetivos da, 141; atenção plena e mudança de perspectiva sobre a, 135; elementos da, 140-1; falta de imersão e superficialidade da, 149; influência do estado da mente nas experiências futuras, 143-4; meditação e abertura de espaço para uma nova, 134; múltiplas fontes de redução da, 149; pertencimento e distanciamento e, 139; qualidade da experiência humana, 139-42; *ver também* viver em imersão
experiência de cima para baixo, 88; como obstáculo para desfrutar do presente, 102
experiência subjetiva: estados da mente e, 155; *qualia* e, 140-1
exploração: estados da mente e, 157; investigação *versus*, 158-60
expressões emocionais, comunicação, 37

facilidade de progressão mental, 174, 185
familiaridade: conforto da, 95; como menos gratificante, 91; vista sob nova luz, 92-3
Fausto (Goethe), 156
Fava, Maurizio, 108
Fawlty Towers (série de TV), 166
felicidade, 150-2
fenômeno do pensamento, pensamentos intrusivos e, 41
Fernyhough, Charles, 57
Field, Joanna (Marion Milner), 28
filósofos, sobre o eu, 53-5, 56
"finta mental", 33
flexibilidade, 103-4: seguida por rigidez, 103

flexibilidade mental, 100
fluxo sanguíneo, medição por ressonância magnética, 18
fluxo, experiência do, 147-8
fMRI (ressonância magnética funcional), 18; ceticismo sobre as pesquisas com, 21; limitações da, 50; mapas de ativação neural e, 19-20
fobias, pensamentos obsessivos e, 40
foco, 40
fosfenos, 95
frenologia, 17
Freud, Sigmund: sobre a "atenção flutuante", 129; ego e, 54; livre associação e, 26; sobre os segredos, 127; subconsciente e, 63; sobre a supressão de pensamentos e sentimentos, 122
Fromm, Erich, 55
fronteiras: entre categorias e padrões, 101; extensão das, 98; limitações das, 94-104; necessidade de, 100
Fulder, Stephen, 34
função afetiva do subconsciente, 63
função cognitiva do subconsciente, 63
funções neurais, falta de compreensão das, 18
futuro: estado da mente e o, 155; pensamentos e o, 81

Gage, Phineas, 19
Gazzaniga, Michael, 57, 64
generalizações, 90
Gibson, J. J., 79
Gilbert, Daniel, 69
giro denteado, neurogênese no, 117
gravidade, centro de, comparado ao eu, 54

hábitos da mente, 180-4
Harel, Eiran, 108
Haro (Haro Hodson), 71-2, 87
Herz, Noa, 154
hipnose, 126
hipocampo: divagações e mudanças no, 118; efeitos do treinamento em mindfulness sobre o, 120; neurogênese no, 117; ruminação e, 110
Hodson, Haro, 71-2, 87

Hume, David, sobre o eu, 53
humor, 106-12, 156; efeitos do, 106-7; estado da mente e, 163; estudo do elo com associações, 108-10; influenciado pelos padrões do pensamento associativo, 107; inibição e regulagem do, 177; melhoria do, pelo pensamento associativo e criativo, 114-9; pensamento e, 107; *ver também* amplitude de pensamento, criatividade e humor
Huxley, Aldous, 144

IA (inteligência artificial), 21
identidade e o eu, 55
imagens, 44
imagens mentais, 162
imersão, 185; como estado de baixo para cima, 145; estados da mente e, 157, 168; eu e, 147; participação e, 144-8; perda do senso de si mesmo e, 145; redução da experiência e falta de, 149; saciedade semântica e, 148; superficialidade da experiência sem, 149
imposições de cima para baixo, para vivenciar a vida ao máximo, 150
incerteza: estado da mente e, 166; tolerância à, 101
inconsciente *ver* mente subconsciente (inconsciente)
incubação, 31, 63, 118
incubação criativa, divagação e RMP, 63
informações de baixo para cima, 90
inibição: benefícios da redução da, 129; equilíbrio com a excitação, 174-8; limitação da extensão das representações e, 111; meditação e redução da, 130-1; progressão mental e, 174-8
insights: definidos, 31; mente silenciosa e, 31
instrumentos de medição da mente, 156
ínsula e Teoria da Mente, 67
intenções, 158
"intérprete, o", 64
interrupções na sequência de pensamento, 25-6
Intraub, Helene, 98
introspecção, domínio da, 29

intrusivo, pensamento, 41-2
intuição, 181
investigação, exploração *versus*, 158-60
Isen, Alice, 114
itens, busca de coerência nas relações entre, 98-9

James, William: emoção surgindo do corpo, 36; sobre os tipos de eu ("Eu" e "Mim"), 53, 56, 59-60
James-Lange, teoria de, 36
Jefferson, Thomas, 82
judeus hassídicos, sobre a incapacidade de manter visões opostas na mente, 165
Jung, Carl, 26

Kabat-Zinn, Jon, 27
Kant, Immanuel, 88, 140
Keynes, John Maynard, 171
Krishnamurti, Jiddu, 55
Kross, Ethan, 57
Kwong, Ken, 19

Ladrão de sonhos (filme), 35
Lao Tzu, 52
LeDoux, Joseph, 64
leitura rápida, melhora do humor e, 116
Lellouche, Ofer, 97-8
A Life of One's Own (Milner), 29, 125
linguagem, usada na mente consciente, 58
livre associação, 26-7, 126
Locke, John, 53
LSD, 55

manipulação dos estados da mente, 164
mantras, meditação com, 32
mapas de ativação neural, 19-20
mapeamento cerebral, ressonância magnética, 18
Marr, David, 86
Mason, Malia, 50-1
massa cinzenta, 110; efeitos do treinamento em mindfulness sobre a, 120
Matrix (filme), 133

McCartney, Paul, 137
meditação em pé, 33
meditação mindfulness, 27-9; abandono das expectativas e, 130-1; abertura de espaço para novas experiências e, 134, 143; atenção ao entorno e, 132; atenção difusa e, 129-31; atividade reduzida da RMP com diminuição do senso do eu e, 57; caminhando, 33; como nos torna atentos, 129-33; compartilhamento na, 129; concentrar a atenção na, 33; consciência das emoções e, 31; efeito sobre a divagação e a RMP, 133-4; efeitos benéficos sobre o bem-estar e a saúde mental, 134; enxergar o conhecido sob uma nova luz na, 93; enxergar luzes e cores imaginadas na, 94; enxergar o mundo como ele é na, 54; escaneamento corporal, 32, 137-8; esvaimento do eu e outros pensamentos na, 146-7; experiência da, 153; imersão e, 145; impulso para ocupar a mente e, 184; inibição reduzida e, 131; livrar-se dos obstáculos para vivenciar a vida ao máximo através da, 150; mantras para, 32; meditação em pé, 33; minimização do tempo gasto com o futuro na, 83; processos de cima para baixo e de baixo para cima e, 130-1; redução do ruído mental e pensamentos amplificadores e, 30-1; renúncia a tentativas conscientes de explicação e, 65; tentativa de controle do subconsciente e, 180; valor da, 185
memória: associações e, 68; biblioteca de experiências e conhecimentos, 88; confiança do eu na, 55; divagações e, 48; estados da mente e, 164-5; experiência simulada e imaginada como, 78; experiências armazenadas na, 78; como meio de geração de previsões, 80; pensamento associativo e, 39, 138; pensamentos intrusivos e, 41-2; perceptiva, 88-90; quanto mais experiência, mais se interpreta a vida através da lente da, 89; como rede de representações, 111; senso do eu e, 48; Teoria da Mente e, 68; *ver também* memórias futuras
memórias futuras, 71-84; previsões associativas nas divagações e, 72-5; simulações mentais

a partir de elementos associativos e, 76-80; viagem mental e, 80-4
mente: hábitos da, 180-4; incapacidade de manter pontos de vista opostos, 165-6; *ver também* estados da mente
mente adaptativa, 91-3
mente consciente: conexões entre pensamentos que ultrapassam a, 24; criação de explicações para decisões subconscientes, 64; diferenças cognitivas e perceptivas em relação à mente inconsciente, 65; função executiva da, 64; limites da capacidade, 65; linguagem usada na, 58; pensamentos como interface com o mundo interior e, 23
mente de principiante, 159, 183
mente subconsciente (inconsciente): controle de nossas vidas e, 64; diferenças cognitivas e perceptivas em relação à mente consciente, 65; função afetiva da, 63; função cognitiva da, 63; linguagem da, 58; origem dos pensamentos e sentimentos e comunicação com os outros, 63; tentativa de controle, 180
Mente zen, mente de principiante (Suzuki), 159
mentes ociosas, 178-80
metas, 158
mindfulness *ver* meditação mindfulness
Milner, Marion (Joanna Field), 28, 125
modo exploratório, 104
modo investigativo, 178
Molyneux, problema de, 96
monólogo interior, 57
"morte do ego", 55
movimento associativo, 138-9
movimento, criação como, 114
multitarefas, 142, 150, 169
mundo como vontade e como representação, O (Schopenhauer), 89
mundo exterior, espectro investigativo-exploratório do, 158-60
Murray, William Hutchison, 156

Nachman, rabino, 47
narrador interno, 57

Navon, David, 167
necessidades, 158
Neolítico, pinturas rupestres, 95
neurociência: antes do desenvolvimento da ressonância cerebral, 17; sobre a meditação, 129-33
neurociência cognitiva, 49
neurodiversidade, 42
neurogênese adulta, 117-8
neurogênese do bulbo olfatório, 117
neuroimagem, descoberta do modo padrão do cérebro e, 18-9
New York Times, 149
Newton, Isaac, 38
Nolen-Hoeksema, Susan, 109
Notas de inverno sobre impressões de verão (Dostoiévski), 122
novidade: interpretada como algo perigoso, 86; memória e preparação para, 85; preferência humana pela, 85; sem contexto, tendendo a interpretações negativas, 87
novidade, perda da, 85-93; memória perceptiva, 88-90; mente flexível endurecendo o coração, 90-3; o novo a serviço do futuro, 85-8

objeto-âncora para meditação, 33
objetos, batizados pela mente, 97
observação, 178-9
observação de pensamentos, atenção plena e, 27-9
Observer, 71
obsessões, 184
ociosidade, estados, 179
Ogden, Thomas, 83
ostranenie, 148
outros, divagação e compreensão, 61-70; comunicação com os outros e com nós mesmos, 61-6; Teoria da Mente na RMP, 66-70

padrões da mente, 94-104; acomodações no cérebro e no comportamento e, 102; categorias fechadas, 100-1; colocando as coisas

em caixinhas e, 96-100; criação de novos, 103; janela de flexibilidade e, 103-4; nossa necessidade desesperada de sentido e, 94-6; preferência humana por, 101; rigidez de novos modelos, 103-4
palinopsia, 80
"Parade" (canção de Chesnutt), 177
pareidolia, 97
participação, imersão é, 144-8
Pascal, Blaise, 165
passado, pensamentos e o, 81
Pasteur, Louis, 160
Pater, Walter, 182-3, 185
pensamento: como ato de criação, 114; desafio de não pensar, 122; intrusivo, 41-2; lateral, 43; mágico, 184; obsessivo, 40-1; rumos que pode tomar, 137-9; *ver também* ruminação/ pensamento ruminativo
pensamento associativo, 38-9; criatividade e, 39; definido, 38; estado mental e, 163-4; estados e características da personalidade relacionados com, 39; melhorar o humor através do pensamento associativo criativo, 114-9; memória e, 39, 138; previsão e, 39; ruminação e, 108
pensamento investigativo, entorno desconhecido e gatilhos, 168
Pensamentos (Pascal), 165
pensamentos: admissão, 125; compartilhamento de pensamentos perturbadores, 127; definidos, 41-2; efeitos do treinamento em mindfulness sobre os, 121; maneiras de fazer desaparecer, 122; manipulação, 121-7; presente, passado e futuro nos, 81; rotulagem, 122-5, 127; *ver também* amplitude de pensamento, criatividade e humor
pensamentos conscientes, 24
pensamentos secretos, 127-9, 176; inibição e manutenção de, 176; os que escondemos dos outros e os que escondemos de nós mesmos, 128; como sobrecarga para a capacidade mental, 128
pensamentos subconscientes, 24

pensamentos, conexão com nossos, 23-45; distúrbios de pensamento curiosos, 42-5; fontes dos pensamentos, 23-7; gatilhos interiores e exteriores e, 45; observação dos pensamentos, 27-9; pensamentos e ruído mental, 29-32; pensamentos sobre sensações corporais, 34-7; respiração e pensamento, 32-4; tipos de pensamento, 37-42; *ver também* pensamentos
percepção: como verdade individualizada, 89; contexto e, 71-2; estado da mente e, 158, 163
piloto automático mental, 180-1
placebo, conexão mente-corpo e, 35
planejamento: atenção plena e, 83; pensamentos e, 23
Platão, 53, 64
pobreza discursiva, 43
Popper, Karl, 76
"Possibilidades econômicas para os nossos netos" (Keynes), 171
pré-ativação, 26
preconceitos, 88; abandono de, 183
predisposições: comunicação e, 66; estados da mente e, 154-5
Prêmio William James, 69
presente: aproveitamento da experiência passada no, 81; pensamentos e, 81-2
previsões: associações visuais e elaboração de, 67; capacidade humana de prever, 139; construção de simulações, 75; experiências passadas como base para, 86; geradas por associações, 72-5, 108; habilidades da Teoria da Mente e, 68; pensamento associativo e, 39; RMP e, 71
primeiras impressões, 181-3; propensão a formar, 70, 104
primeiro homem, O (filme), 137
Proceedings of the National Academy of Sciences, 113
processamento de baixo para cima: determinando o estado da mente, 161-2; meditação e, 130-1

processo do pensamento, 25
processo do raciocínio, 37
"processo irônico", 122
processos de cima para baixo: estado da mente determinado pelos, 161-2; meditação e, 130-1; meditação e redução da influência no córtex pré-frontal, 131-2; reduzidos por meio da repetição, 148
processos mentais: de segundo plano, 169-70; estados cerebrais e, 155; internos, 47
procrastinação, simulações como arma contra a, 79
progressão mental: facilidade da, 174, 185; inibição e, 174-8
pseudo-eu, 55
psicologia clínica sobre o eu, 55-6
psilocibina, 55
Pulp Fiction (filme), 91

qualia, 141

Raichle, Marcus, 20
reação em cadeia, ativação de memórias, 42
redes no cérebro compreendendo várias regiões, 17-8
redução de estresse com base em mindfulness, 27
reenquadramento, 163
regras, necessidade humana de, 100
regularidades estatísticas, 38
relação sinal-ruído (RSR), 29-32
Renaissance, The: Studies in Art and Poetry (Pater), 182-3, 185
repetições, redução de influências de cima para baixo através de, 148
respiração e pensamento, 32-4
ressentir, 164-5
ressonância magnética estrutural, 50
ressonância magnética funcional *ver* fMRI
retiros de meditação, 32; rapidez das mudanças no estado da mente e, 168; retiro silencioso, 34-5, 122, 178; vipassana, 34, 82, 120-3
"Revolution 9" (canção dos Beatles), 137

RMP (rede de modo padrão): absorção e, 146; associações e pensamentos associativos, 72, 74; descoberta da, 19-22; efeito da meditação mindfulness sobre a, 133-4; como espaço de divagação, 50-1; imersão e, 145-6; incubação criativa e, 63; mediação do senso do eu e, 56-7; ocupação com divagações, 83; previsões e, 71; Teoria da Mente na, 66-70
Rosen, Bruce, 19
roteiros, 78
rotulagem, 121; de emoções, 127; de objetos, 97; de pensamentos, 122-5, 127, 180
ruído mental, pensamentos e, 29-32
ruminação/pensamento ruminativo, 39-40, 160; ansiedade e depressão e, 39-40, 160; como sobrecarga mental, 171; depressão e, 105; hipocampo e, 110; medição, 109-10; pensamento associativo e, 108, 115; perdas estruturais no cérebro e, 117; transtornos psiquiátricos afetados pela, 107
Russell, Bertrand, 171, 179

saciedade semântica, imersão e, 148
"salivação mental", 79
sarcasmo, detecção, 62
saúde, efeitos dos segredos sobre a, 128
Schachtel, Ernest, 177
Schooler, Jonathan, 48, 69
Schopenhauer, Arthur, 89
Science (revista), 50
sensações corporais, pensamentos sobre, 34-7
sensações físicas, permissão para, 125
sentido/significado: a partir da curiosidade e levando à certeza, 104; categorizar para ter, 101; incapacidade de sentir, sem atribuir, 87; informações necessárias para a certeza, 104; necessidade humana de, 94-6
sentimentos, simulações que invocam, 78
separação de padrões, 103
serotonina, 110
sessões silenciosas, dissolução do eu por meio de, 54
Shani, Eyal, 149

silêncio interior, como alcançar o, 123
silêncio, atenção plena e, 30
simulações/cenários, 42, 44; a partir de elementos associativos, 76-80; construção de, 75; estados da mente e, 164; hipotéticas, de tipo "e se", 44; interpretações da Teoria da Mente sobre os outros como, 69-70; como preparação para experiências futuras, 79; trajetórias que o pensamento pode adotar em, 137-8
síndrome do ouvido musical, 95
Singer, Jerome, 48
Sinha, Pawan, 96
sistema visual, propósito do, 86
sobrecarga mental, 65, 170, 197; criatividade e curiosidade e, 173; vivência da vida ao máximo e, 150
sonhar, 161; *ver também* devaneios
Styles, Harry, 151
"sub-eus", 55
subinibição, 111
superinibição, 111
superstições, 184
Suzuki, Shunryu, 159, 183

tangencial, pensamento *ver* descarrilamento
tanques de privação sensorial, 94-5
Tao Te Ching (Lao Tzu), 52
Tarantino, Quentin, 90
tarefa de livre associação, 170
TDAH (transtorno de déficit de atenção e hiperatividade), portadores de: como investigadores do ambiente, 160; criatividade e, 39; excitação e inibição, sinais de controle, 177; jeito de pensar e humor e, 111; tédio e, 148
técnicas de neurofeedback, 131
tédio, 148, 178-9
Teen Wolf (série de TV), 81
tema de pensamentos, o eu como, 29
tempo: envelhecimento e passagem do, 133; fluxo e, 147; imersão e perda do senso de, 146; tédio e, 179
"tempo real", 34

Tennyson, Robert, 108
Teoria da Mente, 63; na RMP, 66-70
teoria da personalidade, 70
TEPT (transtorno de estresse pós-traumático): dissolução do ego como terapia para o, 55; pensamentos obsessivos e, 40; ruminação e, 107
terapia de exposição, 126
Teseu, navio de, 53
"Think Less, Think Better" (Bar), 149
Todorov, Alex, 70
tomada de perspectiva, comunicação e, 62-3
Tovana, 34
traços de personalidade: abertura à imersão e, 146; como hábitos mentais, 183; *versus* estados da mente, 156
transtorno obsessivo-compulsivo (TOC), 40
transtornos do humor: padrão de pensamento ruminativo e, 160; terapias para os, 110; *ver também* ansiedade; depressão
traumas, reconsolidação das memórias originais de, 126
treinamento em mindfulness, 120-3
Triângulo de Kanizsa, 89-90

Ullman, Shimon, 18
"The Units of Thought" (Bar et al.), 107-8

viagem mental, 80-4
viagem no tempo, mente e, 81
vida interior, espectro investigação-exploração, 159-60
videogames, apelo viciante dos, 145
vieses, 88; estados da mente e, 154-5
vipassana, retiros de meditação, 34, 82, 120-1, 122-3
vipassana, significado de, 120
visão computacional, 18
visualização, pensamento associativo e, 72
viver em imersão, 136-48; estado mental do momento e experiências futuras, 143-4; felicidade *redux*, 150-2; imersão é participação, 144-8; mente em estado imóvel, 137-9; pensar

menos, vivenciar melhor, 149-50; qualidade da experiência, 139-42
voo de ideias, 43
voz interior, 57-60, 145; como algo semelhante a falar em voz alta, 58-9; função da, 58

Wall, The (Pink Floyd), 113

Watson, James, 166
Watts, Alan, 55, 97
Wegner, Dan, 122
Winnicott, Donald W., 55, 65
Wittgenstein, Ludwig, 62
Wright, Steven, 84

ESTA OBRA FOI COMPOSTA PELA ABREU'S SYSTEM EM INES LIGHT
E IMPRESSA EM OFSETE PELA LIS GRÁFICA SOBRE PAPEL PÓLEN SOFT
DA SUZANO S.A. PARA A EDITORA SCHWARCZ EM OUTUBRO DE 2022

A marca FSC® é a garantia de que a madeira utilizada na fabricação do papel deste livro provém de florestas que foram gerenciadas de maneira ambientalmente correta, socialmente justa e economicamente viável, além de outras fontes de origem controlada.